MW01709956

DES ROCHERS *et* DES HOMMES

120 ans d'escalade dans les Calanques

DU MÊME AUTEUR

- Jean-Paul Quilici, Alex Luchesi, Bernard Vaucher.

Le Massif de Bavella, randonnées et ascensions.

Édisud 1989.

- Jean-Paul Quilici, Bernard Vaucher.

Guide d'escalade en Corse, Tome I.
Massif de Bavella.

Envol 2000.

À paraître

Corse du nord, Tome II.

- Les Calanques.
A personal History of the People and the Climbing.
Mountain n° 103 mai/juin 1985.

- Et Dieu créa le Verdon.
Mountain n° 84 - 1981.

Ces articles ont été publiés dans Momenti d'Alpinismo
1984 et 1985 (Italie).
et dans Desnivel 1987 (Espagne).

et DES ROCHERS DES HOMMES

120 ans d'escalade dans les Calanques

Bernard Vaucher

éditions de l'Envol

1- Ile de Riou - les Tours.

Et Bernard Vaucher, ce cher "Barney" (c'est son surnom) a cherché et trouvé, peut-être pas tout, mais tellement !

Il faut dire que Barney en plus d'avoir été un brillant grimpeur, et il a de beaux restes, est un passionné, enthousiaste, que dis-je frénétique, opiniâtre et, en comparaison, la plus stakhanoviste des fourmis n'est qu'une molle "feignasse". C'est au déferlement de l'ouragan Barney que nous devons cet ouvrage à l'exceptionnelle abondance de documentation, abondance qui nous menaçait d'une encyclopédique avalanche en 75 volumes.

Notre auteur, heureusement a su tempérer ses ardeurs empêchant la fourmi de stakhanover à son gré.

Georges Livanos

À Jacky et Ivan.

Présenter un massif que je chéris et fréquente assidûment depuis trente ans me semblait un simple exercice de routine. Pourtant, après quelques essais où invariablement je frisais la paraphrase, j'ai préféré - mélange d'humilité, de respect, et... d'un soupçon de paresse méridionale - laisser la parole à trois des amoureux les plus célèbres et les plus prestigieux de l'histoire des Calanques : Édouard Frendo, Gaston Rébuffat et Georges Livanos. Loin de vouloir établir une hiérarchie, je respecterai leur ordre d'entrée en scène, mais surtout une évolution, de la concision vers la poésie, dans leur description des Calanques.

Dans la revue *Alpinisme* de décembre 1942, Édouard Frendo présente ainsi les Calanques :

Les non-initiés se figurent les Calanques comme des falaises tombant verticalement dans la mer. C'est inexact. Le massif des Calanques est un massif de type alpin qui s'élève à l'intérieur des terres. L'érosion y a buriné de profonds vallons tortueux et la plupart des escalades ont lieu loin de la mer soit sur les parois de ces vallons, soit sur les aiguilles détachées de ces parois. Parfois, il est vrai, la mer pénètre dans la partie basse de ces vallons qui s'ouvrent sur elle, et c'est ce qui explique que quelques-unes des escalades s'effectuent à proximité du rivage.

Dans ce massif de 125 km^2, il n'y a, chose étrange, ni routes, ni habitations. Seuls, quelques sentiers permettent de le sillonner. Il y a peu de végétation : de rares bois de pins épars au fond de vallons reculés, de vastes éboulis grisâtres d'où surgissent, verticales, des murailles d'un blanc éclatant, des crêtes dénudées où souffle le vent, tout contribue à donner aux Calanques un aspect sauvage et une impression désertique qui forment un curieux contraste avec l'importante agglomération de Marseille toute proche. Sitôt franchis les premiers contreforts de la chaîne qui dissimulent la ville, à 30 minutes de marche du terminus des tramways de banlieue, on se croirait à cent lieues de toute civilisation.

Si l'on ajoute à cela la proximité de la mer que l'on entrevoit au loin et qui donne un fond au tableau, l'impression d'immensité et d'infini qui s'en dégage, les brumes matinales qui s'en échappent et qui noient le fond des vallons, le silence de ces étendues rocheuses sans vie, la solitude dans laquelle on se trouve brusquement, le vent frais du large et la lumière éblouissante du soleil méditerranéen, on éprouve dans les Calanques une impression de montagne et d'altitude très curieuse, qui ne cesse d'être très attachante dès qu'on l'a ressentie.

Dans *Calanques*, Gaston Rébuffat écrit :

Les Calanques sont de petits golfes, très étroits et profonds, s'insinuant entre de hautes falaises à pic. Quelques-unes abritent de minuscules ports de pêche, colorés et tranquilles ; de petites plages facilitent l'accès à la mer. La côte des Calanques s'étend à l'est de Marseille et l'on a donné par extension le nom de "Massif des Calanques" à toute la zone montagneuse comprise entre la mer et la route qui relie Marseille à Cassis. Ce massif se partage - comme la côte - en deux régions d'importance inégale, et bien qu'ayant une origine commune, de caractères différents :

- l'une, très proche de Marseille, culmine à Marseilleveyre, 435 mètres ;
- l'autre, plus à l'est, s'élève à 564 mètres au Mont Puget et forme la chaîne de la Gardiole.

Ces deux sommets sont reliés par une zone neutre, rattachée géographiquement à Marseilleveyre et nettement séparée du massif du Mont Puget par une profonde coupure qui, de la banlieue du Redon, conduit à la calanque de Sugiton (la route qui va de Marseille à Cassis, longue de 23 kilomètres, passe par le Redon et le col de la Gineste, 327 mètres).

Une même complexité de phénomènes a formé dans chacun des massifs une variété considérable de formes et de positions. Vallons tortueux, système de crêtes compliqué, pointes élancées, éboulis immenses, effondrements, redressements, donnent au terrain un aspect chaotique, brisé et pourtant résistant, dont l'harmonie est faite de violence et de contraste.

La nature du rocher est partout la même : calcaire urgonien à grain serré. L'érosion l'a particulièrement buriné : au pied de murailles verticales d'un blanc éclatant, traînent de vastes tas de rochers grisâtres. Mais les falaises gardent leur élan, et les crêtes dénudées où soufflent le mistral et les vents de mer, donnent à l'ensemble des calanques, un aspect immense et sauvage. Cependant chacun de ces deux massifs a ses caractères propres. Marseilleveyre projette en étoile ses arêtes secondaires, formant ainsi un nombre important de vallons, s'élargissant au sud en calanques largement ouvertes à la mer… Cet ensemble, ramifié, complexe, est presque toujours aimable, malgré l'étrangeté de certains sites.

La région du Mont Puget, au contraire, forme un bloc unique, prolongé à l'est, le long de la chaîne de la Gardiole, par des entablements de hauts plateaux, très profondément entaillés au sud et à l'est par d'étroits et tortueux thalwegs où la mer semble s'insinuer avec peine.

En 1958 paraît une œuvre majeure : *Au-delà de la Verticale*. Dans cet ouvrage, l'auteur, Georges Livanos, écrit :

L'originalité des Calanques, c'est la mer, voisine inhabituelle du grimpeur, et quand cette mer s'appelle la Méditerranée, le paysage ne peut être fait que de lumière et de tons violents à la Van Gogh. Bleu profond de la mer, marbres blancs des parois, taches vertes et mobiles des pins, éclatantes couleurs qui palpitent sous les torrents lumineux du soleil du Midi...

Du reste, il vaut mieux que je n'évoque pas les Calanques de façon trop attirante ; je contribuerai moins à leur envahissement par les foules dont la virtuosité destructrice n'est battue, et d'une courte tête, que par le bulldozer.

Pour Édouard Frendo, les Calanques s'apparentent à *un petit massif alpin*, ce qu'elles sont incontestablement. Arpentez-les un jour de grand mistral, vous leur trouverez un cachet tout patagonien. Choisissez un jour où la brume joue avec le Puget, laissant apparaître au gré d'une déchirure la silhouette fantomatique de l'Aiguille Guillemin, vous oublierez facilement qu'il n'atteint pas même les six cents mètres d'altitude.

Gaston Rébuffat souligne leur particularité, celle d'être *de petits golfes étroits et profonds, s'insinuant entre de hautes falaises à pic*. Cette spécificité, dont En Vau est l'exemple le plus frappant, vaut aux Calanques leur renommée internationale.

Quant au tableau peint par Georges Livanos, les *tons violents à la Van Gogh*, et l'omniprésence de la mer, *voisine inhabituelle du grimpeur*, il contient l'irrésistible magie des Calanques, pays de lumière et de couleurs chatoyantes.

Les légendes ont la vie dure. Aussi, avant d'aborder l'histoire de l'escalade proprement dite, précisons que si les Calanques méritent un complément de détermination, celui de "Calanques de Cassis" est impropre. Elles occupent un territoire de 125 km^2, dont 90 % sont situés sur la commune de Marseille.

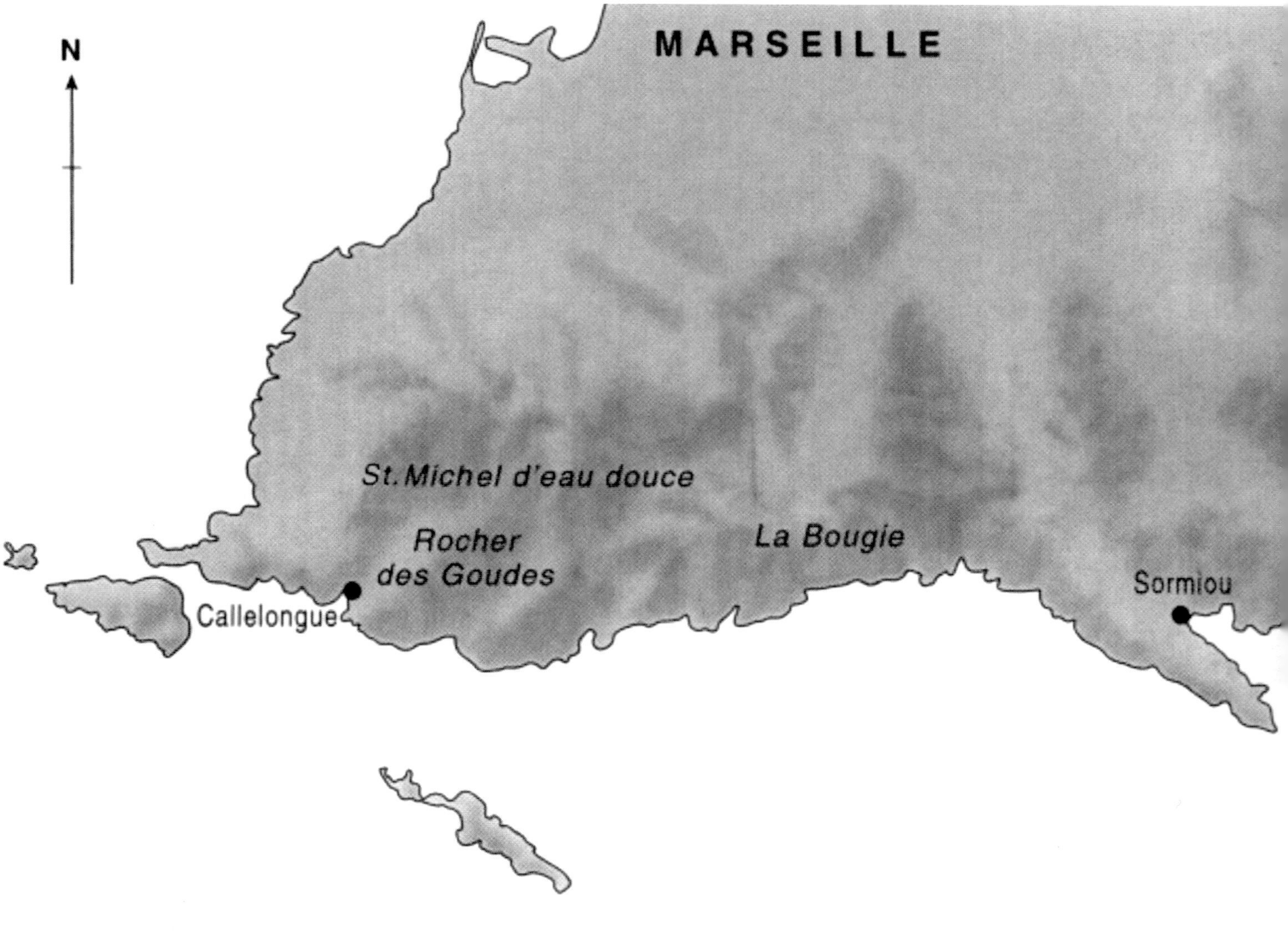

2- Les Calanques.

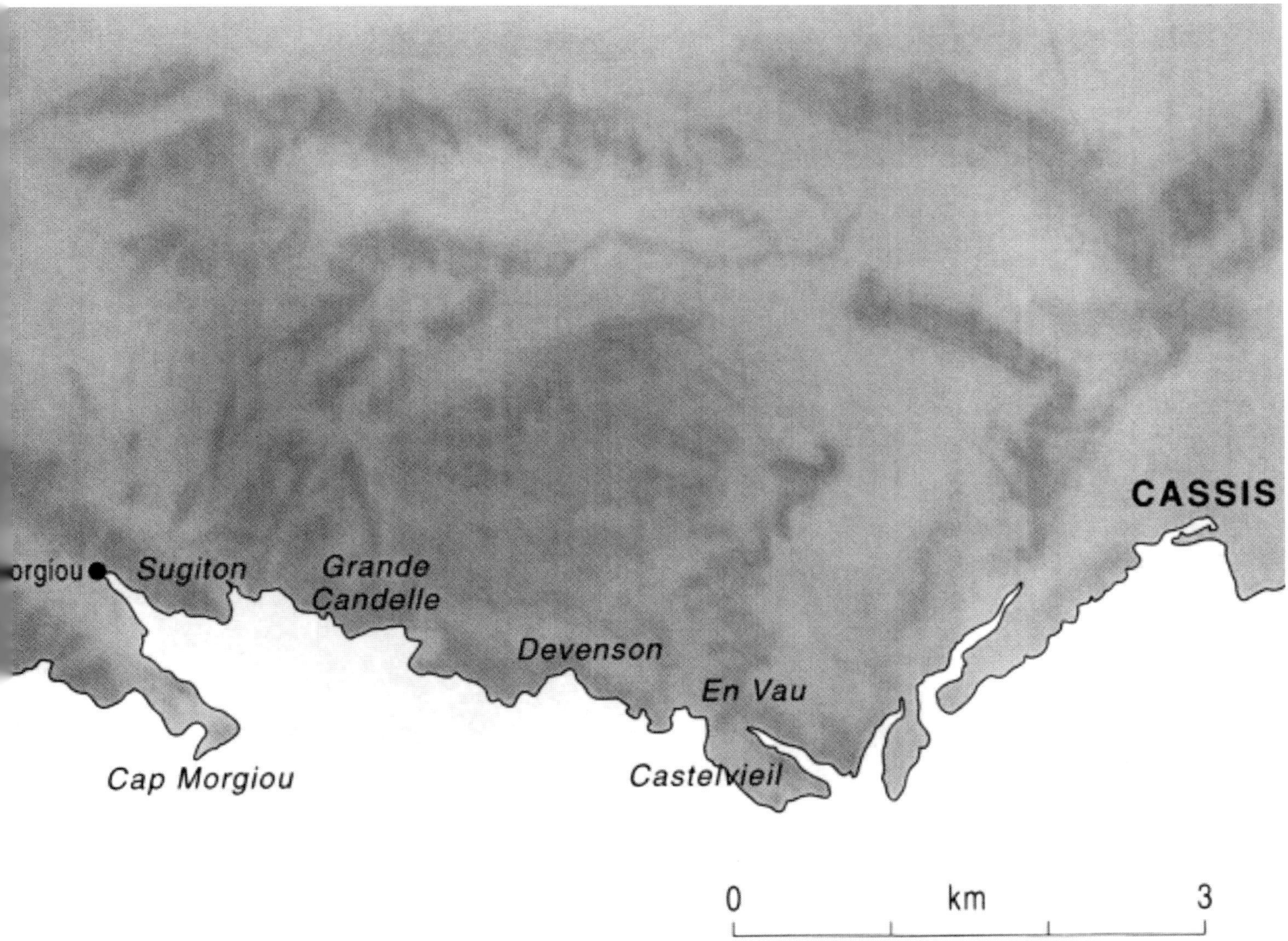
CASSIS
orgiou
Sugiton
Grande
Candelle
Devenson
En Vau
Castelvieil
Cap Morgiou
0
km
3

DES ORIGINES À LA PREMIÈRE GUERRE MONDIALE

CHAPITRE 1

ON CONSIDÈRE GÉNÉRALEMENT L'ASCENSION de la Grande Candelle en 1879, par le vice-consul d'Angleterre, Francis W. Mark, comme la première ascension des Calanques. Pour la première fois dans l'histoire des Calanques, une muraille est gravie non dans un but utilitaire, mais pour parvenir à un sommet, peut-être le plus typique, avec une détermination comparable à celle des pionniers des Alpes. Francis W. Mark est d'ailleurs un alpiniste et l'un des membres fondateurs de la jeune section de Provence du Club Alpin.

Il ne s'agit nullement de prétendre que personne n'avait posé le pied sur un rocher avant Francis W. Mark. Comme les cristalliers de Chamonix ou les chasseurs de chamois, les chasseurs et les pêcheurs marseillais avaient "le pied alpin". En de nombreux points des Calanques, on trouve des témoignages de leur habileté. Georges Rouard * mentionne une anecdote concernant l'accès à la calanque de l'Escu (l'Aiguade de l'Escu) :

** Georges Rouard. Histoire des escalades aux environs de Marseille. 1926.*

On se rendait aussi à l'Escu en bateau autrefois, et on en revenait de même. En 1901, deux membres de la Société des Excursionnistes Marseillais MM. H. Hillereau et J. Pascal, y étant venus dans ces conditions, furent surpris par le mauvais temps et dans l'impossibilité de revenir par mer. C'est alors que le pêcheur qui les accompagnait leur signala que par une corniche qui traversait la falaise au-dessus de l'Aiguade, ils pouvaient rejoindre le sentier de douane et la Madrague et les y conduisit. Effectivement, cette corniche, plutôt délicate que difficile, était praticable. Il est probable que c'est après la connaissance de cette voie de retour que l'on se rendit à l'Escu plus fréquemment par voie terrestre. Plus tard, un câble solide fut posé à la Corniche du Pêcheur, ainsi fut-elle dénommée, et permit de franchir avec plus de sécurité sa partie la plus délicate. Un second passage fut découvert au-dessus de la corniche, mais depuis l'installation du câble il fut rarement suivi, et même actuellement est abandonné.

*Maurice Bourgogne *
Bulletin
CAF Provence. 1905.*

Maurice Bourgogne * l'un des grimpeurs et alpinistes les plus actifs du début du siècle, précise que l'accès au plateau de Castelvieil était déjà connu des pêcheurs et des contrebandiers qui avaient aménagé la cheminée.

Il y a déjà longtemps, à l'époque où notre Club Alpin, dépourvu du stimulant de la concurrence, n'errait pas volontiers hors des sentiers battus et ne connaissait l'usage ni de la corde ni de l'espadrille, Castelvieil avait excité ma jeune imagination ; son promontoire sans issue, aux rocs droits battus par les vagues, avait pour moi l'attrait d'une énigme, d'un mystère. Certains d'entre nous parlaient-ils par ouï-dire de l'existence probable d'un passage ; de fait, il est certain que la cheminée d'accès a été autrefois connue et pratiquée ; la preuve en est dans l'aménagement qu'elle avait subi et dont je parlerai plus loin.

Dès cette époque d'ailleurs, elle était connue d'un nombre minime d'excursionnistes isolés ; parmi eux, je citerai M. Joseph Valentin, qui a bien voulu me fournir divers renseignements en vue de cette étude ; MM Emmanuel et Henri Abeille, qui en 1900 firent connaître le passage à nos amis MM. Borelli et Abdou ; depuis lors ceux-ci l'ont, dans une mesure très relative, vulgarisé. Un bon grimpeur, chaussé d'espadrilles, réussira l'escalade sans trop de peine ; une caravane d'habitués du rocher passera ensuite à l'aide d'une corde de 15 mètres qui permettra de faire un rappel après descente. Celle-ci s'opère d'ailleurs avec aisance ; elle offre même peu de danger pour qui la risque sans corde, car en cas de glissade, son corps aura beaucoup de chances d'être retenu par l'étroitesse de la fente où l'on se coule à la façon des ramoneurs.

J'ai indiqué plus haut que la cheminée présente des traces d'aménagement antérieur. On remarque, à droite et à gauche de son extrémité supérieure, des tronçons de coins de bois cimentés contre le roc ; ces coins servaient de support à un filet tendu en travers de son axe et destiné sans doute à arrêter les chutes qui pouvaient se produire de plus haut. Dans la cheminée même, était fixé un tronc de pin grossièrement équarri et entaillé d'encoches, de manière à former une sorte d'échelle. En 1893, époque où M. Valentin le vit pour la première fois, l'ensemble, quoique déjà ancien, était en bon état et rendait service ; le filet fut arraché en 1901, et j'ai vu l'année suivante le tronc encore debout dans la fissure, mais gênant plus qu'il n'aidait. On l'a jeté en bas à son tour ; la cheminée de Castelvieil se retrouve vierge de tout travail humain et demeure telle, à moins, qu'il ne prenne un jour fantaisie à la section de Provence d'y utiliser sa demi-douzaine de crampons de fer, souvenir d'une vaine tentative à la Grande Candelle, que nos amis peuvent voir au siège social, réduits par leur secrétaire au rôle de presse-papiers.

La cheminée décrite plus haut n'est pas la seule voie d'accès à Castelvieil ; nous avions, à diverses reprises, entendu parler sans indications précises, d'un passage permettant de s'y rendre par la mer, et son étude était le but principal de notre récente reconnaissance. Nous avons fait, à la recherche du point de débarquement, le tour complet de la presqu'île ; à l'ouest et au sud, rien à tenter, la falaise étant partout sans défaut. Le promontoire sud-est s'entaille au contraire de gradins étagés fort raides qui nous permirent de descendre jusqu'à 12 mètres de l'eau, là le rocher nous parut vertical. Plus longues furent nos recherches vers le centre de la presqu'île, au-dessus d'En Vau.

Le versant nord-est y est coupé par une terrasse d'éboulis de 200 pas environ d'étendue, en contrebas du plateau ; l'on y descend avec assez de facilité par un embryon de sentier où nous crûmes voir l'amorce du passage désiré. Il nous conduisit, à l'angle sud de cette terrasse, devant une encoignure de roc de manière à former abri. Ce mur paraît fort ancien, de construction soignée et le talus voisin est sur toute son étendue jonché de débris de tuiles. Mais au-dessus règne une barre à pic où notre examen fait de haut en bas, défectueux par cela même, ne put découvrir aucune cheminée praticable.

Cependant, nous avions brûlé, car le passage, bien connu des pêcheurs de Cassis, aboutit précisément à cette terrasse, ainsi que l'a constaté M. Callot, retourné sur les lieux depuis lors. Il faut aborder dans la presqu'île vers le milieu de la calanque d'En Vau, contre un promontoire à pic, le seul que la falaise présente de ce côté, dessinant une petite anse dont l'ouverture est tournée vers la haute mer. Des rochers bas y permettent le débarquement ; on s'élève ensuite à la main droite par une corniche rapide, mais sans danger, qui amène au niveau de l'extrémité nord de la terrasse. Quelques pêcheurs auraient encore, paraît-il, su gravir la falaise à l'extrémité du promontoire, là précisément où nous avions d'abord dirigé nos recherches ; mais le débarquement y est difficile et il faut franchir une muraille lisse des plus dangereuses.

La construction que nous avons remarquée dans la presqu'île n'avait pas laissé de nous intriguer beaucoup ; il n'était d'ailleurs pas sans intérêt de chercher à retrouver les traditions pouvant concerner ce coin ignoré du littoral, et je me suis livré dans ce but à une petite enquête. Je dois remercier particulièrement M. l'abbé Julien, curé de Cassis, qui a bien voulu me communiquer de fort intéressants renseignements. Il m'a confirmé le souvenir d'un usage qui existait chez les bergers de la Gardiole et dont nous avions déjà vaguement ouï parler : naguère encore les jas de cette ferme abritaient de nombreux troupeaux de chèvres, émigrés depuis quelques années pour céder la place à l'administration forestière qui poursuit avec succès le reboisement du massif. De temps immémorial, les chevreaux faibles ou malades étaient transportés chaque printemps dans la presqu'île de Castelvieil, véritable sanatorium clos, et y paissaient en liberté durant plusieurs semaines. Les bergers les y conduisaient tantôt en barque, tantôt par terre en les hissant par la cheminée : d'où l'utilité du filet protecteur tendu en travers de celle-ci.

La cheminée aménagée comme je l'ai indiqué plus haut, servait également aux braconniers qui montaient dans la presqu'île se mettre à l'affût des oiseaux migrateurs. Quant à la muraille en ruine, les opinions sur son origine s'accordent mal ; il semble probable cependant qu'il y eut là jadis un poste de douane destiné à surveiller cette partie de la côte, où de tout temps les contrebandiers durent avoir beau jeu. Un pêcheur de Cassis a été très affirmatif en donnant cette indication à M. Callot ; mais le souvenir du poste paraît s'être complètement perdu à l'administration des douanes de Marseille.

Enfin, je tiens de M. le curé de Cassis un renseignement que j'ai lieu de croire inédit, et qui jette un jour tout particulier sur l'histoire, sinon du Castelvieil, du moins de ses alentours immédiats. En 1793, sous la Terreur, l'abbé Ducros, alors curé de la paroisse, avait trouvé refuge contre la proscription jacobine dans une grotte des environs, et y demeura de longs mois, grâce au dévouement des pêcheurs qui allaient régulièrement lui porter sa nourriture.

Quelques-uns prétendent que cette grotte se trouve dans la presqu'île ; d'autres croient qu'il s'agit de la grotte d'En Vau, dont l'entrée est visible de loin et l'accès des plus faciles. Mais la plupart soutiennent que la baumo de moussu Ducros, pour se servir de leur expression, est la grotte de l'Oule, qui s'ouvre dans le vallon de ce nom à mi-chemin entre le fond de la calanque et le puits bien connu de nos modernes excursionnistes. Ces derniers représentent, d'après M. l'abbé Julien, la véritable tradition orale ; il est d'ailleurs certain que la grotte de l'Oule, moins profonde que celle d'En Vau, devait offrir une retraite plus sûre. L'abbé Ducros y endura de multiples privations ; on raconte même que, au cœur de l'hiver, la neige tombée avec abondance ayant bloqué la grotte, il fut impossible au pêcheur chargé du ravitaillement, un nommé Barthélemy, de parvenir jusqu'à elle, et le proscrit dût attendre sa nourriture cinq jours entiers.

L'alpinisme et l'escalade n'ont certes que des rapports éloignés avec le rappel de ces traditions ; mais n'est-ce pas grâce à leur pratique que nous sommes amenés à rencontrer celles-ci, en explorant tels sites sauvages ou ignorés de notre terroir ? Et lorsque ces vieux souvenirs nous permettent d'évoquer, soit un savoureux trait de mœurs, soit quelque épisode historique d'un intérêt, comme ici, peut-être trop actuel, j'estime que ce ne sera jamais faire œuvre inutile que d'en illustrer nos études.

Georges Rouard ne partage pas l'opinion de Maurice Bourgogne sur l'éventualité de l'utilisation du plateau de Castelvieil par les bergers de la Gardiole :

On a prétendu que cet arbre et certains filets disposés en travers de la cheminée étaient destinés à faciliter le passage à quelques chevreaux anémiés ou malades provenant des troupeaux de la Gardiole et que l'on conduisait ainsi sur le plateau du Promontoire où, laissés en complète liberté, ils reprenaient force et vigueur.

Cette assertion serait plausible si, remarquant l'inaccessibilité de Castelvieil, la cheminée était la seule difficulté à franchir pour y accéder, mais il faut aller à cette cheminée et celle-ci une fois gravie, il s'agit de rejoindre le plateau et l'escalade qui précède et qui suit, bien qu'accessible à des humains, grimpeurs ou non, serait de la dernière incommodité, pour ne pas dire impossible, à des animaux et, a fortiori, à des animaux malades. La présence de troupeaux sur Castelvieil est donc une légende complètement dénuée de fondement.

Ainsi, bien avant toute velléité alpine, Castelvieil, l'Escu et d'autres lieux d'accès difficile étaient fréquentés par les pêcheurs, les chaufourniers, les contrebandiers, et avaient même servi de maquis politico-religieux. À une époque bien plus récente, point n'est besoin de trop chercher la signification de la grotte du Déserteur.

Un autre cas bien différent mérite d'être évoqué : c'est celui de Xavier Deschaux. Instituteur marseillais, familier des Calanques, Deschaux découvrit deux grottes, situées dans le massif de Marseilleveyre, un peu au-dessus de la Fontaine d'Ivoire ; ces grottes furent son tombeau car il y mît fin à ses jours d'un coup de revolver. Une échelle de corde qu'il avait laissée pendre au dehors donna l'éveil et permit de retrouver son cadavre. Avant de mourir, Deschaux avait gravé son nom, ainsi que la date 1868.

J'ai eu l'occasion, grâce à Robert Giraud, fin connaisseur du massif, de découvrir ces grottes. Elles s'ouvrent à une dizaine de mètres du sol. L'accès en est défendu par une dalle délicate, raide et licheneuse, aux prises peu franches, comme c'est souvent le cas sur le versant nord du massif de Marseilleveyre.

À la fin du XIXe siècle, une nouvelle population apparaît dans les Calanques : les Excursionnistes.

LES EXCURSIONNISTES

LE MOUVEMENT EXCURSIONNISTE À MARSEILLE

Le XIXe siècle a vu se créer de nombreuses associations ou sociétés mondaines et sportives. L'Alpine Club est fondé en 1857. C'est le premier club alpin de l'histoire. Les Anglais investissent les Alpes, la conquête des grands sommets s'intensifie. Whymper gravit les Écrins en 1864, le Cervin en 1865. Le Club Alpin Français est fondé le 2 avril 1874. Le Club Alpin Français section de Provence est fondé le 4 novembre 1875. À Marseille, le vice-consul d'Angleterre, Francis W. Mark, est alpiniste. Membre fondateur de la section, il y sera inscrit jusqu'en 1883. Dans le bulletin de la section de Provence * on lit :

Bulletin CAF Provence. 1901.

En 1875, date à laquelle remonte la fondation de la section de Provence, par une singulière coïncidence, deux groupes s'organisèrent en même temps et dans une commune pensée ; l'un, inspiré par le regretté M. Robert Long, se réunissait chez M. Albin Fraissinet, l'autre se plaçait sous la direction de MM. Ollivier et de Leuglay. Bientôt les deux groupes fusionnèrent et la section de Provence formée se rattachait avec Paris, mais les premières années furent, comme les commencements de toute œuvre, assez difficiles, et exigèrent un grand dévouement de la part de ses organisateurs. Le petit nombre des premiers adeptes se réunissait une fois par mois dans une salle dont la jeune société n'avait pas la libre disposition.

C'est un petit groupe où l'on se coopte. Il réunit des messieurs de bonne société : la seule condition exigée est l'honorabilité. On y parle de voyages et de découvertes de la région jusqu'aux Alpes. Pourtant l'association des mots Marseille et montagne peut sembler une tartarinade, ce qui explique cette mise au point * :

Bulletin CAF Provence. 1901.

Le maître romancier Alphonse Daudet a utilisé le plus clair de son esprit pour amuser le monde entier aux dépens de son immortel Tartarin de Tarascon. Or, bien que de l'aveu du romancier lui-même, tout le monde en France soit un peu de Tarascon, Marseille est trop au sud de cette ville pour ne pas avoir bénéficié très largement de ce voisinage ; mais les Marseillais ont bon caractère, ils sont les premiers à rire des boutades tartarinesques, ils en riront encore au siècle prochain.

J'ai assisté naguère à une conférence faite à Paris sur le Midi ; le conférencier n'avait pas manqué de dire que les chasseurs marseillais pratiquaient tous la chasse à la casquette et que les excursionnistes de Marseille gravissaient, le dimanche, bannières déployées, les monticules de la Crau qui ont de 50 à 100 mètres d'altitude. Tout le monde riait : c'était, en effet, bien présenté et amusant.

Pourtant, l'on sait que les chasseurs marseillais brûlent leur poudre, soit à de vrais lapins en chair et en poil, soit à des macreuses, à pattes et à plumes, et que si l'on chasse encore à la casquette, ce n'est plus guère que dans le Nord, où les chasseurs malheureux bravent le ridicule en amusant la galerie.

Je viens aujourd'hui combattre l'épithète "d'alpinistes en chambre" dont on veut bien nous gratifier, en démontrant que Marseille tient la tête du mouvement excursionniste français, et que notre ville compte à elle seule plus d'adeptes fervents de la marche que les villes réunies de Paris, de Lyon et de Grenoble, villes où les sections du Club Alpin sont les plus prospères.

Disons tout d'abord que Marseille est un centre idéal d'excursions vraiment privilégié, car nulle autre ville de France ne possède, dans un rayon si rapproché, des chaînes de montagnes comme la Sainte-Baume et la Sainte-Victoire, d'une altitude variant entre 1 000 et 1 150 mètres, comme les chaînons secondaires de Marseilleveyre, de Carpiagne et de l'Étoile, de difficiles escalades de rochers, et cette merveilleuse côte des Calanques qui étend de Martigues à Cassis sa ceinture des sites tels que la Grande Candelle et En Vau, dont le grandiose et le pittoresque, avec la grande mer bleue pour fond de décor, ne peuvent être soupçonnés.

On objectera peut-être que les Alpes et les Pyrénées ont plus de 1 000 mètres d'altitude et que nous paraissons par trop fiers de nos "montagnettes"; mais comme dans une ascension il n'y a que la différence de niveau qui compte, nous ferons remarquer que les escalades de la Sainte-Victoire et de la Sainte-Baume, au départ de la côte 0, valent tout autant que les ascensions de 3 000 mètres au départ de 1 800.

3- Excursionnistes à la fin du XIXe siècle.

L'effectif des sociétés d'excursion de Marseille est de 4 000 membres environ, et c'est un effectif qui n'existe pas seulement sur le papier, mais qui marche. Des chiffres vont le démontrer. La plus ancienne société, les Touristes du Sacré-Cœur (300 m), date de 30 ans environ; elle organise une excursion par mois, pour assister à la messe dans un village de Provence. Les sorties sont actuellement au nombre de 336, ayant réuni une moyenne de 22 participants. La section de Provence du Club Alpin (160 membres) vient ensuite. Fondée le 4 novembre 1875, elle a organisé 36 excursions par an, soit 972, ayant réuni une moyenne de 14 sortants.

Citons après elle : Le Rocher-Club (45 membres) qui s'attaque aux plus difficiles escalades de rochers, sans guides... et, enfin, la première société française et peut-être du monde entier comme effectif et comme activité, les Excursionnistes Marseillais, dont nous allons détailler l'organisation pratique, laquelle peut servir de base à des fondations similaires dans les grandes villes de France.

La fondation des Excursionnistes Marseillais remonte à six ans à peine (au mois de janvier 1897). À cette époque, mon ancienne librairie, rue Noailles, 22, local actuellement occupé par le bureau de change de la Société Générale, était un centre où l'on se réunissait pour causer alpinisme et excursions. Le samedi, notamment, l'on s'y concertait pour les sorties du lendemain, et j'étais presque accablé par les demandes de renseignements, d'itinéraires et de conseils de toute sorte, dont on voulait bien m'honorer, en qualité de fervent de la marche et d'auteur des "Excursions en Provence". L'idée me vint, un samedi, d'afficher à ma devanture un programme d'excursions. Le lendemain, 24 janvier, il y eut neuf excursionnistes à Notre-Dame des Anges ; le dimanche suivant, huit à la croix de Marseilleveyre : ce fut l'origine de la société.

La première sortie officielle eut lieu le 14 mars, au Plateau de l'Homme-Mort, et réunit 21 sociétaires. La deuxième sortie officielle se fit à la Glacière, le 28 mars, et réunit 34 participants. C'est dans cette excursion qu'eut lieu la première assemblée générale, où furent votés les statuts de la société et élus les trois administrateurs.

Les premières réunions hebdomadaires eurent lieu dans l'entresol de la librairie, puis au Bar continental, rue des Récolettes, à la Brasserie Noailles, démolie depuis lors, enfin à la Brasserie Phocéenne, leur siège actuel.

La tradition excursionniste au tournant du siècle est donc déjà fortement ancrée. Elle évoluera vers une tradition alpine sous l'impulsion des membres les plus influents du Rocher-Club. Les plus actifs ouvrent des premières sur les rochers les plus difficiles de la région et s'engagent parfois sans guide dans des courses d'importance dans les Alpes. Deux facteurs primordiaux sont réunis pour fournir à Marseille les bases d'une solide tradition alpine.

En premier lieu, l'existence d'un site privilégié, non seulement pour les excursions d'une journée, mais aussi pour les nombreuses escalades qu'il offre. Ainsi aujourd'hui la région Aix-Marseille occupe un rôle de premier plan dans le monde de l'escalade avec plus d'une demi-douzaine de sites de réputation internationale à moins d'une heure de Marseille : les Calanques, la Sainte Victoire, Buoux, les Alpilles.

En second lieu, une importante base fédérative : au début du siècle, l'effectif global des sociétés excursionnistes est de 4 000 membres, et, ajoute le rédacteur du bulletin, "*c'est un effectif qui n'existe pas seulement sur le papier mais qui marche*". Le nombre actuel des Excursionnistes Marseillais, un siècle après sa fondation, est d'environ deux mille membres, et celui de la section de Provence du Club Alpin est sensiblement égal. L'amoureux de la nature provençale est donc, avant tout, un excursionniste. Mais comment se présente l'excursionniste au début du vingtième siècle ? *

* *Maurice Caire Bulletin commémoratif pour le 90e anniversaire de la Société des Excursionnistes Marseillais.*

La photographie nous en rapporte de précieuses images : veste de drap ou de velours, à quatre poches ; pantalons également en même tissu (ou en toile l'été) enserrés de la chaussure au genou, soit par des jambières ou des leggins, soit par des bandes molletières.

Les chaussures étaient montantes, en cuir, du type brodequin, aux semelles ferrées de clous à têtes plates, quelquefois agrémentées d'ailes de mouche pour les Alpinistes ; chapeau bien sûr (béret basque, casquette à oreilles ou couvre-chef en tissu) et l'inévitable pèlerine en loden, légère lorsqu'elle était sèche, mais très lourde lorsqu'elle avait subi la pluie. Le caoutchouc était efficace mais lourd. C'est un handicap que l'on comprend mal aujourd'hui. En effet le plastique, les tissus imperméabilisés, le duvet, rendent les vêtements plus légers et plus confortables.

Pour la montagne, il y a chaque jour du matériel plus performant, qu'il s'agisse de crampons, de piolets, de cordes, de tentes, et c'est peut-être pour toutes ces raisons que des exploits surprenants ont été réalisés.
Quant au sac tyrolien, tel que nous le connaissons de nos jours, il fut pendant de très nombreuses années constitué par le havresac de type militaire ou encore, par la classique musette.

4- Excursionnistes dans la chaîne de l'Étoile.

Et le bâton direz-vous ? Il faisait partie de la panoplie du parfait excursionniste, amoureusement torsadé au couteau et de préférence en bois léger, le tilleul par exemple. Notre randonneur ainsi campé était évidemment accompagné par le beau sexe, en corsages stricts, jupes longues, chaussures de cuir montantes lacées jusqu'à mi mollet, chapeaux d'acier soutenant de longues et belles chevelures, car ce n'est que vers 1925 que ces dames et demoiselles "se firent couper les cheveux" comme le dit la chanson...

Notre bulletin de 1902 indique que les promenades familiales continuaient, mais à côté, combien d'autres courses sur routes, en colline, en montagne, mettent en action un très grand nombre de sociétaires pour dix heures de marche ! Plusieurs sorties atteignaient quinze, seize ou dix-sept heures. Les dames et demoiselles, loin d'être exclues de ces sorties, méritèrent une mention spéciale...

Après la guerre de 1914-1918, les choses évoluèrent très rapidement. Des compagnies de transport privées se créèrent (en 1924 la ligne Marseille-Toulon était créée) préludant à l'explosion générale. Notre société affréta des autocars.

Nos amis excursionnistes délaissant le brodequin clouté, enfilèrent des chaussures dont les semelles étaient en Vibram ; le pantalon de style "cycliste" s'adapta au randonneur ; les bas de laine apparents sillonnèrent les massifs ; le sac devint moins lourd, moins encombrant, plus pratique avec ses multiples poches à fermeture éclair ; l'aluminium aidant, tout s'allégea et les réchauds à essence, puis à gaz, firent leur apparition ; l'anorak finit par stéréotyper l'aspect vestimentaire et dames et demoiselles se risquèrent en short ! "La Course" comme disent les Alpinistes, brève ou longue, ira dans tous les azimuts grâce au développement des transports en commun ainsi qu'à l'automobile personnelle.

LE ROCHER CLUB ET LE CLIMBER'S CLUB

1900 est une année capitale avec la naissance du Rocher Club, précédant de cinq ans celle d'un autre groupe, le Climber's Club. Jusque là l'escalade est confidentielle, les parcours de la Grande Candelle et du Rocher des Goudes, les "pics" les plus proéminents des Calanques se comptent sur les doigts d'une main et sont le plus souvent l'œuvre de solitaires.

À l'époque où je commençais à excursionner dans nos belles collines, parfois seul, souvent avec un de mes frères, un neveu ou un cousin qui partageaient mes goûts pour cette vie libre, nous ne rencontrions dans ces collines à peu près personne. La pratique des sports était peu développée ; ceux d'entre les jeunes gens qui éprouvaient le besoin de faire de l'exercice couraient, le fusil au bras, après les derniers perdreaux et rêvaient de tirer le lièvre fantôme que l'on disait gîter sur le territoire de Marseille. Notre section du Club Alpin, nouvellement créée commençait à peine ses promenades, fort intéressantes mais de tout repos ; la société des Excursionnistes Marseillais n'était pas fondée.

Mon frère avait lu et nous avait passé quelques récits d'ascension : Whymper, Javelle, Boileau de Castelnau à la Meije, et ces hauts faits de l'alpinisme nous avaient remplis d'enthousiasme. Aussi, en vue d'ascensions que nous avions l'intention de faire un jour dans les Alpes, nous cherchâmes à nous entraîner.

Aux environs de notre grande ville il n'y avait ni neige ni glace, mais les rochers ne manquaient pas. Chaque fois donc que nous allions dans la colline nous grimpions. Le plaisir était grand de trouver un passage, de découvrir les prises, de faire une gymnastique active et de nous sentir solides, bien que le vide s'approfondît sous nos pieds. C'est ainsi que nous escaladâmes, avec beaucoup d'autres rochers moins intéressants, le Pilon du Roi, la Grande Candelle, les aiguilles d'En Vau. Nous y revenions souvent, surtout à En Vau, la calanque unique et en ce temps-là toujours solitaire, dont le site nous charmait entre tous.

À la joie que nous causait la gymnastique aérienne se mêlait le goût des aventures, car il en arrive aux grimpeurs. Elles étaient parfois un peu émouvantes : nous ignorions la corde, l'espadrille ne fut adoptée que très tard et il nous fallait créer nous-mêmes notre expérience du rocher. Mais l'homme qui se trouve seul dans une situation difficile, obligé pour en sortir de déployer toutes ses ressources de réflexion, d'adresse et d'énergie, celui-là, on l'a souvent répété, se sent vivre pleinement. C'était pour nous une satisfaction rare.

Ce texte d'Henri Abeille * exprime toutes les motivations des futurs escaladeurs et alpinistes inspirés par la lecture d'*Escalades dans les Alpes* d'Edward Whymper, le prestigieux vainqueur du Cervin.

** Henri Abeille Préface du livre de Georges Rouard. 1926.*

L'acte de naissance du Rocher Club de Provence est publié dans le bulletin du club alpin *:

** Bulletin CAF Provence. 1905.*

Sur l'initiative de notre collègue Louis Borelli vient de se constituer un petit groupe de grimpeurs, qui ont emprunté le nom du Rocher-Club de Grenoble, dont M. Couvat du Terrail est président. Le but de cette vaillante phalange est la conquête de tous les rocs difficiles de notre région, la réussite des plus invraisemblables escalades. Nul n'est admis au Rocher-Club s'il n'a réussi par ses propres moyens le Pilon du Roi et la Grande Candelle ; aussi la qualité de ses membres l'emporte-t-elle de beaucoup sur leur quantité. En fait d'escalades inédites, ils ont effectué notamment celles des aiguilles d'En Vau, du Rocher des Goudes, des Dents de Roussargue, du promontoire de Castelvieil.

Cinq ans auparavant, Ernest Thorant a fondé le Rocher Club qui compte les sans-guides les plus entreprenants de Grenoble. Le Rocher Club de Provence est créé sur les mêmes bases. Quelques années plus tard, le groupe des Rochassiers voit le jour en forêt de Fontainebleau sous l'égide de Jacquemart et Wherlin. C'est à l'existence de ces clubs actifs et sélectifs que l'on doit, dans les années vingt, la naissance du Groupe de Haute Montagne. L'alpinisme français accède au niveau international, dans l'esprit de la grande tradition classique établie par les pionniers britanniques et leurs guides suisses.

Le caractère élitiste du Rocher Club, puis celui du Climber's Club, les rapproche, toutes proportions gardées (sans doute celles qui séparent les Calanques des Alpes) du futur GHM. Il ne compte alors qu'une vingtaine de membres : Abdou et Borelli, les plus actifs ; Jules et Maurice Bourgogne, Alphonse Callot, membres fondateurs ; Victor Martin, qui se tuera lors d'une audacieuse tentative à l'arête NO du Rocher Saint Michel ; Eugène Guéry dont le nom reste attaché à l'Aiguille de Sugiton, tout comme ceux de Charles Bonnaud et d'Edmond Andriny, qui y perdront la vie ; Jorio, Louis Robach ; Victor et Joseph Poucel, neveux d'Henri Abeille, le précurseur ; Julien et Louis David. Citons aussi Louis Marx, président de la société des Touristes Dauphinois, encordé avec son guide Casimir Gaspard (le fils du vainqueur de la Meije).

Même si le terme de pic peut prêter à sourire s'agissant des Calanques - inconsciemment, on ne peut s'empêcher de faire la comparaison avec les Alpes - l'activité du Rocher Club s'inscrit dans la phase de la conquête des sommets qui n'est pas terminée (pensons aux Aiguilles de Chamonix par exemple). Aussi les escalades les plus prisées sont la Grande Candelle, le Rocher des Goudes, l'Aiguille de Sugiton, celles d'En Vau et le Pilon du Roi, bien que ce dernier n'appartienne pas aux Calanques * :

*Bulletin * CAF Provence. 1901.*

Le récit, par M. Abdou, dans l'un des précédents bulletins de la section, de l'escalade du Pilon du Roi, accompagné de deux curieuses photographies, en était une première preuve, à laquelle sont venues s'ajouter, dans le cours de cette année, les ascensions plus délicates encore des Aiguilles d'En Vau par MM. Abdou et Borelli, du Rocher des Goudes par M. Marx, suivi de près par MM. Abdou et Borelli.

Je signalerai enfin l'ascension de la Grande Candelle, le 14 janvier 1900, par MM. Marx, Durand et Guichenné avec deux guides, Gaspard Casimir et Estienne Eugène. Cette escalade avait paru si intéressante, non seulement à ceux qui y avaient pris part, mais même aux simples spectateurs nombreux qui y assistaient, que M. Marx avait résolu de faire poser à ses frais câbles et crampons nécessaires pour la rendre possible pour tous. Hélas, ce câble, ces crampons, à la suite du refus, fait d'ailleurs d'une façon fort courtoise par le propriétaire de la Grande Candelle, en sont réduits à orner notre salle de réunion.

Grâce au propriétaire de la Grande Candelle, celle-ci ne subira pas le sort de la Dent du Géant, ni même celui du Mont Aiguille.

LE VAL VIERGE

L'activité des grimpeurs ne se limite pas à la conquête ou à la répétition des pics les plus hardis des Calanques. Avant même d'aborder cette activité plutôt gymnique, les grimpeurs se sont très tôt tournés vers l'exploration des lieux les plus sauvages et les plus reculés des Calanques, des terrains où l'aventure était évidente, ceux où l'expérience vécue pouvait être riche d'enseignements pour les courses futures en montagne. Les falaises du Devenson en sont l'exemple parfait. À cet égard l'histoire du Val Vierge relatée par Georges Rouard est passionnante :

Mais les investigations des grimpeurs ne s'arrêtèrent pas aux premières conquêtes sur la Grande Candelle. Ils remarquèrent aussi ses abords splendides et abrupts et résolurent de conquérir ce "Royaume de la Verticale" comme ils se plaisaient à l'appeler. Au bas des dernières pentes (versant Est) du Col de la Grande Candelle, ils découvrirent une longue cheminée qui leur permit de descendre dans un vaste cirque dominé par d'impressionnantes murailles de rocher. En 1899, ils explorèrent ce cirque mais la végétation y était tellement abondante qu'ils éprouvèrent les plus grandes difficultés à s'y frayer un passage. De vieux troncs pourrissaient sous l'envahissement des chèvrefeuilles, lentisques et bruyères et l'enchevêtrement des lianes, ronces, arbustes et pins était tel que spontanément ils donnèrent à cet endroit le nom de Grand Val Vierge amplement justifié.

Cependant la communication du Grand Val Vierge avec la mer (Calanque de Saint-Jean-de-Dieu) était bien défendue par une haute barre de rocher surplombant elle-même de belles pentes d'éboulis inclinées à 50 degrés. Presque immédiatement après, on entreprit d'y rechercher un passage. Les membres du Rocher-Club de Provence, particulièrement, s'employèrent à cette tâche. Plusieurs tentatives furent faites à divers endroits et le 8 avril 1900, pour le Dimanche des Rameaux, MM. Abdou, Borelli, Pascal, Lyon forçaient le passage qui en leur honneur fut appelé "Pas du Rocher-Club".

Quelques années plus tard, des grimpeurs descendant ledit passage furent tout surpris de remarquer dans le rocher un œil en verre, énorme, qui semblait les regarder ironiquement. On pourrait supposer que cette particularité a fait donner le nom d'Œil-de-Verre à la petite calanque sauvage qui s'abrite au pied de ses falaises et qui avait déjà celui de Saint-Jean-de-Dieu. Il n'en est rien. Sans qu'on pût savoir au juste pour quelle raison, ni par qui, cette calanque fut un jour nommée Calanque de l'Œil-de-Verre, et cette appellation nouvelle et incompréhensible prévalut si bien sur celle qu'elle avait eue jusqu'à ce jour, qu'elle la supplanta presque complètement.

Quelques membres de la société des Excursionnistes Marseillais entendant sans cesse ce nom bizarre et imprévu que rien ne justifiait, résolurent de lui donner une raison d'être par quelque geste humoristique. Au cours d'une excursion, ils découvrirent par hasard une lanterne à demi détruite mais dont la lentille était encore en bon état. Cette trouvaille leur fournit les éléments de la plaisanterie qu'ils méditaient. La lentille, camouflée par une peinture habile et quelques clous de respectable dimension fut transformée en œil énorme que l'on décida de fixer au passage le plus en vue. L'un de ces excursionnistes, M. Auguste Baptiste, fit plusieurs voyages dans le Grand Val Vierge pour y apporter des bouteilles d'eau et du ciment et un beau jour, le 13 novembre 1904, un groupe de 13 personnes procédait à l'installation de cet œil de verre placé au Pas du Rocher-Club ce qui ne manqua pas d'intriguer ceux qui, avec ou sans corde, franchissent le passage sous son ironique et large regard.

Après avoir réussi la jonction des crêtes de Puget avec le rivage de la mer, les membres du Rocher-Club déposèrent dans le Grand Val Vierge un registre, ainsi qu'il est d'usage dans les refuges de montagne et où viennent signer les visiteurs. Le nombre de ceux-ci s'accrut d'année en année pour arriver à la fin de l'année 1905 au joli chiffre de 393. C'est dire si la besogne du Rocher-Club fut rapidement appréciée. Ce registre a, depuis longtemps, disparu.

En cette même année 1900, au cours de laquelle fut découvert le Pas du Rocher-Club, et dans le mois de Mai, quelques grimpeurs, MM. Abdou, Borelli et Ferrand se risquèrent dans la longue et vertigineuse rainure située entre la Grande Candelle et le Candellon et qui rejoint la mer par le couloir des Pierres Tombées. L'extraordinaire quantité de pierres qu'ils firent dégringoler dans ce couloir au cours de leur exploration leur donna de sérieuses raisons de croire qu'ils étaient les premiers à le descendre. De fait, on n'a pu relever aucun passage antérieur à cette date. Circonstance pittoresque, ces grimpeurs étaient accompagnés d'un petit chien dont le courage fut mis à rude épreuve et qui ne révéla au cours de cette escalade, aucun goût particulier pour ce genre de sport. Loin de là, et sa présence fut quelquefois pour le moins embarrassante.

Dès lors, après cette heureuse exploration, il devenait possible à des grimpeurs d'effectuer, par le couloir du Candellon, le sentier de la Lèque, la Calanque de l'Œil-de-Verre, le Pas du Rocher-Club, le Grand Val Vierge, la Cheminée du Diable et le Col de la Grande Candelle, le tour complet de cette dernière. Mais ils ne tardèrent pas à se demander si ce tour ne pourrait pas s'effectuer en empruntant l'une des terrasses qui coupent les grands à-pics de son versant sud.

Le premier, en 1902, M. Maurice Bourgogne posa le problème. Mais l'impraticabilité de ces parois où toutes les lignes sont ascendantes et où à peine si ça et là quelque minuscule corniche, brusquement interrompue au bout de quelques mètres, raye la face de la montagne, où la verticale reprend vite ses droits, semblait à un simple coup d'œil parfaitement démontrée. Une année plus tard, le professeur A. Callot et M. E. Burnand découvraient le passage, vraisemblablement unique, qui permettait de franchir la partie la plus abrupte de ces escarpements et de s'avancer sur la seconde terrasse à la base de la Grande Candelle, et le 14 février 1904, accompagnés de quelques membres de la section de Provence du Club Alpin Français, dont l'un s'était muni d'un piolet pour lutter contre les broussailles, ils réussissaient à contourner la Grande Candelle, en atteignant d'abord le point où s'était arrêté M. Bourgogne au cours d'une reconnaissance faite dans l'autre sens, et le Couloir du Candellon.

Cette corniche, qui reçut le nom de Corniche du Club Alpin, fut jalonnée en bleu le 5 février 1905 par MM. Maurice Bourgogne et Alphonse Callot. Il y a quelques années, ce jalonnement fut refait en noir. Ultérieurement, M. Louis David fut assez heureux pour réussir ce tour de la Grande Candelle en suivant, au pied même de la muraille qui tombe de sa crête, une difficile corniche qui porta désormais son nom et qui, malheureusement, fut rendue impraticable à la suite d'éboulement et d'incendie.

Enfin, tout récemment, le 25 janvier 1925, MM. Philippe Bernard, Albert Nessi et Jean Roland effectuant le tour de la Grande Candelle par la Corniche du Club Alpin, remarquaient quelques fissures qui en rayaient l'extrémité orientale de la muraille sud. Se décidant à les explorer, ils s'y aventurèrent, et après une vertigineuse escalade au-dessus même du Grand Val Vierge, ils aboutissaient au pied de la Grande Candelle, au bas des premières difficultés de l'arête de Cassis. Cette dernière découverte ne manque pas d'importance car, en outre d'une escalade très intéressante qu'elle offre, elle permet d'effectuer du plus près possible le tour de la Grande Candelle, suppléant la Corniche David et faisant éviter la montée ou la descente du Grand Val Vierge qu'impose la Corniche du Club Alpin.

Au cours d'un des hivers de 1889 ou 1890, MM. Henri, Emmanuel et Elzéar Abeille partaient de Sugiton dans le but de faire le tour de la Grande Candelle par des voies qu'ils rechercheraient. Chemin faisant, arrivés à la Calanque de Saint-Jean de Dieu, ils modifièrent leur programme et résolurent de suivre la mer en allant vers l'Est aussi longtemps qu'il leur serait possible. Ils arrivèrent ainsi à la base d'un grand couloir, taillé dans la falaise à-pic, qu'ils remontèrent et qui les amena au sommet des crêtes du Devenson.

La différence de niveau de la base au sommet est d'environ 150 mètres dont 60 de mauvais pas, dit M. Maurice Bourgogne, et il ajoute que "peu d'escalades alpestres offrent de pareilles difficultés." D'ailleurs le Grand Couloir du Devenson eut les honneurs de la visite d'un guide des plus réputés de l'Oisans.

5- La Grande Candelle,
le Val Vierge,
le début des falaises du Devenson
avec les Corniches Paretti.

LA CONQUÊTE DES SOMMETS

LA GRANDE CANDELLE

Le massif de la Grande Candelle constitue certainement un des points les plus intéressants de notre côte méditerranéenne. Ses falaises à pic, tantôt lisses et verticales, tantôt sillonnées de couloirs et de corniches, flanquées d'aiguilles aiguës semblables à des flèches de cathédrale, offrent à l'alpiniste tous les genres et variétés d'escalades, en même temps qu'au touriste, simple amateur de la belle nature, les sites les plus pittoresques, les plus sauvages et les plus grandioses. Tous depuis longtemps, nous sommes familiers avec le profil de cette Grande Candelle qui, flanquée de son Candellon, éperonne le flanc méridional du Mont Puget et signale de loin la région la plus fantastiquement découpée de notre côte des Calanques. Son point culminant ne domine que d'une cinquantaine de mètres le col du versant nord, où passe le sentier d'En Vau et Cassis. Au Sud, c'est de quatre cent cinquante mètres qu'elle s'abîme dans la mer, en deux chutes verticales que sépare un talus hérissé de pins. *

** Maurice Bourgogne Bulletin CAF Provence. 1905.*

Le randonneur qui, au départ de Luminy, se rend à la Lecque ou à l'Œil de Verre est dominé par la silhouette imposante et massive du Mont Puget. Dès le Col de Sugiton, la Candelle apparaît, aiguë et élancée, mais encore partiellement masquée.
En poursuivant la piste qui mène au Socle, il parvient au bout d'un quart d'heure de marche, à un promontoire : le sommet de la paroi des Toits de Sugiton, l'un des plus beaux belvédères des Calanques, d'où l'effet de perspective jouant la Candelle apparaît comme une gigantesque étrave.

Véritable sentinelle de pierre au cœur des Calanques, la Grande Candelle constitue, par sa position, une transition entre deux mondes : celui, hospitalier, des calanques de Sugiton et de Morgiou ; celui, austère et beaucoup plus sauvage des falaises du Devenson. Enfin, le panorama y est inoubliable : du Cap Morgiou à Castelvieil, de Riou aux Falaises Soubeyrannes. Vue de la Paroi Concave, la Candelle plonge dans le Val Vierge. Certes, son versant nord ne domine le col du Candellon que d'une quarantaine de mètres, sans lui ôter pour autant son aspect de pic. Cependant, il n'en a pas toujours été ainsi : *

Théorie de M. Vasseur, professeur de géologie à la faculté des sciences et de M. Maurice Callot, professeur de géologie au lycée de Marseille Bulletin CAF Provence. 1902. *

La Grande Candelle n'a qu'une altitude de 450 mètres, mais sa position isolée, à pic sur la mer, la fait apercevoir de tous les points de la côte. Elle faisait autrefois partie intégrante du Mont Puget. Un beau jour, et pour des motifs inconnus, à l'époque urgonienne, paraît-il, elle se détacha du massif de Puget et, glissant sur les marnes jaunâtres des étages néo-comiens, elle vint s'arrêter dans la mer au-dessus de la calanque de Pierradou, dite aussi l'Œil de Verre, ou encore de Saint Jean de Dieu. On peut se rendre compte de ce glissement par les deux brèches de friction qui sont, l'une la cheminée du Diable, l'autre le couloir du Candellon.

C'est cette sentinelle de pierre qui apparaît à Francis W. Mark en 1879. La Meije a été gravie deux ans plus tôt, le Cervin quatorze ans auparavant. En 1879, c'est encore au Cervin que s'écrit une page de l'alpinisme. Burgener et Mummery gravissent l'arête de Zmutt, puis, l'année suivante, ils gravissent celle de Furggen, jusqu'au pied du ressaut sommital. Aussi l'ascension d'un sommet de 450 mètres, où l'escalade proprement dite ne représente que quelques dizaines de mètres, peut prêter à sourire. Elle représente la date de naissance de l'escalade en tant qu'activité à part entière dans les Calanques.

Quant à l'ascension de la Candelle elle-même, nous pouvons ici en dire deux mots. Elle n'offre pas, comme le Pilon du Roi, une suite ininterrompue de difficultés ; il n'y a qu'un seul pas dangereux, mais il est très dangereux, et les grimpeurs les plus éprouvés n'aiment pas s'y risquer sans espadrilles. On attaque le pic à quelques mètres du col, vers l'extrémité ouest de la muraille septentrionale, masse compacte de roc gris, qui n'a pas l'à-pic absolu de la face sud. La hauteur totale à escalader n'y dépasse pas quarante mètres environ. *

M. Maurice Bourgogne Bulletin CAF Provence. 1901. *

Le col de la Grande Candelle atteint, tout alpiniste qui se respecte doit faire l'escalade du sommet. Les itinéraires ne manquent pas, il y en a quatre ; on n'a donc que l'embarras du choix. Le plus ancien est situé en face du Candellon. C'est par là, en 1879, que fut faite la première ascension de la Grande Candelle, par un Anglais, naturellement, M. Mark, alors consul d'Angleterre à Marseille et membre de notre section.

Il faut grimper en face du Candellon jusqu'à une corniche où se trouve une racine de romarin, s'élever au-dessus par un rétablissement sur le bras gauche, et tourner ensuite sur la droite. On continue en inclinant vers la gauche par d'étroites et vertigineuses corniches, jusqu'à une fissure verticale dans laquelle on grimpe pour atteindre le sommet.

L'itinéraire le plus fréquenté a été jusqu'à présent celui du Mauvais Pas. On y accède par une cheminée située à une trentaine de mètres à gauche du Candellon, et qui conduit à une sorte de plate-forme où se présente le Mauvais Pas. Il faut de cette plate-forme passer dans une petite cheminée située à gauche au-dessus du vide et à environ deux mètres de la plate-forme. Autrefois, on enjambait une étroite corniche lisse et inclinée, et sur laquelle il fallait s'élever sans prise pour les mains ; mais, le rocher ayant été en partie démoli, le passage est devenu impossible de cette façon. On peut encore, cependant, en face de la plate-forme, s'agripper au rocher à une mince prise qui cédera un jour ou l'autre, et passer ainsi au-dessus du vide sur la corniche d'où l'on atteint alors facilement la deuxième cheminée. De cette cheminée un peu en surplomb, un rétablissement conduit à un couloir d'éboulis et l'on atteint le sommet sans plus de difficultés. Ce passage est aujourd'hui abandonné à la montée par suite de la démolition du rocher, les grimpeurs l'utilisent encore à la descente en l'effectuant à la corde, le dernier faisant le rappel.

Le troisième itinéraire est celui du Couloir Poucel, dit aussi de la Tayolle Rouge. Le premier qui en fit la découverte, M. Joseph Poucel, l'effectua à la descente, et, n'ayant pas emporté de corde, dut, à un passage où les prises font complètement défaut, faire le rappel avec sa tayolle rouge dont des lambeaux restèrent accrochés au rocher, d'où le nom donné à ce passage. On y accède en descendant d'une vingtaine de mètres le couloir du Candellon, où l'on prend une cheminée escarpée qui s'élève vers la droite et conduit à une étroite corniche. On se trouve alors au-dessus d'une muraille lisse et verticale à 150 mètres environ au-dessus de la base du couloir du Candellon. Au-dessus de ce vertigineux à-pic, que l'on ne peut regarder sans un certain frisson, se trouvent les deux plus mauvais passages. Il faut d'abord s'élever en équilibre, en mettant le pied sur une étroite saillie du rocher, mais sans aucune prise pour les mains. Au-dessus, c'est le contraire, il n'y a pas la moindre saillie pour les pieds. Il faut se coller autant que possible contre le roc pour s'aider le plus possible de l'adhérence du corps, introduire la main dans une fissure verticale et s'élever par un rétablissement sur un seul bras.

Ces deux passages exécutés sans point d'appui sérieux, au-dessus de ce vertigineux à-pic, sont réellement délicats et à la portée seulement des grimpeurs de premier ordre. Au-dessus, les difficultés diminuent, et l'on arrive sur une arête barrée par un gendarme. On le contourne par dessous, il y a là un passage assez analogue au Pas du Chat de la Meije. Ce pas franchi, on atteint facilement le sommet. L'ascension par cet itinéraire, nous devons le dire, n'est pas à recommander. Nous n'avons été, jusqu'à présent, que quatre à la faire, et si c'était à recommencer, ce serait sans aucun enthousiasme.

Le quatrième itinéraire est celui de l'arête dite de Cassis. On longe le flanc nord-est de la Grande Candelle et on remonte vers son extrémité sud-est jusqu'à un large couloir vertical, d'une dizaine de mètres, et présentant à la partie supérieure un léger surplomb. On l'escalade par la paroi droite, vers le sommet on passe à gauche et l'on franchit le surplomb par un rétablissement un peu délicat par suite de la rareté des prises. On atteint ainsi une petite brèche d'où la vue est saisissante. Au fond, à plus de quatre cents mètres, dans un cirque des plus étranges, la calanque de l'Œil-de-Verre scintille au soleil ; l'à-pic est superbe, le bleu de la mer, le vert sombre des pins accrochés aux rochers, le blanc et le jaune des falaises, forment un merveilleux contraste.

De la brèche on escalade directement l'arête qui se dresse verticale au-dessus de l'abîme, puis on contourne à droite une corniche sans prise, mais où les vêtements adhèrent facilement par suite de l'érosion de la roche. L'escalade de l'arête continue par une fissure demandant un certain effort, puis on reprend l'escalade directe, et l'on arrive à une large plate-forme d'où l'on peut s'installer solidement pour aider les autres à la corde. Au-dessus, il reste quelques gradins à escalader, et l'on suit l'échine rocheuse de la Grande Candelle pour atteindre, par une petite brèche, le sommet principal situé à 450 mètres d'altitude.

Cet itinéraire est le plus intéressant, par suite de la variété des difficultés et de la vue superbe que l'on a de l'arête sur les falaises à pic et la calanque de l'Œil-de-Verre.

Il offre aussi l'avantage de se faire en deux fois et de permettre à deux endroits de s'installer solidement pour aider les autres à la corde, ce qu'il est impossible de faire au Couloir Poucel. Sa descente est assez délicate et, il est prudent de faire usage de la corde.

On peut voir, par ces détails, que les grimpeurs peuvent s'amuser à quelques kilomètres seulement de Marseille. Incontestablement, nous n'avons ni Dru, ni Grépon ; nos escalades sont courtes, mais elles offrent, à part le verglas, tous les genres de difficultés que l'on rencontre dans les grandes ascensions.

*Tantôt le mauvais état du rocher, tantôt la nature particulière des calcaires où le soulier ne mord pas et qui exigent souvent l'espadrille, la verticalité de certaines parois, la rareté et parfois l'absence des prises, le tout au-dessus de respectables à-pics, nécessitent de l'adresse, de la force, de l'agilité et du sang-froid et développent les facultés des grimpeurs. Aussi, nombre de nos amis entraînés ont-ils pu entreprendre les grandes escalades sans éprouver d'autres difficultés que celles du glacier et du verglas que n'offrent malheureusement pas nos rochers de la Basse Provence. **

*Louis Borrelli **
Bulletin
CAF Provence. 1903.

Louis Borelli et son ami Edmond Abdou sont non seulement des rochassiers mais aussi de bons alpinistes. Les 16 et 17 juillet 1900, ils ont traversé la Meije avec les frères Gaspard. Cet été-là, la traversée de la Meije ne se fera que deux fois : une cordée anglaise guidée par les célèbres Almer père et fils, de Grindewald, suivra les traces de la cordée Abdou-Borelli-Gaspard. Aussi est-il piquant de relever les impressions "à chaud" de Louis Borelli au retour de la Meije : *

Pour résumer nos impressions, nous dirons que si nous considérons à part chaque difficulté, aucune ne nous a paru vraiment insurmontable. Si même nous faisons abstraction de l'altitude et des formidables à-pics sur lesquels on se trouve depuis la pyramide Duhamel jusqu'à la descente du Pic Central, nous pouvons dire que nous nous attendions à davantage et que nous avons trouvé dans nos rochers de Provence certains passages aussi délicats que tels ou tels passages de la Grande-Muraille, peut-être même plus délicats, par suite de la friabilité de notre calcaire qui cède parfois aux moindres prises. Mais si nous considérons ces difficultés dans leur ensemble et dans les conditions où elles se présentent, nous pouvons dire que la Meije est bien à la hauteur de sa réputation et qu'elle ne peut souffrir la comparaison avec aucune autre montagne.

* *Louis Borrelli et Edmond Abdou Bulletin Société des Excursionnistes. 1900.*

Ainsi donc, les passages les plus délicats des Calanques peuvent se comparer à ceux de la Meije, la "grande difficile". Les articles de Louis Borelli permettent aussi de situer le niveau atteint dans les Calanques grâce à une étude comparée avec les itinéraires rocheux les plus célèbres des Alpes.

Dans son ouvrage, *Histoire des escalades classiques aux environs de Marseille.* Georges Rouard dresse une histoire exhaustive de la Grande Candelle jusqu'à la première guerre :

La Grande Candelle fut une des premières escalades effectuées dans nos environs. C'est en 1879 qu'elle fut vaincue pour la première fois et c'est un anglais, M. F. Mark, membre de la section de Provence du CAF alors consul d'Angleterre dans notre ville, qui eut cet honneur. Il grimpa presque en face du Candellon et par une succession de corniches étroites et vertigineuses mêlées de fissures verticales gagna le sommet presque directement.

Un autre itinéraire que peut-être il n'avait pas remarqué ou simplement qu'il avait dédaigné, ne devait pas tarder à supplanter le sien comme voie d'ascension la plus fréquentée. C'est le Mauvais-Pas qui couronne une vaste cheminée située un peu à l'est de la Muraille Mark. C'est l'habituel passage des isolés ou des "sans-corde" et sa découverte, vraisemblablement due à M. Henri Abeille le 24 mars 1889 fit qu'on abandonna complètement la Muraille Mark qui de ce fait ne fut connue que de quelques grimpeurs et assez rarement gravie.

Une tentative d'aménagement du Mauvais-Pas fut projetée en 1900. M. Louis Mark, de la section de Provence du CAF se proposait d'y installer un solide câble de fer destiné à faciliter ce passage. Mais les propriétaires de Luminy, et de la Grande Candelle puisqu'elle en dépend, furent nettement hostiles à ce projet et se refusèrent à en autoriser l'exécution malgré les instances de nombreux grimpeurs.

À la suite de cet échec, M. Louis Borelli remit en pratique une voie située à l'extrémité orientale de la Candelle et qui porte le nom d'Arête de Cassis. Déjà connue précédemment, elle surplombe de plus de 400 mètres à-pic l'anse de l'Œil-de-Verre : de ce fait elle est très impressionnante et ses difficultés y sont continues. On n'hésitait pas cependant à l'utiliser alors comme voie de descente. Elle est un peu abandonnée dans ce sens actuellement.

Mais un intrépide grimpeur ne devait pas tarder à inaugurer un nouvel itinéraire, le plus vertigineux sinon le plus difficile de tous ceux qui permettent d'accéder au sommet. Le 11 novembre 1900, M. Joseph Poucel gravit la Tayolle Rouge.

Enfin, en 1913, la muraille la plus abrupte et d'apparence impraticable était l'objet d'une tentative de la part de MM. Hippolyte Alleme, Marius Tabouret, et Edmond Bellanger qui la gravirent à moitié. Par la suite, M. Edmond Bellanger revint en achever le parcours, assisté de MM. Louis David et Eugène Guéry. Le sens de la marche suivie dans cette voie lui fit donner le nom de Muraille en Z qu'elle a conservé. Elle comprend une cinquantaine de mètres d'escalade difficile qui atteint par endroits près de 85 degrés d'inclinaison, semée de plusieurs passages délicats. Avec le Couloir Poucel, la Muraille en Z est sans contredit la plus difficile et la plus longue voie d'ascension. Ce sont d'ailleurs les itinéraires les plus fréquemment suivis par les grimpeurs exercés qui effectuent quelquefois ces deux escalades dans la même matinée. Le plus souvent, on descend de la Grande Candelle par un court rappel de corde fait au Mauvais Pas.

Francis W. Mark est un sacré grimpeur et quelques jours plus tard, il gravit le Pilon du Roi dans la chaîne de l'Étoile, au nord de Marseille. En 1900, chacun de ces monolithes ne compte qu'un nombre rarissime de parcours, et réussir les deux est la condition "sine qua non" d'entrée au Rocher Club. Ses membres les plus fameux, Louis Borelli, Antoine Pellicé et Edmond Abdou ont fait appel au concours de deux guides, Casimir Gaspard et Eugène Estienne pour réussir l'ascension du Pilon du Roi. Dans un sursaut d'amour propre Edmond Abdou y retourne, décidé à "y arriver sans aide aucune". L'ascension se déroule sans anicroches, mais non sans émotions. Tout en rendant hommage à Henri Abeille dont il a suivi la voie, Abdou ne peut s'empêcher de mettre en garde les suivants *:

*Edmond Abdou * Bulletin Société des Ecursionnistes. 1900.*

Je conseillerais à ceux qui voudraient l'imiter de posséder toutes les qualités de l'acrobate pour s'élever sur une roche presque lisse, n'offrant que peu d'aspérités, à un endroit où le moindre faux pas doit infailliblement vous coûter la vie.

Récit épique, récit de pionniers disposant d'un matériel dérisoire interdisant toute chute.

LES AIGUILLES D'EN VAU

Avant l'entrée en scène du Rocher Club, un personnage va poursuivre l'œuvre entreprise par Mark : Henri Abeille. Une ascension précoce du Pilon du Roi (le Couloir Abeille) et la seconde de la Grande Candelle par un itinéraire inédit, le Mauvais Pas, précèdent la première de la Grande Aiguille d'En Vau, un an après celle de la Petite Aiguille. Un quotidien local donne cette description :

Dans l'imposant décor des gorges d'En Vau, deux aiguilles surtout attirent l'attention ; l'une est située à quelques mètres du rivage, c'est la Petite Aiguille sur laquelle, avec quelque difficulté, on peut monter. La Grande Aiguille s'élance verticalement du côté du vallon sur une hauteur de 80 à 90 mètres environ et se termine par deux pointes. De ce côté l'ascension est matériellement impossible, c'est la verticalité absolue. De l'autre côté, l'inclinaison qui doit être de 80 à 85 degrés, la rareté des prises, le mauvais état du rocher érodé et désagrégé rendent cette ascension particulièrement périlleuse.

Georges Rouard * retrace les exploits d'Henri Abeille et de ses émules :

* *Georges Rouard. Histoire des escalades aux environs de Marseille. 1926.*

En 1888, pendant les grandes vacances, M. Henri Abeille se trouvant à En Vau tenta l'ascension de la Petite Aiguille. Il attaqua par le versant de la mer, parvint au sommet et en descendit par le côté du vallon qui lui parut moins difficile. L'année suivante, revenant à En Vau au mois de septembre, en compagnie de son neveu, M. Victor Poucel, M. Henri Abeille réussissait l'ascension de la Grande Aiguille. Ce ne fut toutefois pas sans difficulté car chaussé de gros souliers à clous il eut quelque peine à descendre la dernière paroi où les prises sont peu saillantes. À son tour, la Grande Aiguille était conquise. Plus tard, un piton de fer fut placé à cette dernière paroi et son utilité fut surtout appréciée à la descente.

Il est permis d'affirmer que les aiguilles d'En Vau ne connurent quelque célébrité que vers l'année 1900, époque à laquelle les grimpeurs commencèrent à les visiter avec une certaine fidélité, grâce aux membres de ce Rocher Club de Provence cité par M. Maurice Bourgogne et notamment MM. Edmond Abdou, Louis Borelli, Alphonse Callot, René Gombault et Antoine Pellicé. Mais aussi c'est à partir de cette époque que les Aiguilles se défendirent contre certaines tentatives en protestant par quelques chutes qu'elles occasionnèrent, dont aucune ne fut fatale fort heureusement.

6- La Petite Aiguille d'En Vau.

Le 18 janvier 1903, M. René Gombault venait d'effectuer l'escalade de la Grande Aiguille avec deux de ses amis, membres du Rocher Club. À la descente, au cours d'une marche de flanc délicate, un faux mouvement le dérocha et il tomba de huit mètres environ, se blessant profondément au visage. Soutenu par ses camarades et faisant preuve de la plus grande énergie, il put gagner immédiatement Cassis et rentrer à Marseille. Sa blessure exigea deux à trois semaines de repos.

C'est à la Petite Aiguille qu'un autre membre du Rocher Club fit une chute qui ne fut suivie d'aucune grave conséquence et dont la victime, M. Alphonse Callot, se rétablit promptement. Sur la même, au commencement de l'année 1923, M. Eugène Queyras, recherchant une voie d'ascension entre les deux connues, fut aussi déroché d'une huitaine de mètres et se releva indemne, étant tombé sur un épais buisson.

Notons que pour la première fois, depuis le tronc dressé dans la cheminée de Castelvieil, on a recours à une aide artificielle, celle d'un piton fiché dans la dernière paroi de la Grande Aiguille pour l'assurage et *dont l'utilité fut surtout appréciée à la descente.* Sans doute le premier piton de rappel des calanques ? En 1888.

7- En Vau.

Le lecteur pourra s'étonner de la fréquence de l'escalade solitaire qui se pratiquait à l'époque pour plusieurs raisons. En premier lieu, le nombre de grimpeurs est fort réduit. En 1900, le Rocher Club ne compte qu'une vingtaine de membres actifs. Francis W. Mark, qui créa l'escalade en Provence, est seul. Dix ans plus tard, Henri Abeille est le plus souvent seul aussi. Il lui arrive d'être accompagné de ses frères, Emmanuel et Elzéar, au Val Vierge, ou parfois de Victor Poucel, à la Grande Aiguille d'En Vau. Son autre neveu, Joseph Poucel, ouvre, seul également, une voie délicate et peu répétée à la Grande Candelle : la Tayolle Rouge, la tayolle ayant joué le rôle de nos sangles modernes. En second lieu, le matériel est soit inexistant, soit d'une qualité tellement suspecte, qu'être en solo ou encordé revient exactement au même, tout au moins pour le premier. Les chutes ont lieu : ainsi Callot, Gombault et Queyras, respectivement à la Grande et à la Petite Aiguille d'En Vau. Elles sont là sans gravité ; ce ne sera hélas, pas toujours le cas.

Outre la Grande Candelle et les Aiguilles d'En Vau, d'autres aiguilles vierges attendent la visite des grimpeurs : le "Sorbet" de Morgiou, la Pointe de Malvallon, le Rocher des Goudes, l'Aiguille de Sormiou et celle de Sugiton. Les deux premières ne sont que de simples formalités. Il n'en est pas de même pour les trois autres, notamment l'Aiguille de Sugiton, théâtre de deux chutes mortelles.

LE SORBET ET LA POINTE DE MALVALLON

Le "Sorbet" de Morgiou et la Pointe de Malvallon sont l'œuvre d'Alphonse Callot. Outre sa passion pour le rocher, Callot trouve dans les Calanques de quoi satisfaire un autre Violon d'Ingres : la géologie. *

Sur la rive droite de la calanque, à cent mètres du petit débarcadère, se dresse un rocher d'aspect bizarre, terminé par un piton cylindrique. Quelques amis l'ont baptisé : le Sorbet. La première ascension touristique du Sorbet, croyons-nous, fut faite le 11 octobre 1903, au retour d'une excursion de Sugiton à Morgiou par trois amis, Burnand, Jorio, Callot qui avaient maintes fois côtoyé le pied du rocher sans penser à le gravir.

Cette escalade n'est pas une véritable "première" ; les pêcheurs de Morgiou nous ont appris plus tard qu'un nommé Bonsignour, de Mazargues, l'avait faite plusieurs années de suite le 15 août (fête patronale de Morgiou) pour planter un drapeau au sommet, jusqu'au jour malheureux où, quelque peu troublé par des libations prématurées, il glissa au cours de l'ascension, se fractura le crâne sur les rochers du côté opposé à Morgiou, et mourut cinq jours après - il y a quelques huit ans de cela.

* *Bulletin CAF Provence. 1903.*

Si le Sorbet est une "silhouette" familière du port de Morgiou, la Pointe de Malvallon est située dans un endroit sauvage et reculé :

Nous désignerons ainsi une importante masse rocheuse située à proximité du Col de la Selle et séparée de Marseilleveyre par une étroite mais profonde échancrure. Elle s'élève à trois cents mètres au-dessus du Malvallon dont elle contribue à former le versant occidental.

J'avais remarqué depuis longtemps ce beau rocher au cours de mes pérégrinations dans le massif de Marseilleveyre, quand le hasard d'une conversation avec mon ami Antoine Pellicé, membre du Rocher Club, m'apprit que la Pointe n'avait pas encore reçu de visite. Quelques jours après (20 mars 1902), mon fils et moi avons établi les deux itinéraires décrits ci-après, que nous avons parcourus dans les deux sens, après avoir bien péniblement pratiqué un passage dans les broussailles formant un fouillis inextricable à la base du rocher. Je crois pouvoir affirmer qu'il n'y a pas d'autre voie d'accès.

Aujourd'hui encore, ce lieu est le plus sauvage du massif de Marseilleveyre. Si le Sorbet tient de la promenade, la Pointe de Malvallon relève de l'exploration. On observe que Callot est tout à la fois honnête et modeste. En effet, rien ne l'oblige à préciser qu'il s'agit de la première ascension *touristique* du Sorbet. Bien des "conquérants" n'ont pas eu cette délicatesse, allant parfois jusqu'à occulter les preuves d'un passage antérieur. Quant à la dénomination de Pointe Callot, elle est due au désir de ses amis de lui rendre hommage. *

*Georges Rouard * ouvrage précité.*

Lorsque le massif de Marseilleveyre, sous les incursions réitérées de nos aînés, livra peu à peu les derniers secrets de ses gorges et de ses vallons sauvages, il retrancha son indépendance au sommet de quelques cimes particulièrement abruptes. L'une d'elles, alors dénommée Pointe de Malvallon, fut remarquée, dès les premiers temps, par M. Alphonse Callot, qui fut un des plus ardents pionniers du massif.

Dans les premiers jours de mars 1902, les hasards d'une conversation lui apprirent que la Pointe de Malvallon était vierge. Le 20 mars 1902, accompagné de son fils, il y faisait une visite et réussissait à établir deux itinéraires pour la gravir. L'un par les arêtes et l'autre par une longue cheminée qui raye complètement la face Nord-Est. Les deux nouvelles voies d'escalade furent suivies dans les deux sens et la pointe elle-même si parfaitement explorée qu'à la suite de sa conquête M. Alphonse Callot crut pouvoir affirmer qu'il n'y avait aucune autre voie d'accès que les deux qu'il avait découvertes. Pendant une dizaine d'années il sembla avoir raison. Les arêtes et la cheminée furent les seuls itinéraires suivis par les grimpeurs pour accéder au sommet et le nom de Pointe Callot fut décerné au rocher comme un hommage à son vainqueur.

LE ROCHER DES GOUDES

Le contraste est saisissant entre la Pointe Callot et le Rocher des Goudes. Le sauvage Malvallon d'une part, le petit port de Callelongue et la "civilisation" d'autre part. * Callelongue est toujours aussi pittoresque avec ses "pointus" marseillais, vrais bateaux de vrais pêcheurs, et son port n'est pas encombré, faute de place sans doute, par de hideux "promène-couillons". Du village des Goudes, la route s'élève vers un col minuscule avant de plonger sur Callelongue. Le Rocher des Goudes apparaît, à la fois carré et élancé, petite "guglia"* dolomitique dominant les flots de la Méditerranée. Sa conquête est la seule qui ait échappé aux grimpeurs locaux :

*Gaston Rébuffat * Calanques, Sainte-Baume, Sainte-Victoire.*

*Aiguille. **

La première escalade qu'on ait retenue est celle d'un capitaine de chasseurs alpins en congé, qui, en 1890 alla planter un drapeau au sommet. On ne possède aucune précision quant à l'itinéraire suivi mais il est permis de supposer que son escalade emprunta les arêtes est, où le rocher apparaît plus vulnérable.

En octobre 1900, Louis Marx, Président de la Société des Touristes Dauphinois, accompagné du guide Casimir Gaspard, se risquait dans les cheminées qui se dessinent sur l'arête ouest, et par cette voie réussissait à atteindre le sommet. Ils effectuèrent la descente par la voie des arêtes est. Vers la même époque, deux excellents grimpeurs, Edmond Abdou et Louis Borelli, membres du Rocher-Club de Provence, inaugurèrent à la descente cette voie des arêtes ouest. Mais par suite des difficultés qu'elle présente, ils n'hésitèrent pas à la déconseiller dans ce sens.

Enfin, une longue fissure fut ultérieurement gravie, et permit de rejoindre la crête au même point que les arêtes est. Cette troisième voie est encore la plus fréquentée parce que la plus pittoresque : elle présente un passage très amusant (il s'agit de la Voie de la Fenêtre). L'escalade du Rocher des Goudes fut assez rare dans les premiers temps. En 1900, elle n'avait été faite que quatre fois.

Ce récit de Georges Rouard est empreint d'un certain recul car postérieur aux faits d'un quart de siècle. Il est intéressant de le comparer avec celui d'un pionnier, Louis Marx. *

* *Bulletin CAF Provence. 1901.*

L'escalade du Pilon du Roi, décrite dans un de nos bulletins précédents, celle de la Grande Candelle effectuée au printemps de cette année par plusieurs membres du Club, montrent assez que les grimpeurs peuvent trouver, dans les environs même de Marseille, d'excellentes occasions de s'exercer... C'est une escalade du même genre que les deux précédentes que je me propose de décrire ici...

Le Rocher des Goudes, but de notre excursion, se présente sous l'aspect d'une dent de 40 mètres de hauteur, sur 80 environ de largeur à sa base. L'escalade, à ma connaissance, n'en a pas été faite plus de quatre fois.

Si on examine ce rocher du sentier de Marseilleveyre, on en peut contempler la face nord dont la paroi lisse, comme passée au rabot, enlève toute idée d'escalade au grimpeur le plus exercé.

Sa face sud, que l'on peut étudier à loisir du sentier qui conduit, par le bord de mer, au Plan des Cailles, est également inaccessible. Toutefois..., on ne tarde pas à se rendre compte de la possibilité d'atteindre le sommet par l'arête est.

Quant à l'arête ouest, l'escalade, même à une distance assez rapprochée, en paraît impossible, tellement elle est droite et paraît unie ; cependant, si l'on parvient au pied même du rocher, on voit se dessiner quelques cheminées et corniches qui tentent un hardi grimpeur et peuvent lui permettre de se hisser jusqu'au point culminant.

Il est donc possible d'atteindre le sommet du Rocher des Goudes de deux côtés différents. En fait, j'ai pu, au mois d'octobre dernier, en compagnie de Casimir Gaspard, faire l'ascension de ce rocher par l'arête ouest, et redescendre par l'arête est. De ces deux itinéraires, c'est le second qui, incontestablement, est le moins dangereux et que je recommande tout spécialement.

Louis Marx prodigue également quelques conseils qui feront sourire le grimpeur actuel :

Détail à noter : les souliers à clous ne mordent pas sur cette roche calcaire et l'usage de l'espadrille, qui n'est pas pratique en général pour une longue ascension parce qu'elle fatigue la plante des pieds et qu'elle s'use trop vite, peut rendre ici de grands services.

8- Le Rocher des Goudes, l'Arête du Sémaphore, les Lames, l'Arête de la Cordée.

Récemment, mon homonyme et camarade Éric Vaucher a provoqué une certaine sensation en gravissant quelques voies des Goudes en chaussures de montagne, au milieu de grimpeurs fluos, chaussés dernier cri. J'ai quelque mal à imaginer leur réaction si, à la place des Super Guide, Éric avait porté des "Ailes de Mouche"...

À la lecture de ces pittoresques récits, quelques remarques s'imposent. Comment expliquer la présence au sein des plus fortes cordées provençales, de l'un des meilleurs guides des Alpes Casimir Gaspard pour gravir des aiguilles n'excédant pas quarante mètres de hauteur ? L'entraînement en école d'escalade est une pratique inconnue. Cette coutume nous viendra bien plus tard, de nos voisins transalpins. Le récit de Louis Marx laisse à penser que la présence de Casimir Gaspard est loin d'être superflue.

Il appartient à une grande lignée de guides de l'Oisans. Digne fils de Pierre Gaspard, le vainqueur de la Meije, il est lui-même un guide entreprenant et audacieux, et l'auteur des premières du Coup de Sabre et du couloir Gravelotte à la Meije, les courses de glace les plus difficiles du massif jusqu'à l'ouverture du Couloir Chaud... 55 ans plus tard ! Pour Gaspard comme pour la majorité des guides des Alpes Occidentales, le calcaire est une roche inconnue, friable et donc délicate.

De plus, les guides grimpent en chaussures à clous, ce qui doit être aussi efficace que des patins à roulettes. Ce que semble ignorer Louis Marx, c'est l'ampleur des services que l'espadrille a déjà rendue aux grimpeurs des Alpes Orientales. Marx n'indique pas comment Gaspard et lui étaient chaussés, mais il est clair sur l'impression que lui a laissée l'arête du Sémaphore :

Je n'hésite pas à dire que l'escalade de l'arête ouest... présente de réelles difficultés... le dernier pas est assez scabreux.

Même aujourd'hui, l'arête du Sémaphore n'est pas une voie normale, on lui préfère l'arête Est ou la Fenêtre pour y conduire des débutants. *Les rochers en surplomb* dont parle Louis Marx, se trouvent dans la deuxième moitié de l'itinéraire ; ils sont ornés de spits et côtés en bon IV+. Ces "guglia" provençales sont donc considérées comme de vraies escalades - personne n'oserait contester ce titre à l'Aiguille Dibona, dont la hauteur est du même ordre - que les grimpeurs locaux considèrent comme des objectifs de premier choix.

L'AIGUILLE DE SORMIOU

De très bonne heure, les grimpeurs remarquèrent au-dessus du vallon des Escourtines, la belle allure de ce rocher. Du col du même nom, on voit sa forme abrupte se découper fièrement sur le fond bleu de la mer. C'est en 1902 que furent déclenchées les premières attaques. Le 1er juin 1905, jour de l'Ascension, Julien David abordait à nouveau l'Aiguille, par le versant de Sormiou, puis par les arêtes est, parvenait au sommet, réussissant seul la première ascension. Il appela sa conquête la Pointe des Pêcheurs, par suite de la proximité de l'Anse des Pêcheurs, mais plus tard, cette appellation fut emportée par celle d'Aiguille de Sormiou, qui prévalut.

Trois jours après, Julien David effectuait la deuxième ascension de l'aiguille. À sa troisième visite, Julien David, venu avec deux camarades dans le but de planter une croix au sommet, entrevit un second itinéraire et résolut de le tenter. Accompagné de Victor Martin, il s'engageait dans la cheminée et forçait ce nouveau passage le 11 juin 1905.

L'un des vainqueurs de la Cheminée nord, Victor Martin, devait périr quelques mois plus tard, au cours d'une tentative d'escalade du Rocher de Saint-Michel d'Eau-Douce par l'arête NO. Ce tragique accident, survenait un an et demi après celui de Charles Bonnaud à l'Aiguille de Sugiton... et ce n'est que quatre années plus tard, le 16 septembre 1909, que Julien David revint avec Edmond Andriny effectuer la quatrième ascension. *

* Georges Rouard ouvrage précité.

Par ailleurs, l'Aiguille présente une amusante curiosité géologique : comme l'Aiguille d'Étretat, elle est traversée de part en part, par une longue et large ouverture, ce qui inspire un groupe de fidèles du massif, le Climber's Club. * Georges Rouard nous raconte que *de nombreux voyages eurent lieu de Mazargues (il y avait un chemin muletier ou plutôt ânier) pour transporter divers matériaux. La grotte fut aménagée, l'intérieur meublé... et une corde pour l'escalade laissée en permanence. Une bonne amitié et une franche camaraderie liaient ces grimpeurs qui venaient l'été passer leur dimanche à ce pittoresque appartement.*

* Créé en 1905 par les frères David, Guéry, Andriny, Henri Gras, Angelvin, Léon Hermitte.

Fontainebleau, surnom familier de la forêt de Fontainebleau et de sa "faune" : les Bleausards. *

Cette tradition épicurienne est solidement ancrée dans les Calanques, et dans d'autres lieux comme Bleau. * Elle est le plus souvent, le signe d'une grande convivialité dans le milieu, mais elle peut aussi dégénérer en une forme absurde du sens de la propriété, comme en témoignent certains noms, la grotte de l'Ours ou celle de l'Ermite par exemple.

L'AIGUILLE DE SUGITON

L'Aiguille de Sugiton est le dernier "sommet" invaincu dans les Calanques. Elle a résisté aux tentatives du Rocher Club, menées par Louis Borelli et Alphonse Callot, mais le 21 mai 1903, un solitaire, Charles Bonnaud l'attaque par son arête sud. Après trois heures et demie d'efforts, il parvient au sommet ; dans la foulée, il en profite pour faire la première traversée de l'Aiguille, descendant la muraille NE au moyen de quatre rappels.

C'est un véritable exploit que réalise Bonnaud car, certains grimpeurs ayant conduit jusqu'à dix tentatives infructueuses, l'Aiguille a acquis une solide réputation d'inaccessibilité, gagnant le surnom de "Pucelle de Sugiton". Six mois plus tard, Bonnaud retourne à l'Aiguille en compagnie d'un ami, Marius Rey. Leur but est la face NE, celle qui domine Sugiton, par laquelle Bonnaud est redescendu. Hélas, en tentant un rétablissement Bonnaud est victime d'une chute mortelle. Un an plus tard, l'Aiguille est gravie par quatre de ses amis qui fixent une croix au sommet, en sa mémoire. La troisième est réalisée par Marius Rey, qui reprend l'arête sud.

Sept ans plus tard, Edmond Andriny trace un nouvel itinéraire dans le versant SE, à droite de l'arête sud, gravie ce jour-là par six autres grimpeurs. Malheureusement, cette belle journée est endeuillée par la mort de l'un d'entre eux, Joseph Angelvin, dans des circonstances assez analogues à celles de Bonnaud. La série des escalades heureuses reprend avec Louis David et Eugène Guéry qui découvrent un nouvel itinéraire à droite du couloir Andriny.

Un quart de siècle après l'ascension de la Candelle, tous les "sommets" remarquables, toutes les aiguilles des Calanques, ont donc été gravis par des solitaires. Bonnaud n'a pas failli à la tradition instaurée par Francis W. Mark et suivie par Henri Abeille. À l'Aiguille de Sugiton, s'entremêlent les activités des deux clubs actifs du début du siècle. Le Rocher Club inaugure les tentatives conduites par Callot et Borelli ; l'histoire se poursuit avec le Climber's Club : Bonnaud, Andriny, Angelvin, Guéry et Louis David.

Une histoire s'est achevée à l'Aiguille de Sugiton : celle de la "conquête des sommets". C'est aux membres du Climber's Club qu'il revient de franchir une nouvelle étape, et d'aborder les faces et les arêtes qui avaient rebuté la génération précédente.

Les plus audacieux d'entre eux ont pour nom Eugène Guéry, Julien David, Louis David et Victor Martin. La tentative de ces derniers à l'arête NO du Rocher Saint-Michel, qualifiée par un chroniqueur du bulletin du Club Alpin "d'imprudence toute gratuite" (!), est un acte visionnaire. Après avoir escaladé les deux-cinquièmes de l'arête, ils atteignent une terrasse, à l'endroit où elle devient verticale. En essayant le passage, Victor Martin fait une chute mortelle. Louis David retourne quelque temps après, en compagnie de Guéry, d'Henri Gras et de Léon Hermitte. Ils ne dépassent pas l'endroit où Victor Martin est tombé et ils scellent un gros piton à anneau. *L'insuccès de ces deux tentatives démontre amplement l'impossibilité de gravir le Rocher par cette invraisemblable arête NO, et désormais il n'en fut plus jamais question.* *

* *Georges Rouard ouvrage précité.*

L'histoire alpine a montré à de très nombreuses reprises le sort qu'elle réserve à ce type de jugement péremptoire. Insurmontables, les difficultés l'étaient pour des grimpeurs pourvus des moyens techniques existants, c'est-à-dire préhistoriques. L'arête de la Cordée, pourtant beaucoup plus facile, n'a pas encore été gravie. Elle le sera en 1927 par Maurice Ramond et sa cordée. Le vent nouveau tant attendu, venant de l'est, souffle sur les Calanques : la technique du pitonnage, jusque-là circonscrite aux Alpes orientales, est adoptée par les grimpeurs marseillais, et le bond qualitatif est considérable. Faisant suite à la face nord du Rocher des Goudes, la Victor Martin figure parmi les jalons de cette période.

Louis David, souvent encordé avec son frère Julien ou avec Guéry, demeure le grimpeur le plus actif de la décennie précédant 1914. Ce que le Rocher Saint-Michel lui a refusé, la Candelle va le lui accorder : il découvre, seul, un itinéraire astucieux qui parcourt la face sud, suivant une élégante diagonale rejoignant la partie supérieure de l'arête de Cassis. L'année suivante, tout comme Dülfer et bien d'autres, il périt dans la Grande Boucherie Organisée. Les grimpeurs provençaux perdent leur représentant le plus doué. On peut considérer les Corniches David comme son testament. Ce n'est pas sur le plan de la difficulté technique que les Corniches David constituent un progrès. Peu soutenues, elles présentent deux passages de 4e degré, dont l'un très caractéristique, a été appelé, en référence à sa grande sœur "gréponnesque", la "Petite Mummery".

Louis David a porté sur une échelle trois fois supérieure les difficultés contenues dans les escalades précédentes. Celles-ci excédaient rarement une quarantaine de mètres, la face sud de la Candelle en mesure une centaine.

La porte ouverte avec cette ascension de la face sud de la Candelle le restera encore longtemps. Les préoccupations des hommes vont se tourner vers des jeux moins innocents, mais ô combien plus sanglants et meurtriers. En Provence comme ailleurs, l'escalade passera au second plan pendant de nombreuses années.

À l'aube du siècle, les réalisations des grimpeurs provençaux ne peuvent guère se comparer à celles de Mummery, de Lochmatter, de Tita Piaz ou d'Angelo Dibona. Sur les bords de la Méditerranée, l'escalade n'en est qu'à ses balbutiements. Le piton n'est pas utilisé, les deux seules exceptions connues (à la Grande Aiguille d'En Vau et à l'arête Victor Martin) concernant des rappels. Ne parlons pas du mousqueton, le fameux "karabiner" introduit dans le Kaiser par Otto Herzog. Dans les Calanques, le niveau se situe autour du 4e degré, alors que dans les Alpes orientales, les Dolomites en particulier, on est aux portes du 6e degré. Dans le 5e degré, Piaz, Preuss, Dülfer ou Dibona se passent à l'occasion de la corde, et, quand il n'est pas trop supérieur, Preuss le redescend, comme au Campanile Basso. Pourtant soyons sincères, personne ne se bouscule dans les réalisations de Dibona ou de Lochmatter.

9- L'aiguille de Sugiton avec l'arête du Vallon.

Certains grimpeurs provençaux sont de bons alpinistes mais l'absence de tradition alpine à Marseille se fait sentir. Certaines réticences existent au sein même des organisations destinées à propager la passion de la montagne. Les succès des grimpeurs provençaux restent donc modestes. Malgré tout, on peut considérer qu'à la veille du premier conflit mondial, il existe à Marseille un noyau d'escaladeurs actif et structuré, et cela est un fait nouveau.

J'éprouve un plaisir certain à clore ce chapitre en tentant de retrouver l'atmosphère d'une ascension, comme celle de la Grande Candelle, il y a un siècle. Hélas, les récits contemporains sont rares. Usant de son humour et de son imagination, Yves Azémas a pu reconstituer pour nous ce que pouvait être une pareille expédition. *

*Y. Azémas * Bulletin CAF Provence. 1970.*

"À L'ASSAULT DU CANDEL PEAK"

Comme chacun le sait, le Candel Peak n'est pas le plus haut de la chaîne qui, de Marseilhing à Khassis, offre ses splendeurs à l'alpiniste, mais c'est certainement le plus beau. Car, si son voisin le Puget le dépasse de quelques pieds, il n'en a pas les lignes effilées, la fine arête qui surplombe Su-Ghi-Ton et les à-pics aériens de sa face sud...

Malgré les risques de gelures, nous avions décidé, Michael Gorgeon (FSGT, SNCF) et moi-même, d'installer le camp (de base) en hiver pour attaquer au printemps. Trois itinéraires pour ce travail, s'offraient à notre choix. L'un, par la Grass Valley, trop exposé dans sa partie supérieure à la mousson locale, le misthral, comportait une moraine interminable et des pentes trop raides. Le deuxième, le plus séduisant, franchissait comme le précédent le Ginest-Pass, traversait les riantes plantations du monastère de Laghar Diol et, si le Grand Lama nous laissait passer, atteignait le Gross Cap par des pentes longues mais plus faciles pour les sherpas. Enfin, nous savions qu'un agent de la Couronne à Marseilhing avait balisé une directissime qui, du Ginest Pass et par le flanc est du Puget Mountain, arrivait également au Gross Cap.

10- Yves Azémas.

L'un des moments les plus émouvants de l'expédition se situe en janvier, lorsque nous allâmes rendre visite au Grand Lama pour lui demander, avec sa bénédiction, de franchir ses terres...

- Le joyau est dans le lotus, lui dis-je, selon la tradition.

- La clef est dans le potager, me répondit-il avec noblesse...

Il y eut aussi des incidents favorables : une grève de la SNCF (Société Népalaise des Chemins de Fer) rendit disponibles de nombreux indigènes experts en itinéraires ; ils vinrent se joindre aux sherpas habituels. Le Lama du Kho-Shi-Nha nous honora aussi de sa visite.

Enfin, ce fut le printemps et la fin de nos malheurs. À la place du misérable abri s'élevait maintenant un assez confortable refuge. À l'horizon, le Bartagne Peak étincelait sous la neige. Je préfère ne pas dire ce que je pense de la verrue érigée par des mangeurs de grenouille stupides sur cette cathédrale de la terre, je pourrais me laisser à écrire des choses désagréables. À l'opposé, le Candel Peak, aussi pur que depuis la création du monde, se découpait sur l'Océan. Et, en rêve, je me voyais déjà à son sommet...

Le manuscrit du Commodore Tom Thon a disparu pendant la descente, sans doute utilisé par des sherpas illettrés pour allumer du feu. La parution prévue est donc assez problématique, mais le dernier chapitre a pu être sauvé. Le voici, toujours traduit par Yves Azémas :

Bien que vainqueur, c'est avec tristesse que je redescends vers les vallées. Je pense à tout ce que nous avons perdu mais il me reste un agréable devoir à remplir : remercier le Grand Lama de Laghar Diol de sa protection. J'en profite, étant donné sa grande réputation de sagesse, pour lui demander comment il voit l'avenir. Voici, hélas, sa réponse : "J'ai vu plus de cent fois douze lunes s'enfoncer dans Su-Ghi-Ton et je peux prévoir l'avenir, Ô Commodore, mais non le modifier. Car contre la bêtise, les Dieux eux-mêmes sont impuissants : je vois des lendemains aussi sombres que le jus de tes chaussettes... Ces hommes que ton poète Kipling comparait à des singes et qui ressemblent plutôt à des perroquets ne viennent guère sur mes terres que pour y déposer des ordures. À Lhu-mi-nhi, ils enseignent les Beaux Arts dans des cubes de béton entourés de parkinges... Sha-mi-vel peut dormir tranquille"

Un coup de gong l'interrompit. C'était l'heure du thé.

Et nous repartîmes vers le Ginest Pass. Nous marchions de préférence la nuit à cause de la chaleur, mais nous avions suffisamment d'ampoules aux pieds pour le faire sans nous égarer. Et quatre mois, douze jours et cinq heures après notre départ, la douce musique des tam-tams du Rheu-Dhon résonnait à nos oreilles. L'ascension du Candel Peak était terminée.

11- La Grande Candelle et le Candellon.

À L'OUEST RIEN DE NOUVEAU

CHAPITRE *2*

Les alpinistes ont payé un lourd tribut à la folie meurtrière des hommes. Dülfer est tombé à Arras, G. W. Young a perdu sa jambe à Ypres, et Louis David ne reviendra pas du front. Sepp Innerkofler et ses anciens compagnons du Tyrol du Sud se sont livrés un combat sans merci sur les merveilleuses cimes des Dolomites : Tre Cime, Marmolada, Paterno... resteront souillées de barbelés, d'obus, de douilles et de tranchées attestant des souffrances des hommes. Certaines reliques, galeries et échelles métalliques, serviront plus tard à un usage pacifique.

Et si Pierre Dalloz a donné dans son célèbre et très beau texte *Zénith* une explication très romantique de son engagement en haute montagne, par suite d'un transfert d'énergie destinée au combat, j'ose imaginer que ce "clair matin de novembre" a sonné pour la majorité des grimpeurs et des hommes sensés le glas de plus de quatre années d'horreur ! La guerre a laissé les pays belligérants exsangues, et dans les Calanques l'activité alpine ne reprend que lentement sous l'impulsion du Climber's Club. Le long fronton maritime qui s'étale du Val Vierge à la pointe de Castelvieil est entièrement "terra incognita". C'est aujourd'hui ce même terrain classé "terrain d'aventure" que les grimpeurs locaux souhaitent conserver comme tel.

La calanque du Devenson n'a jamais encore été atteinte par la terre, le seul accès qu'on lui connaisse est maritime et visité par des pêcheurs exclusivement. Le Devenson n'a pas livré ses secrets sans mal : c'est après maintes péripéties que le sol de la calanque est enfin foulé. *Le premier, en 1914, Marius Paretti se lança dans ces falaises inconnues et, en suivant une corniche qui, depuis 1921, porte son nom, il atteignit Le Cap Devenson qui ferme à l'ouest une anse grandiose au pied même d'impressionnants à-pics.* *

C'est le 2 janvier 1921 qu'Edmond Bellanger, Albert Faures, Henri Imoucha, Raoul Barbier et Louis Félix, descendant de difficiles cheminées, arrivent à la Grande Baume du Devenson.

* *Georges Rouard ouvrage précité.*

Par un itinéraire complètement différent des Corniches Paretti, ils s'engageaient sur des pentes raides, croulantes, auxquelles ne tardèrent pas à succéder de vertigineuses murailles faites d'un rocher désagrégé et pourri. L'une d'elles est particulièrement dangereuse, suspendue à près de cent mètres au-dessus de la mer, qu'elle domine presque verticalement ; elle se défend par des prises sans solidité, enchâssées dans la terre : c'est la Corniche Aérienne. Mais cet obstacle ne les arrêta pas, et ils arrivèrent au dessus de la Plage du Devenson. Le 13 février, MM. Félix, Faures et Imoucha parachevant cette conquête, atteignaient enfin le rivage.

Imoucha et ses compagnons ont ouvert la porte d'un royaume d'une beauté et d'une sauvagerie uniques qui n'a cessé de stimuler le sens de l'aventure des grimpeurs. Le leader charismatique des "hurluberlus", Henri Imoucha est né avec le siècle ; il prolongera sa vie de grimpeur par une vie associative consacrée à la défense des Calanques et surtout de la Sainte-Victoire. Marc Roussel * lui rend un vibrant hommage :

Marc Roussel, actuel Président du CAF de Provence. "Le dernier des Cinq". *

Membre des Excurs en 1920, du CAF en 1921, du Climber's Club (ce dernier, créé en 1912, comprenait les meilleurs grimpeurs de l'époque), plus tard du GHM, il fut de la génération qui, dans les années 1925 à 1939 ouvrit, en semelles de corde, sans pitons ni mousquetons, au plus quelques clous, de grandes et belles classiques dans nos Calanques et ailleurs. Citons parmi ses premières, la Bougie, l'Arête du Vallon, les Deux Ânes. Dans le même temps, il rédigeait la série des quatre guides : Puget, Marseilleveyre, Sainte-Baume, Sainte-Victoire.

Passionné de haute montagne, il gravit, sans guide, de nombreux sommets de l'Oisans et des Alpes. Parmi ses ascensions, racontons la Traversée de la Meije, réalisée en 1928 avec son compagnon de plusieurs premières, Choberg. Partis du refuge du Promontoire, ils avaient prévu le bivouac au sommet du Grand Pic. Au matin, ils furent rattrapés par un guide de la Grave, son porteur, et leur client, un jeune anglais de 18 ans, John Hunt, celui-là même qui, en 1953, dirigea l'expédition qui réussit la première de l'Everest.

Grimpeur passionné, il fut, en 1937, un actif partisan de la "querelle des anciens et des modernes" (encore une mais pas la dernière !). Les modernes avaient noms : Dr Albert, Delaage, Charles Donati, Camille Hancy, Jean Save, Victor Rostand, Henri Laulagnet... Et la querelle aboutit à une scission au sein de notre section ! Ils créèrent la section Var-Haute-Provence, dont la belle revue Ascensions, avait le format de La Montagne ; il en parut 6 numéros, et elle disparut avec la guerre... comme la scission.

Cette forme "beaucoup excursionniste" se trouve au XVIIe siècle chez Molière. Elle est actuellement inusitée et remplacée par "très excursionniste". On trouve cependant cette forme employée de façon populaire dans le midi. Il est "beaucoup brave". *

Un ami de mon grand-père, "beaucoup excursionniste" * et un peu grimpeur, voyant ma passion naissante, m'avait offert ses topos guides : il s'agissait de ceux d'Imoucha. Je les ai pieusement gardés : ils conservent un pouvoir onirique que bien des ouvrages contemporains n'ont pas et n'auront jamais.

Progressivement la vie associative et l'activité des grimpeurs, toutes deux étroitement liées, reprennent leur cours. Au côté du Climber's Club, apparaissent de nouveaux groupes : la Cordée, les Écureuils, et plus tard l'Araignée. Les rivalités entre groupes ne sont pas vraiment virulentes, leurs membres faisant cause commune à l'occasion. Le local des Excurs fermant relativement tôt, les conspirateurs de l'époque se réunissent au bistrot, le "Petit Poucet", Boulevard d'Athènes. Le rendez-vous est pris pour le dimanche matin à cinq heures au tramway de la préfecture, direction le Redon.

La propriété de Cyprien Fabre - l'actuel domaine de Luminy - se traverse aux premières lueurs du jour, ce personnage ayant la sympathique coutume de lâcher les chiens aux jarrets des excursionnistes. Il est également à l'origine de l'esthétique bloc de béton armé sur la rive droite de Sugiton, destiné à réserver la calanque à son usage personnel. Circulant à cheval à l'intérieur de son domaine, Fabre considérait tout passage pour accéder aux calanques comme une intrusion. Ses sympathies un peu trop marquées pour l'occupant lui valurent, à la libération, la confiscation de ses biens privant ainsi le grimpeur actuel du charme incontestable d'avoir à se rendre au pied d'une falaise avec une meute de molosses à ses trousses.

SOCIÉTÉ DES EXCURSIONNISTES MARSEILLAIS

10 Rue Cannebière — au 2me étage

ÉPREUVE DU LIVRET

Critérium Annuel des Marcheurs moyens en Montagne

ASCENSION ET TRAVERSÉE DU

PIC DE BRETAGNE (1043 m.)

d'AUBAGNE à AUBAGNE

Montée par le Col de Bretagne et le versant Nord, Descente par le versant Sud et le Sommet du Brigou.

Trajet total : 35 kilomètres
Total des montées effectives : plus de 1.100 m.
Total des descentes effectives : plus de 1.100 m.

M onsieur Roger Plauchud

Sociétaire N° 18.004

12- Livret délivré à l'issue du Critérium des Excursionnistes en 1929.

Je tiens ces renseignements de diverses sources, en particulier de Maurice Caire dont la mémoire à 90 ans est stupéfiante. Mais c'est surtout de la bouche de mon beau-père, Roger Plauchud, membre des Excursionnistes Marseillais et des Écureuils, que je les ai maintes fois entendus. Conteur-né, il me faisait vivre - et revivait - cette époque, à laquelle il était profondément attaché et dont il gardait des souvenirs nets, profonds et une grande nostalgie.

Si Imoucha et Choberg escaladent en 1926 l'arête du Vallon, la plus longue voie de l'Aiguille de Sugiton, il faudra encore un an pour assister à un bond dans l'audace et dans la difficulté. L'itinéraire ouvert par Louis David treize ans auparavant à la face sud de la Candelle est comparable en longueur et difficulté.

Solleder a établi l'année précédente dans la grande muraille de la Civetta, haute de 1 100 mètres, le premier sixième degré de l'histoire des Dolomites et du monde mais dans les Calanques, il n'y a pas encore de véritable grimpeur. Le grimpeur d'alors est avant tout un excursionniste, un sacré marcheur. *

* *Bulletin des Excursionnistes Marseillais.*

Dimanche 5 octobre.- De La Ciotat à Aubagne par la Croix des Béguines (2e marche d'épreuve de 1930). - Chefs d'excursion : MM. Antoine Pellicé et César Salis.

L'itinéraire de cette marche prévoyait, au départ de la gare de La Ciotat, la traversée des bois de Ceyreste, de Cuges et du Camp, la montée à la Croix des Béguines par Riboux, la descente sur les Encanaux et Auriol, et le retour de ce dernier village à Aubagne par St Jean de Garguier. Il totalisait 60 km de parcours et 1 800 m de montées et de descentes ; 62 sociétaires participèrent à la marche d'épreuve.

13- Critérium des Excurs. 1929.

Parmi les participants à ces marches, on retrouve divers acteurs des Calanques : Henri Barrin, qui écrira une grande page de l'escalade provençale, Blachère, André Bonnet, Edouard Frendo, futur guide et grand de l'alpinisme français, Georges Lubonis, Pierre Neuvière, Antoine Pellicé, Roger Plauchud, Eugène Queyras, Roger Rocklin, que nous retrouverons à l'arête de la Cordée, les frères Tricoire et Henri Vincent.

14- Puits de l'Oule. 1929.

Une sortie classique se déroule ainsi : départ du Redon au petit matin, traversée du domaine de Luminy en cachette, arrêt au col de la Candelle puis ascension de la Grande Candelle. Le déjeuner, fort copieux, est cuisiné sur un petit réchaud à alcool au sommet des falaises du Devenson. Les jours de pluie, c'est la grotte de l'Oule qui tient lieu d'auberge ! L'arrêt suivant se fait en général à En Vau, avec l'ascension d'une des Aiguilles, si le temps restant le permet. L'étape finale conduit le groupe à Cassis, d'où il faut encore rejoindre la gare située à trois bons kilomètres, pour prendre le train de Marseille. Un dimanche bien rempli !

L'EXTRÊME-BEC ET LA TRAVERSÉE DES ÉCUREUILS

Un lieu a, jusqu'à présent, échappé à la convoitise des grimpeurs : c'est le Bec de Sormiou. Vingt ans auparavant, l'Aiguille avait suscité l'intérêt des membres du Climber's Club, les frères David en tête, mais pas le Bec. Celui-ci devient le théâtre d'action privilégié des Écureuils. Ils forment un groupe actif dont les membres sont issus des deux grandes familles,

Club Alpin et Excursionnistes Marseillais. Ce sont André Bonnet, Marc Luchesi, Rose et Célestin Manucci, Louis Ménassier, Roger Plauchud, Roger Rocklin, Gaston et Vincent Tricoire, et surtout Philippe Bernard et Henri Vincent, les plus actifs.

Emmenés par ces derniers, les Écureuils explorent le Bec de Sormiou. À la grotte du Capélan, Vincent découvre l'astucieuse cheminée d'accès portant aujourd'hui son nom, et qui conduit à la terrasse sous l'élégant obélisque de la Momie. Passage astucieux certes, mais impressionnant, car la cheminée est précédée d'un bombement qui permet d'admirer les profondeurs inquiétantes de la grotte du Capélan... et d'écouter ses gargouillis lorsque la mer est déchaînée. Cette grotte est en fait un véritable siphon dont le franchissement réclame des qualités autres que celles de grimpeur !

La ligne de l'Extrême Bec est gravie le 21 novembre 1927 par deux des as de "La Cordée" que nous retrouverons trois mois plus tard à l'arête du même nom : Jean Mouren et Pierre Neuvière. Pour le grimpeur d'aujourd'hui, l'Extrême Bec se résume en deux longueurs - mais quelles longueurs ! - sur le fil de la splendide étrave, la dernière et la plus marquée de la partie occidentale des Calanques.

Le Tour de l'Extrême Bec constitue sans nul doute le plus agréable panaché mer-escalade que l'on puisse proposer au grimpeur néophyte. Il réalisera à coup sûr sa "grande croisière", avant de se tourner vers des entreprises plus hardies. Si en temps normal, il est difficile de classer le Bec en terrain d'aventure, l'équipement étant remarquable grâce aux bons soins de l'UCPA, par forte houle d'est, le cap retrouve ses lettres de noblesse, et le tour du Bec redevient une entreprise sérieuse, voire impossible, comme à l'époque de Philippe Bernard et d'Henri Vincent.

15- L'Extrême Bec.

Il existe des lieux qui fascinent les grimpeurs marseillais : Bartagne bien sûr, mais hors des Calanques celui-là. Dans les Calanques, aventure égale Devenson. D'Henri Abeille à Jacques Kelle et même plus tard, chaque génération laisse sa marque. Du Val Vierge à la pointe de Castelvieil, la seule intrusion a été celle des “Hurluberlus” le groupe d'Imoucha, qui a réussi à rejoindre la calanque du Devenson au prix de palpitantes tribulations. Tout reste à découvrir !

Avant d'atteindre Castelvieil, les falaises du Devenson marquent une pause, la première depuis le Val Vierge : c'est la profonde entaille du vallon de l'Oule. La portion de muraille comprise entre la calanque de l'Oule et la brèche de Castelvieil n'a rien à envier à ses voisines. Les bastions avancés que constituent Castelvieil et le Promontoire de l'Eissadon, à l'extrémité orientale du Devenson, permettent de l'examiner à loisir.

La falaise, surplombant l'eau de 170 mètres au belvédère, est entièrement vierge. Les deux tiers supérieurs, barrés de toits rébarbatifs constituent un bastion inexpugnable pour l'époque. Un système discontinu de vires, situé à une cinquantaine de mètres au-dessus de la mer, doit permettre de gagner une grande terrasse inclinée et boisée de chênes et de pins d'Alep. De là, une sortie par le Trou du Serpent semble probable.

Tel devait être le raisonnement des Écureuils, il y a de cela soixante ans.*

*Philippe Bernard * Bulletin des Excursionnistes Marseillais. 1928.*

16- L'Extrême Bec.

En quête d'une escalade inédite, nous avions jeté notre dévolu sur les falaises situées entre la Calanque de l'Oule et la Brèche de Castelvieil, dans l'intention de raccorder par un itinéraire nouveau et pittoresque les deux calanques d'En Vau et de l'Oule. Après avoir longuement mûri notre projet et en avoir fait l'objet d'une étude minutieuse, nous nous sommes lancés, le dimanche 1er juillet, dans cette entreprise hasardeuse. Nous avons pleinement réussi et nous avons accompli une des plus belles escalades de Provence.

Escalade absolument inédite, car nous n'avons trouvé trace de passage de l'homme en aucun point de notre itinéraire qui, par ailleurs, n'est nulle part accessible de la mer. Les curiosités naturelles y abondent. Aiguilles majestueuses ou élancées, couloirs sauvages, roches percées apparaissent au milieu d'une végétation luxuriante. D'admirables belvédères s'y révèlent sur les splendides falaises environnantes. Voici la composition de la magnifique cordée qui a si heureusement effectué cette brillante “première” :

Mlle Rose Manucci
MM Philippe Bernard, Chef de cordée
Alexis Dany, serre-file
Louis Ménassier
Aimé Nace
Roger Rocklin
Henri Vincent, premier leader...

La Traversée des Écureuils constitue le chant du cygne du groupe en matière d'exploration et de premières. Elle devint une expédition populaire au sein de leur groupe, au point de ne plus emporter de corde. C'est dans ce type d'expérience palpitante, mais dont il se serait fort bien passé, que fut entraîné mon beau-père, Roger Plauchud, lors d'une répétition précoce de cet itinéraire.

Emmenée par Bernard et Vincent qui avaient négligé d'emporter une corde, l'expédition s'était fort bien déroulée jusqu'à la terrasse que surplombent les Futurs Croulants. De l'extrémité est de la terrasse, il ne reste qu'une cinquantaine de mètres à gravir pour atteindre le havre du Trou du Serpent. À mi-chemin, une grotte sableuse précède le passage clé, un dièdre raide en bon "quatre".

Moins à l'aise que Bernard ou Vincent, Plauchud déclare tout net qu'il n'ira pas plus loin sans corde ! Après maintes exhortations, un compromis est construit à base de ceintures raboutées. Version calanquaise du coincement de piolet ? Joseph Knübel franchit la fissure qui porte son nom à l'aiguille du Grépon de cette manière ! Négligeons l'intervention divine, celle de ses compagnons ayant suffi à éviter le plongeon dans la Méditerranée si proche. La suite du récit a disparu dans la brume de mes souvenirs, mais non les mimiques du conteur.

17- La Traversée des Écureuils.

Depuis le début du siècle, le niveau est stationnaire : outre les raisons déjà citées, le piton n'est pas, ou quasiment pas, employé dans les Calanques, alors qu'il l'est dans les Alpes Orientales, les Dolomites en particulier, depuis fort longtemps. Contrairement aux roches cristallines, le calcaire ne se prête pas aisément à une assurance naturelle. Il y a beaucoup moins de fissures, et les becquets où l'on peut passer la corde sont beaucoup plus rares, parfois situés dans du rocher désagrégé, donc peu fiable ; l'escalade est, d'une manière générale, plus extérieure (donc plus exposée), ce qui, du reste, fait son succès actuel.

Il s'agit, bien entendu, de généralités. Si l'on se réfère au haut de gamme, on peut imaginer que Franz Lochmatter se serait protégé, s'il avait pu éviter de faire du V+ quasiment en solo, à 4 500 mètres d'altitude, dans la face sud du Taeschorn. L'histoire n'aurait pas retenu les célébrissimes coincements de piolet de "Petit J", si le Grépon n'avait pas été aussi avare en becquets à l'endroit de la fissure Knübel. Il ne faudrait pas croire pour autant les Dolomites victimes d'une orgie de pitonnage. À cet égard, Georges Livanos * conte une savoureuse anecdote concernant Angelo Dibona, à qui l'on demandait :

- *Quel est le plus grand nombre de pitons que vous avez employés ?*
- *Une quinzaine...*
- *Dans quelle course ?*
- *Oh ! Pas dans une course, dans toute ma vie.*

* *Georges. Livanos - Cassin Il était une fois le 6e degré.*

LA CORDÉE, L'ARÊTE DE MARSEILLE, LA LÉZARDE

À partir de 1927, le changement s'opère à la Candelle et aux Goudes. Le 18 avril 1927, la Candelle est gravie par l'arête ouest, l'Arête de Marseille. En février 1928, c'est l'Arête de la Cordée qui cède. Un an jour pour jour après le succès à l'Arête de Marseille, la Lézarde de la face ouest du Rocher Saint-Michel est escaladée dans un style époustouflant. À l'instar de l'histoire alpine, à la "conquête des sommets" succède celle des arêtes : l'Extrême Bec, la Cordée, l'Arête de Marseille et l'Arête du Vallon ; la Lézarde constitue un cas d'exception.

18- L'Arête de la Cordée vue du Pas de la demi-lune.

L'Arête de la Cordée est sans doute la structure la plus populaire du site des Goudes. Du fortin Napoléon, le fin liseré de l'arête réussit à conférer une sobre élégance à la masse tabulaire et compacte du Rocher Saint-Michel. Du littoral, c'est elle que l'on remarque dans la dentelle Lames-Saint-Michel. De tels attraits ne pouvaient laisser indifférents les meilleurs grimpeurs de l'époque. Comme son nom l'indique, c'est au groupe "La Cordée" que revint la première.

"La Cordée" est conduite par Jean Mouren et Pierre Neuvière, qui ont gravi quelques mois plus tôt l'Extrême Bec. Les deux voies sont d'une beauté et d'une difficulté sensiblement identiques, la Cordée étant deux fois plus longue. Le "sel" de la Cordée, c'est son fameux "Pas". Quitter la spacieuse plate-forme située à mi-hauteur de l'arête, pour effectuer une enjambée au-dessus d'un vide impressionnant a fait trembler plus d'un leader et hésiter plus d'un second. Ce n'est pourtant qu'à ce prix que l'on pourra savourer la splendide dalle terminale. Un petit "réta", et l'une des plus belles arêtes des Calanques est derrière vous. Débrouillez-vous pour être au sommet au coucher du soleil, et vous serez récompensé par un spectacle inoubliable.

19- Le Rocher des Goudes et les Lames vus du haut de l'Arête de la Cordée.

La Cordée est reprise sans tarder par les Écureuils Philippe Bernard et Henri Vincent. Elle se classe dans le 4° degré, le fameux "Pas" en 4° degré supérieur. Toutefois, la variante directe qui suit le fil de l'arête est nettement plus difficile : l'excellent grimpeur parisien P. Leconte de Poly la classe déjà en 5° degré dans un article de la revue *Alpinisme*, consacré aux Calanques. Encore un passage qui a pris du degré avec les années, usure de la roche oblige. Rocher sain, ligne esthétique rigoureuse, variété des passages, font de la Cordée - à juste titre - une des classiques les plus prisées de Provence.

Dans les Calanques, la Grande Candelle occupe une position à part. C'est sur son versant nord que tout a commencé, c'est sur son versant sud, que la première grande page se tourne, avec les Corniches David puis la suivante avec l'arête ouest, l'Arête de Marseille. Un délai régulier de treize ans sépare chaque ouverture marquante ; on le retrouvera en 1941 lors de la création de la voie Centrale de la face sud, œuvre d'anthologie signée Georges Livanos et Gaston Rébuffat.

L'Arête de Marseille est célèbre dans le monde entier. C'est sous cette dénomination, ou encore celle plus belle de "Grande Arête", qu'elle a été immortalisée par Gabriel Ollive et Gaston Rébuffat. En 1949 paraît un ouvrage intitulé *Calanques*, ouvrage superbe et rarissime aujourd'hui. Ami de Gaston Rébuffat, Gabriel Ollive donne là toute la mesure de son exceptionnel talent de photographe, et Rébuffat celui de grimpeur. Toutes les photos, en noir et blanc, symbolisent la perfection du genre, comme celles de Tairraz à Chamonix.

20- L'Arête de Marseille.

Rébuffat a quitté Marseille à l'âge de vingt ans pour devenir *un alpiniste d'exception et le plus grand guide de son temps* *. Parallèlement à une carrière exemplaire, il n'a pas oublié les Calanques. Il écrit : *Plus qu'à Marseille, c'est là que je suis né.* Ce qui surprend dans ses écrits, c'est l'hommage constant à la beauté et au bonheur de grimper et jamais l'exaltation stupide du danger qu'il condamne. L'escalade de la Grande Arête le fascine. *

La Candelle est un sommet que j'ai escaladé très souvent, sans doute parce que, outre l'escalade, c'est l'endroit des Calanques où l'on a le plus la sensation de sommet.

Quant à l'escalade que j'ai le plus souvent faite dans ce massif, c'est de loin la Grande Arête ; j'ai dû la gravir plus de cent fois. Lorsque j'étais un jeune grimpeur, à l'époque donc où les parois vierges ne manquaient pas, souvent j'ai préféré retourner à la Grande Arête plutôt que d'aller faire une voie nouvelle ; non pas par manque d'imagination ou de goût, mais parce qu'il me semblait que vraiment peu de voies pouvaient être aussi belles en elles-mêmes et aussi bien inscrites dans un cadre exceptionnel.

* *Lionel Terray. Les conquérants de l'inutile.*

* *Gaston Rébuffat. Calanques, Sainte-Baume, Sainte-Victoire.*

Quel que soit l'endroit d'où on la découvre, du col de Sugiton, du Cap Gros ou du sentier des Treize Contours, cette arête est prodigieusement belle. Toutefois, ce n'est là pas son seul intérêt. L'Arête de Marseille est, avec la Lézarde, l'escalade de la décennie. Elle représente une avancée dans la difficulté et dans l'audace. Elle est plus longue, plus difficile, et surtout plus engagée que toutes les escalades accomplies jusqu'alors. Les Corniches David ou l'Arête du Vallon ménagent des échappatoires. En 1927, aucune voie des Calanques ne présente une telle continuité dans l'exposition et dans la difficulté.

L'arête ne cédera d'ailleurs pas au premier essai : elle nécessitera plusieurs tentatives et une exploration en rappel. Enfin, si l'on excepte le piton planté lors de la seconde tentative effectuée à l'arête Victor Martin, l'Arête de Marseille est la première escalade où le piton est employé parcimonieusement comme moyen d'assurage. Objet d'une ardente compétition, elle échappe aux grimpeurs locaux, certainement au désespoir des Écureuils ou de la Cordée, pour céder à deux cordées rivales, réunies avec bonheur comme le montre le récit de l'un des protagonistes. *

*Jean Laurent * Une nouvelle escalade à la Candelle, Bulletin CAF Provence. 1927.*

À ce moment, nous sommes rejoints par MM. Paillon père et fils. Ils nous disent avoir le même projet que nous : ils veulent tenter l'arête ouest de la Candelle. Nous décidons d'unir nos efforts et d'essayer cette escalade tous les quatre en une seule cordée. Ce qui nous attend sur l'arête, nous l'ignorons. Notre descente, il y a huit jours, à grand renfort de cordes, ne nous avait donné qu'une fausse idée de ce que pouvait être la montée. Il fallait voir de nos propres yeux cette arête qui nous fascinait. Le déjeuner est vite achevé. Les cordes s'enroulent sur nos épaules. Un sac est rempli du nécessaire : vivres solides et liquides, un marteau, un ciseau et de gros clous.

Il résultait de nos tentatives précédentes que la base même de l'arête, terminée par un gendarme surplombant, était impossible. Il fallait rejoindre l'arête sur la face sud..., par la cheminée spéciale qui forme la selle du gendarme. Nous nous décidons pour cette dernière. Deux surplombs nous regardent ; nous ne voyons pas plus haut ; il faut les franchir...

21- 22- Le Pas de l'Arête de Marseille.

Nous voilà à l'assaut, obligés de planter des crampons dans le premier surplomb, de dégager les herbes et les ronces du second...

Enfin notre travail de déblayeur, de bûcheron, de maçon est terminé. Nous sommes tous les quatre sur la selle, entre l'arête et le gendarme. Nous escaladons le gendarme qui paraît moins rébarbatif... En cinq minutes, nous sommes au sommet, admirant la vue splendide du rocher qui s'allonge au-dessus de nous. Mais le temps presse. Nous redescendons 6 mètres environ depuis le sommet du gendarme. Une corniche sur l'arête, en face, semble nous offrir un chemin... Il faut sauter; c'est notre unique ressource...

Le premier saute... Bravo !... Il a réussi ! Il est sur l'arête ! L'arête est possible quoique délicate; nous voici tous les quatre rassemblés sur une plate-forme assez spacieuse qui se continue sur la face sud par une corniche. Ce lieu nous est familier; c'est la troisième fois que nous y venons.

Après un court repos, la cordée est à nouveau renversée, et la voilà qui repart. La difficulté qui nous attend est plus grande. Le passage est dur... Arrêt, départ... Un passage vertical au dessus, présente au milieu d'une dalle un bloc accroché... C'est le passage qui nous avait le plus inquiétés. Il est franchi ! Nous sommes tous les quatre au-dessus. Un dernier surplomb, une dalle assez lisse et nous voilà arrivés au gros bloc carré qui servit à placer notre premier anneau de corde lors de notre première descente en rappel de la face sud.

Nous sommes maintenant chez nous. L'arête n'a plus de secrets, plus de difficultés, et c'est au pas de course que nous la terminons. Nous sommes promptement en vue du gendarme de la Tayolle Rouge. Nous le passons : voici le sommet, voici la croix. Nous avons mis cinq heures à l'atteindre, nous sommes fous d'allégresse.

C'est donc à une cordée helvético-provençale Wyss et Laurent et à une cordée lyonnaise que l'arête réserve ses faveurs. La cordée lyonnaise est composée de Maurice et Hugues Paillon, le père et le fils. Maurice Paillon est alors âgé de 72 ans. C'est une véritable performance qu'il vient d'accomplir. Paillon est une des figures de l'alpinisme français. Rédacteur en chef de la revue *La Montagne* pendant un quart de siècle, il est l'auteur de la *Description Géographique des Alpes*, en trois volumes, ouvrage rare aujourd'hui et le traducteur inspiré de l'œuvre d'A.F. Mummery, *Mes Escalades dans les Alpes et dans le Caucase.*

23- Le Pas de l'Arête de Marseille.

En terme de difficulté pure, l'arête dépasse ce qui a été fait précédemment. La description de Jean Laurent est sans équivoque sur les difficultés rencontrées. Que représentent-elles dans la toute nouvelle échelle Welzenbach ? * L'arête est classée dans le 4e degré, la dalle Paillon et la cheminée d'attaque étant cotées en 4e degré supérieur. Je fréquente cette arête depuis une trentaine d'années, et déjà, à ce moment là, personne n'osait

* *Wilo Welzenbach. Glaciériste mort au Nanga Parbat en 1934. Auteur de la première échelle de classification des difficultés rocheuses en six degrés.*

contester la cotation en 5e degré supérieur de la cheminée initiale. Encore un passage qui, avec l'usure croissante du rocher, a pris "du bouquet". Même si cette cheminée est un obstacle de taille, c'est le haut de l'arête qui est psychologiquement le passage clé. Des espadrilles, *où le pied est aussi bien maintenu que dans un cartable (Georges Livanos),* un nombre et un choix infime de pitons, et des cordes en chanvre qui cèdent à une chute minime comme en témoignera l'accident mortel de Bonnet, font du tiers supérieur une très sérieuse proposition. La cheminée initiale franchie, un petit mur sépare la cordée du sommet du remarquable gendarme situé à la fin du tiers inférieur. C'est là que se situe le fameux "Pas", redouté des néophytes. Certains, comme Rébuffat, dix ans plus tard, le franchissent d'une enjambée, mais le commun des mortels est contraint de se lancer, mains en avant, pour franchir l'espace qui sépare le gendarme de l'arête.

24- Le Pas. Gaston Rébuffat.

Le tiers médian ne présente pas de difficulté notoire et offre même de confortables terrasses ensoleillées. Ces délices capouanesques ne durent pas, le spigolo final étant d'un autre acabit. L'arête s'affine, se redresse, s'approche de la verticale ; les relais deviennent exigus et le vide saisissant : une centaine de mètres de part et d'autre. La sensation de vide est encore plus poignante sur le versant nord qui domine le raide et fuyant couloir du Candellon.

C'est à cet endroit que se situe la dalle Paillon. Après plusieurs tentatives, Hugues Paillon franchit cette dalle quasi-verticale, apparemment sans protection. Il n'en est nullement fait mention dans le récit de Laurent. La dalle Paillon - du 4e degré exposé et supérieur - a vite acquis le statut de passage clé. C'est là que s'est tué André Bonnet, sous les yeux de ses camarades de cordée Henri Barrin et André Blachère, et de Roger Plauchud. Dans une lettre profondément émouvante, Henri Barrin m'a relaté les détails de la tragédie vécue soixante ans auparavant :

*André Bonnet * était en tête au passage de la dalle Paillon. André a déroché et la corde, en chanvre, s'est cassée. Notre pauvre leader s'est écrasé dans le couloir du Candellon. Blachère et moi, sommes restés bloqués, sans possibilité de pouvoir passer la dalle ou de descendre ! Nous sommes restés longtemps à appeler ; nous étions en trop piteux état pour continuer. Heureusement, c'est un groupe de grimpeurs qui nous a entendus, et nous a aidés à descendre l'arête en rappel.*

* *Lettre de Henri Barrin à l'auteur.*

L'émotion, à Marseille, est considérable. Barrin, profondément choqué, cessera l'escalade pendant de nombreuses années. Il reprendra bien plus tard, sous l'influence de ses amis Édouard Frendo, Victor Chauvet, et le groupe des Sans-Soucis.

L'audace des grimpeurs des Calanques trouve sa limite dans de tels passages. On verra pourtant Neuvière aller encore plus loin à la Lézarde. Seul l'usage des pitons peut permettre d'envisager, avec un minimum de sérénité, des escalades plus difficiles. On peut supposer que *les crampons plantés dans le premier surplomb* de l'Arête de Marseille par Paillon et ses compagnons sont des pitons.

C'est en 1935, sous l'influence d'Edouard Frendo, qu'apparaîtra la technique moderne du pitonnage déjà fort utilisée dans les Alpes orientales. Comme l'a fait remarquer Georges Livanos, * *après Mummery, trois hommes ont poussé le quatre un peu loin.* Il s'agit de Franz Lochmatter, Joseph Knübel et Angelo Dibona.

* *Georges Livanos. Cassin. Il était une fois le 6e degré.*

Revenons au temps des Piaz, Dibona et Lochmatter. Les cordes en chanvre n'autorisaient pas le luxe de grandes chutes. Dépasser le V/V+ sans autre assurage que celui trouvé dans l'audace et l'habileté se situait entre le courage et le suicide, le doute étant permis.

Pour dépasser les limites inouïes de leur audace, les grimpeurs des années 1910 utilisaient déjà les pitons, véritables barres de fer qui ne pesaient pas loin d'un demi-kilo. Ils les enfonçaient le plus souvent avec une pierre ; il fallait ensuite se décorder, passer la corde dans l'anneau, se rencorder... Pour aller plus loin, il fallait donc "autre chose".

Otto Herzog, le premier Herzog de l'histoire de l'alpinisme, a eu l'idée, l'éclair, le "tilt". Regardant un jour les pompiers de Münich à l'entraînement, il les voit utiliser une sorte d'anneau de métal dont une partie s'ouvre vers l'intérieur et se referme automatiquement grâce à un ressort ; ils appellent cet engin "Karabiner" (mousqueton). Ce sera le bond le plus important, et jamais dépassé, qui ait été franchi dans l'évolution du matériel d'alpinisme. Les crampons, piolets (haches ou pioches, en fait), cordes et pitons existaient déjà bien avant l'alpinisme. Les marins connaissaient toutes les manœuvres de corde, tous les nœuds, y compris celui que le Dr Prüssik fera passer dans l'alpinisme en 1931. Quant aux carriers et aux maçons, ils savaient forer la roche quelques millénaires avant les meilleurs spécialistes du tamponnoir.

À la même époque, le guide bavarois Hans Fiechtl invente, de son côté, les formes du piton "moderne", et ce sont encore celles, améliorées, des pitons de 1982.

La dernière escalade évoquée dans ce chapitre n'a rien d'une *génuflexion devant Baal (Mummery)* mais plutôt d'une escalade "à la Preuss". Son auteur, Pierre Neuvière dit "Petit Pierre" est l'un des as de La Cordée, le meilleur grimpeur de son époque, l'auteur de l'Extrême Bec et de l'Arête de la Cordée. Que se passe-t-il ce 8 mars 1928 ? Entre les deux zones les plus rébarbatives du Rocher Saint Michel, serpente une élégante diagonale, à gauche de la Paroi Jaune. Les grimpeurs sont rares dans ces années-là, mais il est encore moins coutumier de voir évoluer un solitaire.

25- Face ouest du Rocher des Goudes et du Rocher Saint-Michel avec la Lézarde au centre et l'Arête de la Cordée.

Dans le socle facile, Petit Pierre a tout le loisir de changer d'avis, et de redescendre s'il le désire. De la spacieuse terrasse située au pied de la Diagonale, quelles pensées animent le solitaire ? Le désir de graver son nom en lettres d'or dans l'histoire de l'escalade provençale ? Pas de l'avis de ses compagnons qui le connaissent depuis longtemps. C'est d'ailleurs déjà fait. Pour romanesque que puisse sembler la réalité, elle est pourtant ainsi : l'acte visionnaire de Petit Pierre est le fruit d'une profonde déception sentimentale. À ceux, à qui l'idée d'un solo "catharsis" peut paraître par trop facile, je rappellerai l'odyssée de Bonatti… à son pilier. Pour ne pas citer celle de l'un de mes meilleurs amis.

Le début de la Diagonale est défendu par un mur raide et fissuré. Ce mur franchi, la Lézarde proprement dite débute, mais, à partir de ce moment-là, il ne peut plus reculer. La Diagonale elle-même est en 4e degré soutenu, le seul repos étant l'encorbellement situé à mi-hauteur. Mais il n'y a pas de relais pour un solitaire. On peut imaginer le soupir de soulagement qu'a dû pousser Neuvière, lorsqu'il est parvenu au chêne marquant la fin de la Diagonale.

Soupir relatif car, à cet endroit, à 80 mètres du sol, la "clef" de la Lézarde attend le solitaire. Deux fissures surplombantes et parallèles : du bon 5e degré, dans un cas comme dans l'autre !

L'issue favorable de l'entreprise, et les témoignages de ses amis, ne laissent aucun doute sur les capacités exceptionnelles de grimpeur de Petit Pierre Neuvière. Edouard Frendo * écrit :

Cette dernière voie mérite une mention particulière. C'est le seul itinéraire de 5e degré qui ait été ouvert à cette époque, escalade méritoire si l'on considère qu'elle a été effectuée sans pitons... et en solitaire !

Cette escalade fut la dernière effectuée dans ce style par Neuvière. Il se contenta d'une grimpe plus... classique.

Un délai de huit ans sera nécessaire pour dépasser le niveau de la Lézarde. En 1935, la Grande Arête de la Candelle est une classique prisée. La Lézarde n'a été reprise qu'une fois ; lors du 3e parcours, les pitons seront employés ! Neuvière était un grimpeur exceptionnel... et visionnaire !

* *Édouard Frendo. Calanques. Revue Alpinisme, décembre 1942.*

LES ANNÉES TRENTE L'APPARITION DE LA TECHNIQUE DU PITONNAGE

CHAPITRE 3

Il est curieux de constater que par la suite, lorsque l'alpinisme devint une activité humaine moins exceptionnelle, les hommes ont continué à atténuer les difficultés des montagnes à l'aide d'artifices. Les passages clefs de l'époque dite "classique", étaient franchis à grand renfort de courtes échelles, poussées et autres coincements de piolets, et il serait tentant pour un pitonneur du demi-siècle, de démontrer par là que les moyens artificiels sont ceux qui à l'origine ont paru les plus naturels. *

* *Georges Livanos. Au delà de la verticale.*

26- Édouard Frendo, Louis Lachenal, Gaston Rébuffat. Chamonix 1954.

La seule voie d'importance ouverte au début des années trente, est l'escalade intégrale de la Grande Candelle par la face sud, escalade réussie le 30 mars 1934 par la cordée de Jean Guichard, Jean Meunier et Victor Rostand. L'itinéraire emprunte les Corniches David, qu'il quitte après la "Petite Mummery", pour suivre un tracé plus direct vers le sommet de la Candelle, les Corniches sortant assez bas, au pied du dernier ressaut de l'Arête de Cassis. C'est un bel itinéraire, sans difficultés excessives, avec un passage de 5e degré dans le haut, qui résout le problème de la Grande Candelle par le sud.

On retrouvera Jean Meunier encordé avec le Docteur Albert, et Victor Rostand avec un autre personnage pittoresque de l'hagiographie des Calanques, l'abbé Charles Seinturier. Le futur chanoine de l'abbaye Saint Victor accompagnera Rostand dans quelques premières à En Vau.

Frendo remarque que le plafond établi, le 4e degré, (le 5e étant occasionnel), est aussi celui des courses classiques des Alpes : la Meije et la Dibona (voie Boell) dans l'Oisans, les Drus et le Grépon dans le massif du Mont Blanc. Un événement va bouleverser l'ordre établi et accélérer la marche vers le changement. En 1935, la section de Provence du CAF organise, avec le concours du GHM et de la section de Paris du CAF un congrès d'escalade où sont conviés plusieurs alpinistes célèbres. Il y a des démonstrations de technique et, pour la première fois, une démonstration d'escalade avec procédés artificiels. Les pitons tyroliens et toute la gamme des possibilités qu'ils offrent, sont présentés aux grimpeurs marseillais. *

*Henri Salin. * Dans les Calanques de Marseille. Revue Alpinisme, juin 1935.*

La section de Provence du CAF avait organisé pour les fêtes de Pâques, avec le concours du GHM et de la Section de Paris, quatre journées d'escalade. Cette manifestation a obtenu le plus vif succès et a laissé le meilleur souvenir à ceux qui y ont participé. Le GHM était représenté par nos camarades M. et Mme Régis Artru, Henri Barrin, M. et Mme P. Chevalier, MM. Lucien Devies, Édouard Frendo, A. Giraud, P. Keller, Robert Tèzenas du Montcel, H. Salin, Jean Save de Beaurecueil, venus de Chamonix, Lyon, Paris et Marseille.

Les itinéraires les plus beaux et les plus difficiles furent gravis par plusieurs cordées. Le samedi, on grimpa dans la calanque d'En Vau. Le lendemain, le Rocher des Goudes, l'Arête de la Cordée, et la Grande Lézarde (3e asc., c'est l'escalade la plus dure de la région), furent escaladés. Le lendemain, la Grande Candelle fut gravie par de nombreux itinéraires, et notamment par le Z, la face sud, et surtout l'admirable Arête de Marseille. la réunion s'acheva le mardi par l'Arête du Vallon de l'Aiguille de Sugiton.

Au point de vue technique, les itinéraires découverts par les grimpeurs marseillais se classent, pour les plus difficiles, dans le cinquième degré de la cotation dolomitique. La comparaison avec les Dolomites se justifie à plus d'un titre : nature minéralogique de la roche, difficulté, qualité du rocher.

L'emploi des pitons y est très normalement possible. Ceux-ci semblent peu employés par les grimpeurs marseillais : ce qui peut donner à penser que l'emploi plus développé de ces moyens artificiels permettrait de tracer dans les parois des voies susceptibles d'être classées, abstraction faite de leur faible développement, dans l'échelon extrême de la difficulté.

Les temps forts de ces quatre journées d'escalade se situent aux Goudes et à la Candelle :

La Grande Arête de Marseille fut très appréciée. L'on eût dit que ceux qui la parcouraient ne pouvaient se lasser de la parcourir de nouveau. Elle fut escaladée en cinq cordées par treize des nôtres, dont une dame.

Après le déjeuner tiré des sacs, notre excellent camarade Frendo nous fit, sur la fissure du Candellon, une démonstration de la nouvelle technique de l'escalade par emploi de pitons. Ainsi qu'il l'expliqua fort bien, le "leader" qui, jusqu'ici n'était pas assuré, l'est absolument par les moyens actuels. C'est un très grand point et l'on obtient ainsi des résultats remarquables.

Au versant nord de la Candelle est accolée une miniature de l'original : le Candellon. Sa face nord présente une fissure oblique de gauche à droite, haute d'une vingtaine de mètres. Utilisant des pitons d'importation Fiechtl, Frendo choisit cette petite fissure idéalement située pour une démonstration.

Il la gravit en libre (du bon 5), utilisant les pitons comme moyen d'assurance, ainsi que le précise Gaston Rébuffat. Rébuffat déplore que par la suite, la fissure Frendo, utilisée comme école d'artif, ait été ravagée par le pitonnage.

Le ton est donné : les leçons de Frendo ne demeureront pas lettre morte. Parmi les membres de la délégation du GHM, il y a des ténors locaux, comme Jean Save de Beaurecueil ou Roger Artru. Ils récolteront les leçons de cette expérience, comme Henri Barrin l'année suivante, à la face nord du Rocher des Goudes. La délégation parisienne du GHM est représentée par Lucien Devies et Robert Tézenas du Montcel. Tous deux appartiennent à l'aristocratie de la montagne. Leur palmarès est éloquent : grands itinéraires à la Verte, au versant italien du Mont Blanc et dans le Valais.

Lucien Devies, alpiniste visionnaire, est le grand patron de l'alpinisme français qu'il a propulsé sur le devant de la scène internationale, un des "Grands" de la période d'entre les deux guerres. Pour Devies, la technique des pitons n'est pas inconnue : il l'a employée avec Gervasutti l'année précédente à l'Olan, le premier degré des Alpes françaises. Le calcaire ne lui est pas étranger : en 1934, il est le premier français à gravir la Solleder à la Civetta. Ainsi Devies est à cette époque l'un des rares alpinistes français à comprendre l'urgence d'adopter la technique du pitonnage, tout en se méfiant de ses abus.

Revenons sur la personnalité d'Edouard Frendo, l'animateur technique de ce colloque calanquais. Né au bord de la mer, en Tunisie, il a grandi dans le Midi, à Marseille où son père était armateur, et a fréquenté les Calanques très tôt. On retrouve sa trace dans les bulletins des Excursionnistes Marseillais, pour lesquels il a animé de nombreuses sorties dans les années trente. Gaston Rébuffat, dans l'hommage qu'il rend à son ami, écrit : *Frendo a été pour moi un exemple, le premier citadin à vivre entièrement en montagne, à devenir guide, moniteur, à créer du matériel de montagne.*

Comme Frendo, Rébuffat quittera les Calanques tôt, à l'âge de vingt ans, pour vivre en montagne et devenir guide. Mais si Rébuffat a signé un certain nombre de premières, Frendo ne nous a quasiment rien laissé, sa fissure au Candellon ne constituant qu'un exercice de démonstration sur un rocher-école. Une seule classique de 3e degré, l'arête des Garçons de Café, à En Vau, avec Gaston Tricoire. C'est surtout en montagne que Frendo donnera sa véritable dimension, en Oisans et dans le massif du Mont-Blanc : des secondes prestigieuses, versants nord de l'Olan, de la Meije, des Droites, des Drus, puis, couronnement, les Grandes Jorasses par l'Éperon Walker, avec Gaston Rébuffat. Grand montagnard et alpiniste, Frendo était pourtant, *malgré un physique rondouillard,* un bon rochassier, comme en témoigne cette anecdote contée par Gaston Rébuffat :

*Gaston Rébuffat **
La Montagne et Alpinisme
1969.

** La première fois que je l'ai rencontré, c'était dans les calanques de Marseille. Après bien des hésitations, je lui avais écrit pour l'inviter à venir grimper. Il m'avait répondu qu'à l'occasion d'une visite à ses parents dans le Midi, il ferait volontiers une ou deux escalades. Maintenant, il était là et il m'impressionnait. D'une part, sous des allures un peu militaires, il me semblait incapable de rêver et de rire et, d'autre part, de taille moyenne et déjà un peu rond - car il était fort gourmand - je m'expliquais mal comment il pouvait bien grimper.*

Pourtant, dès les premiers passages à la face nord du Rocher des Goudes, assez athlétique, puis à l'arête Victor Martin, plutôt délicate, toutes deux très difficiles dans des styles très différents, il était parfaitement à l'aise, grimpant sans hésitation, me surprenant par son agilité. En même temps, sa tenue soignée avait perdu de sa rigidité, et aussi grâce au lien de la corde qui crée invisiblement la compréhension et l'amitié, je m'aperçus que ses yeux aimaient rire.

*Henri Salin. **
Alpinisme, juin 1935.

La démonstration d'Édouard Frendo a été concluante mais le progrès n'est pas immédiat. *Mais, il y eût d'abord un peu de flottement. En 1936, on prend le temps de se familiariser avec ces nouveaux procédés et l'on se contente de refaire les voies classiques en y ajoutant force pitons d'assurance.* * Les pitons auraient très certainement empêché l'accident mortel de Victor Martin, ou celui d'André Bonnet à la Candelle. En tout cas, ils permettent la reprise - c'est seulement le 3e parcours - de l'escalade la plus dure de la région, la Lézarde :

La deuxième journée se passa dans le massif de Marseilleveyre et au Rocher des Goudes, par un vent très fort qui gêna beaucoup tous les mouvements. Néanmoins, dans la matinée, l'Arête, celle de la Cordée, et la Pointe Callot furent très appréciées. L'après-midi, malgré un vent impétueux, fut faite la Grande Lézarde qui coupe la paroi verticale à l'est de la Grotte de l'Ermite. La Grande Lézarde n'avait été franchie que deux fois jusqu'ici ; l'emploi de pitons, cette fois, facilita cette belle et difficile escalade. De nombreux assistants admirèrent cet exploit magnifique.

Le récit de Salin n'insiste pas suffisamment sur le caractère extraordinairement audacieux de l'exploit réalisé par Neuvière. Est-ce parce qu'il n'appartient pas au gotha de l'alpinisme ? La Cordée et l'Arête de Marseille sont devenues des classiques très prisées - le chroniqueur du CAF mentionne une demi-douzaine de parcours de l'Arête de Marseille pour la seule journée du 22 avril - alors que la Lézarde n'a été répétée qu'une fois ! Cette paroi de quatre-vingt mètres, qu'un local a gravie en solitaire, inspire un prudent respect aux cordées du GHM, même munies de pitons !

L'exemple de Neuvière dans les Calanques restera comme celui de Preuss, quinze ans auparavant dans les Dolomites au Campanile Basso, atypique et isolé.

LA FACE NORD DU ROCHER DES GOUDES

En 1927, le changement était illustré par un trio de voies : la Cordée, la Lézarde et l'Arête de Marseille. Dix ans plus tard, on retrouve un schéma similaire.

Dans les Calanques, le calcaire est aussi varié que peut l'être la dolomie dans les Dolomites. Il change, même si des constantes demeurent, comme ces gouttes d'eau que l'on retrouve à divers endroits. Rien de commun cependant, entre le calcaire urgonien d'En Vau et les triples mentons, lisses et brunâtres, des calcaires marneux de la Paroi des Toits, entre les murs blancs, aux fines écailles soudées par le sel, du Bec de Sormiou, et le calcaire fracturé, ocre, friable et rayé de veines d'aragonite du Devenson. Un massif rassemble cette richesse et cette diversité, celui des Goudes. Dalle compacte, claire, sculptée de la Directe 52, Paroi Jaune et surplombante, dévers bruns de la Grotte de l'Ermite, Dièdre Noir. Parmi la demi-douzaine de parois majeures que présente ce massif, la plus austère est, sans conteste, la face nord du Rocher des Goudes.

Invisible du port de Callelongue, elle se découvre progressivement au grimpeur qui se dirige vers la Demi-lune ou l'Escalier des Géants. De la base au sommet, elle mesure quatre-vingt mètres. Surplombante et légèrement concave, elle ne voit le soleil que l'été en fin de journée. Deux vires parallèles la raient : la Corniche Verte et la Vire Barrin. La Corniche Verte, située à trente mètres du sol, sépare le Socle de la paroi proprement dite ; c'est le seul point faible de la muraille. Hormis un bref pas d'escalade, elle pourrait fort bien être une autre "Vire à bicyclettes" *. Dans les Calanques, cette paroi représente, toutes proportions gardées, ce qu'avait représenté la face nord de la Cima Grande dans les Dolomites, trois ans auparavant : aussi rébarbative, mais six fois moins haute. Dans le climat de l'époque, oser l'affronter revenait à passer du Spigolo del Velo, l'équivalent de l'Arête de Marseille à l'itinéraire de Comici à la Grande, sans passer par la Solleder et toutes les autres étapes intermédiaires, jugées nécessaires par les Dolomitards.

** Passage célèbre qui se situe sous la crête sommitale du Grépon.*

27- Face nord du Rocher des Goudes La Barrin, l'Occidentale.

Aucune muraille en surplomb n'a été gravie en Provence, ni ailleurs dans l'hexagone ! Il faut penser que le grimpeur est encordé à la taille, sur une corde en chanvre, et donc "voler" dans un surplomb sans pouvoir toucher le rocher peut avoir de funestes conséquences. Pourtant, au début de la décennie, un alpiniste autrichien, le Dr Karl Prüssik avait introduit dans le milieu de l'escalade le nœud auto-bloquant qui porte désormais son nom, mais je doute qu'il soit "parvenu" jusqu'aux rivages des calanques. Karl Prüssik n'est pas seulement alpiniste, il est aussi musicien, et son fameux nœud est utilisé depuis fort longtemps par les violonistes et autres violoncellistes pour tendre les cordes de leurs instruments.

Les prétendants ne se bousculent donc pas au pied de l'austère face nord. Ceux de la génération précédente ne sont plus "dans le coup". Avec sa science du pitonnage et son expérience des grandes parois, Édouard Frendo est le candidat idéal. Pour quelles raisons ne l'a-t-il pas tentée ? Son métier de guide peut-être ? Quelqu'un est fasciné par la face nord ; c'est un compagnon de Frendo, à l'époque où celui-ci appartenait aux Excursionnistes Marseillais et au CAF de Provence. Il était présent aux journées d'escalade d'avril 1935 : c'est Henri Barrin. Il a assisté à la chute mortelle de son ami, André Bonnet, à l'Arête de Marseille. Profondément marqué par cet accident, il a cessé de grimper pendant de nombreuses années. L'influence de Frendo et de Chauvet est déterminante : Barrin reprend l'escalade avec eux, puis avec le groupe des Sans-Soucis, il ouvre quelques jolis itinéraires à En Vau, dans les Sirènes.

28- Barrin. Duchier. Lacaze.

Le 23 août 1936, la muraille cède sous les assauts d'une cordée conduite par Henri Barrin, accompagné d'André Lacaze et de Roger Duchier. L'escalade donne lieu à un communiqué dans la presse, fait rare à l'époque :

Dans la magnifique école d'escalade que sont les calanques marseillaises, un des derniers problèmes à résoudre était la face Nord du Rocher des Goudes. C'est chose faite, puisqu'au cours d'une ascension de 5 heures, trois jeunes membres de la Section de Provence du CAF, ont pu arriver à vaincre cette paroi Nord. Le fait mérite d'être signalé, car depuis plusieurs années, le problème de cette ascension était l'objet de vaines tentatives entreprises par les meilleurs alpinistes, et même par des professionnels chamoniards. Restent encore à résoudre la fantastique arête Nord-Ouest, ainsi que la muraille Ouest.

Lorsqu'il gravit la face nord du Rocher des Goudes au mois d'août 1936, Barrin n'est plus un débutant. Il a vingt-quatre ans et une bonne expérience du rocher. Ainsi, il n'est guère surprenant de constater qu'il est le premier à mettre en application les leçons de pitonnage enseignées par son ami Frendo. La Nord des Goudes est la seule contribution d'importance de Barrin à l'escalade provençale mais quel monument !

Plus tard, Duchier et Charles Magol complètent l'itinéraire de la face nord par l'escalade, moins spectaculaire mais fort intéressante, du Socle. L'impact de l'ascension réalisée par Henri Barrin et ses compagnons est considérable. Même si, comme toute escalade, elle est destinée à suivre les étapes définies par Mummery *, la Barrin sera toujours l'une des pierres milliaires de l'escalade en Provence. Maurice Ramond, ami et admirateur de Barrin, ne s'y trompe pas : *C'était plus une innovation qu'une première.* Cinquante ans après, à l'occasion de vœux, il rappelle à son ami, ce que fut pour lui "la Barrin" :

*Pour définir l'évolution * que connaissait toute course difficile, Mummery avait inventé la maxime suivante : "une escalade impossible, la plus difficile course des Alpes, une course facile pour dame".*

Mon cher ami

Je ne veux pas terminer l'année 1986 sans rappeler qu'il y a cinquante ans, tu accomplissais, le 8 août 1936, un remarquable exploit en gravissant la face Nord des Goudes. Cette première devait donner un prodigieux essor à l'escalade dans les Calanques ; un nouveau palier était atteint, dégageant de nouvelles perspectives pour les grimpeurs de l'époque.

Je n'avais pas encore dix-huit ans, mais je n'étais plus un débutant en escalade, et ta réussite agit alors sur moi comme un révélateur. Je fus irrésistiblement attiré par cette face que tu venais de vaincre, mais je n'osais pas m'y risquer, et je n'étais pas le seul. Si j'ai bonne mémoire, tu refis cette escalade quelque temps après, et j'eus alors l'immense joie, avec mes amis Panteri et Roubeau, d'en faire, en tête de cordée, la troisième ascension dans les jours qui suivirent.

29- Maurice Ramond
3e ascension.

Peut-être aujourd'hui ne saisit-on pas exactement la valeur de ta prouesse. C'était plus qu'une première, c'était une innovation, car personne à l'époque, avant toi, n'avait pensé de tels itinéraires possibles ; et, lorsqu'on compare, aujourd'hui, la sécurité que donne le matériel moderne d'escalade à nos pauvres cordes en chanvre attachées autour de la taille, à nos espadrilles ou aux "régum" qui nous chaussaient, on a rétrospectivement peur. Tu as ouvert le chemin aux grimpeurs qui apparaissaient, en leur apprenant qu'il n'y a pas de tabou, et que là où il y a volonté et compétence, on peut passer. Je crois que tous te doivent reconnaissance, pour ma part, tu peux être assuré de la mienne.

Je t'envoie, mon cher Barrin, le souvenir de notre très vieille amitié, en te présentant mes meilleurs vœux pour la nouvelle année.

Maurice Ramond

Au cours des quatre années suivantes, les Calanques connaissent une évolution semblable à celle qui s'est produite dans les Dolomites après la Nord de la Grande. Cette comparaison avec les Dolomites n'est ni fortuite, ni originale. C'est Jean Couzy * qui connaît les Calanques pour les avoir visitées l'année précédente en compagnie de Schatz, Ferlet, Poulet et autres "Pures Lumières du Rocher" et a gravi quelques classiques de difficulté dans les deux massifs qui établit ce parallèle.

** Jean Couzy. Alpinisme, décembre 1948.*

Dans la face nord de la Cima Grande, il y a d'abord 4 longueurs libres, très soutenues dans la zone IV sup/V inf avec quelques pas de V ou de V sup, et d'artif (surtout là où il y a eu l'écroulement) : les trois autres longueurs difficiles sont à peu près uniquement en artif, en léger surplomb. Il y a aussi 3 traversées d'une dizaine de mètres, de IV ou petit V.

À l'Arête Jaune, l'escalade est toujours libre et les 4 longueurs les plus difficiles sont en V avec des pas de V supérieur (dièdres plus ou moins surplombants), les autres vont du III au IV sup. Comme genre et niveau de difficulté, c'est la face nord (voie normale) des Goudes dans les Calanques, parmi les escalades que je connais, qui se rapproche plus de l'Arête Jaune.

On voit que nous sommes loin de la continuité de l'ED, au sens strict... Je ne parlerai que pour mémoire de certains passages cotés 6e degré, dans l'Arête Jaune ou la face nord de la Cima Grande, et qui ne dépassent pas notre IV.

*Leconte de Poly. * Alpinisme. 1938.*

La cotation de Couzy vaut pour une époque où l'on disséquait les longueurs, passage par passage. Aujourd'hui, on donne une cotation par longueur, tenant compte du passage le plus dur, ce qui est plus logique. Si l'on gravit la Comici de façon classique, en tenant les pitons, les deux voies sont d'un niveau identique en libre, du Vsup. À cet égard, et en le plaçant dans le contexte de l'époque, l'avis de Jean Couzy est tout à fait justifié. Il m'a paru intéressant de comparer l'opinion de Couzy à celle de deux contemporains de Barrin, Jean Save de Beaurecueil et Pierre Leconte de Poly * :

30- Sortie de la Barrin. Vue plongeante du haut de la face nord du Rocher des Goudes.

On trouve dans les Calanques tous les degrés de difficulté : de très nombreux parcours longs de 100 à 150 mètres se classent entièrement dans "l'extraordinairement difficile" (Lézarde, Arête de Marseille, le Pouce, la Sirène). "L'extrêmement difficile" est représenté dans divers points, et nous citerons la face Nord du Rocher des Goudes.

"L'extraordinairement difficile" est le 5e degré de l'échelle de Welzenbach. Save de Beaurecueil classe donc la face nord des Goudes dans le 6e degré de l'époque (jugement qu'il étend à "l'Aigle", alias le Doigt de Dieu).

Qu'un Parisien ose venir vous parler des Calanques de Marseille, alors que tant de ses excellents camarades marseillais semblent plus qualifiés, cela peut sembler téméraire. Il allègue toutefois, comme excuse, d'avoir fait le plus souvent en tête la plupart des belles voies du massif et d'avoir grimpé également dans les Ardennes belges et les combes bourguignonnes. Il lui sera donc facile de faire des comparaisons.

Si les combes de la Côte-d'Or constituent la meilleure école de fissures, les Calanques, encore mieux que les Ardennes belges, sont par excellence l'école du leader. Alors que dans les Ardennes belges, presque toutes les voies ont dû être débroussaillées, et ainsi parfaitement reconnues en rappel, il n'en est généralement pas de même dans les Calanques.

Cela est d'autant plus remarquable, que les pitons y étaient inconnus, et que des voies aussi difficiles que l'Arête ouest de la Grande Candelle et la Lézarde y avaient déjà été ouvertes. L'apparition des pitons, très employés depuis deux ans, a permis de conquérir des itinéraires de plus en plus difficiles. Les plus remarquables semblent être la Tour du Devenson, l'Arête Victor Martin, la face nord des Goudes, la Momie et la face S.O. de la Pointe Callot.

J'aimerai relater une anecdote que m'a racontée Georges Livanos concernant l'aisance de Leconte de Poly. Lorsque de Poly précise qu'il n'a pas eu à enfoncer de pitons, il est bon de savoir, qu'avec sa compagne Christine Duclos, ils ont utilisé trois pitons ! Il y a aujourd'hui une vingtaine de scellements à la résine sur le même parcours. Peu de temps après, Christine Duclos eut l'occasion de gravir à nouveau la Barrin, avec un jeune grimpeur du nom de Georges Livanos. Alors qu'il était sur le point d'enfoncer un piton pour se protéger, le Grec entend : *"Vous n'allez pas mettre un piton ici, Livanos ! Leconte n'en a pas mis !"* Et de décrire au Grec la manière dont Leconte de Poly avait effectué l'ascension, ne lui laissant guère d'autre choix que celui de l'imiter. La cordée était de retour à la Corniche Verte trois quarts d'heure après l'avoir quittée, sous le regard médusé du docteur Albert !

Comme l'Arête de Marseille, la Barrin défie les modes et traverse les époques. Son rocher correct, aux prises franches, son escalade aérienne en fait une des classiques du cinquième degré, les plus convoitées en Provence.

L'ARÊTE VICTOR MARTIN

1937 voit la création de deux superbes itinéraires, comportant peut-être des passages plus délicats, mais moins impressionnants que la Barrin : l'arête Victor Martin et la Momie de Sormiou. Faisant face au Rocher des Goudes, dans le majestueux cirque du même nom, la large paroi occidentale du Rocher Saint Michel est délimitée par deux élégantes arêtes : la Cordée à droite, la Victor Martin à gauche.

Alors que l'Arête de la Cordée n'est pas encore gravie - on est en 1905 - l'Arête NO, pourtant bien plus difficile, reçoit la visite de deux audacieux : Louis David et Victor Martin. On se souvient du récit de Georges Rouard, évoquant cette tragique tentative. Elle mesure près de quatre-vingt mètres de hauteur ; les deux cinquièmes inférieurs sont composés de ressauts assez raides entrecoupés de gradins, le tout ne présentant aucune difficulté sérieuse.

La partie supérieure est toute autre ; elle débute par un mur vertical sur le taillant de l'arête : du bon V+ actuel. Celle-ci est très fine ; il faut suivre le fil qui surplombe le vide creusé sous la grotte de l'Ermite, avant d'atteindre le havre relatif de la cheminée conduisant au pied du dernier ressaut. La chute de Victor Martin a dû se produire au début du mur vertical. Quels ont été les sentiments de Louis David à la suite de la mort de son compagnon ?

À la Momie, Magol, et ses compagnons emploient les procédés de traction directe et la double corde ; malgré cela, la première fissure leur pose des difficultés. Elle en donnera également à leurs successeurs, ainsi que le reste de l'itinéraire. *

*Leconte de Poly. * Alpinisme, septembre. 1938.*

Une fissure verticale de 18 mètres très fatigante (4 pitons et un étrier), une traversée descendante extrêmement délicate, et le surplomb terminal très aérien, constituent les principales difficultés de cette très belle escalade, la plus belle à mon avis de celles que j'ai faites.

Grâce à sa beauté, la Momie devient rapidement une grande classique de la difficulté, au point de figurer parmi les varappes favorites de la marquise Sylvia d'Albertas : *

*Sylvia d'Albertas. * Des Calanques aux faces nord.*

À la Grotte du "Capélan" débute la varappe : une cheminée, puis une corniche en bordure de la mer. L'escalade difficile ne commence que sur une plateforme spacieuse, au pied d'une grande dalle le long de laquelle court une fissure verticale d'une vingtaine de mètres de haut. À droite et à gauche, la paroi presque lisse, surplombante même, bien faite pour tenter les amateurs de sixième voire de ce fameux degré dit "catastrophique" dont les alpinistes parlent à mi-voix, à la veillée, en un mot, de ceux qui enrichissent les "marchands de clous" !

Notre Momie, cependant, ne se laisse approcher qu'avec un minimum de quatre ou cinq pitons, voire un étrier, sans traction directe. La sortie de la première dalle, dans une jolie grotte, est plutôt délicate, mais le leader provençal est habitué à la délicatesse plutôt qu'à l'effort. Là-haut, on peut se tenir debout s'il n'y a pas de grand vent, mais on a bien l'impression du matelot en haut du grand mât de misaine.

Avec la Barrin, la Momie et la Victor Martin, les grimpeurs marseillais ont montré qu'ils avaient assimilé les techniques du pitonnage et de la traction directe.

L'année 1937 est une année charnière. Une nouvelle génération apparaît, qui rompt avec les traditions excursionnistes, et les répétitions des classiques du quatrième degré pour se consacrer entièrement à l'escalade difficile. Mon choix s'est fixé sur la Barrin, la Victor Martin et la Momie, car ces trois voies sont considérées par les meilleurs grimpeurs d'alors comme le nec plus ultra de l'escalade difficile en Provence.

32- La Momie.

Trois mois après la Momie, le 22 août, la même équipe, privée de Magol, réalise la première descente de l'arête NO du Rocher des Goudes, puis Duchier, Coudray et Chauvet remontent par la Barrin. Ce procédé n'est pas nouveau : la Momie, l'Arête de Marseille, et d'autres escalades avaient déjà subi ce type d'exploration préliminaire, en vue d'une ascension ultérieure.

Le lendemain de l'ascension de l'arête Victor Martin, le 3 octobre, une voie très originale est ouverte à gauche de l'Arête de la Cordée : la Bonne Mère. Dans cette portion de la muraille très raide, une suite de rampes obliques, entrecoupées par une cheminée à la sortie fort délicate, représente une ligne de faiblesse évidente. La dernière rampe conduit à une niche située aux trois quarts de la paroi. De la niche, une traversée vers la droite permet de rejoindre la partie supérieure de la Cordée.

La traversée se déroule dans une ambiance superbe, au dessus d'un "gaz" impressionnant. Suffisamment impressionnant pour justifier fréquemment le juron "P... de la Bonne Mère", juron souvent employé à Marseille, ainsi que le nom de la voie. L'équipe victorieuse est celle de la seconde de la Victor Martin et de la première de la Momie : Charles Magol et Roger Duchier, tandem inséparable, accompagné d'un compagnon de Ramond, Marcel Forestier.

LA TRAVERSÉE DU DEVENSON

Le 10 octobre a lieu la première de *la plus longue et l'une des plus belles voies d'escalade des Calanques* dans le secteur le plus sauvage : les falaises du Devenson. Régis Artru et Jean Save de Beaurecueil réalisent la première de la Grande Tour du Devenson, puis traversent les falaises jusqu'à l'Eissadon. C'est la voie d'aventure par excellence, nécessitant une approche semblable à celle réclamée par un itinéraire sérieux en montagne, le cheminement se déroulant dans une falaise large d'un demi-kilomètre, et haute de plus de deux cents mètres.

33- Falaises du Devenson.

Artru et Save avaient modestement baptisé "Grande Tour du Devenson", l'aiguille qui se détache sous le point culminant des falaises, à l'endroit où celles-ci sont les plus hautes. L'histoire n'a pas retenu ce nom, mais celui, beaucoup plus beau, de Tour Save, et cette superbe traversée est immortalisée sous le nom de Traversée du Baron, eu égard aux origines de Jean Save. La "Traversée du Baron", provient, selon son fils Henri, du surnom qu'avaient donné les pêcheurs de Cassis à Save de Beaurecueil. Ces derniers l'avaient souvent mené dans les Calanques. C'est ainsi qu'il avait repéré un cheminement possible dans la complexe muraille du Devenson. Dix ans après les Écureuils, Save et Artru redorent le blason de "l'alpinisme d'exploration" dans les Calanques.

*Henri Laulagnet **
Revue Ascension.

Henri Laulagnet * écrit à propos de cette première :

L'escalade est toujours très intéressante, souvent très difficile, et la hauteur de la falaise, ses formes étranges, sa verticalité donnent à la course un caractère bien différent de celui de la plupart des escalades des Calanques : plus sévère et plus prenant. Jusqu'à la dernière prise, on est en pleine difficulté ; de cette prise, c'est la crête même de la falaise. Le couloir de sortie avait déjà été descendu et remonté en septembre par Gros, Henri Chopard et Save de Beaurecueil.

Deux remarques s'imposent : Laulagnet emploie le terme de *course*, amplement justifié pour une entreprise au Devenson. Save et Artru pénétraient dans un univers vierge : le Devenson avait été atteint "à pied", seulement en 1920, par les Hurluberlus. À l'aplomb de la Tour Save, la falaise mesure 230 mètres de haut de la mer à la crête : c'est la plus haute paroi, d'un seul jet, des Calanques. Deux cent trente mètres, c'est déjà la dimension d'une course des Préalpes. Ce qui justifie pleinement une brève inspection en rappel, objet de ma seconde remarque.

Gaston Rébuffat, ami de Jean Save à qui il a dédié *Calanques*, relate une "expédition" au Devenson :

Il y a bien des années, aller au Devenson et en revenir était une "expédition" ; depuis le terminus du tramway du Redon, en passant par Le Cap Gros, il fallait compter 4 heures pour atteindre la calanque. Le paysage alentour, le site de la calanque proprement dit, étaient magnifiques et déserts - bien rares les bateaux à cette époque - et nous ressentions une forte impression d'éloignement. Cela commençait dès l'instant où quittant la crête, on entamait la descente par le tracé brun ou le tracé noir ; à la grande solitude ressentie jusque-là, s'ajoutait alors une impression plus forte, une impression presque de non-retour quand on plongeait vers la calanque.

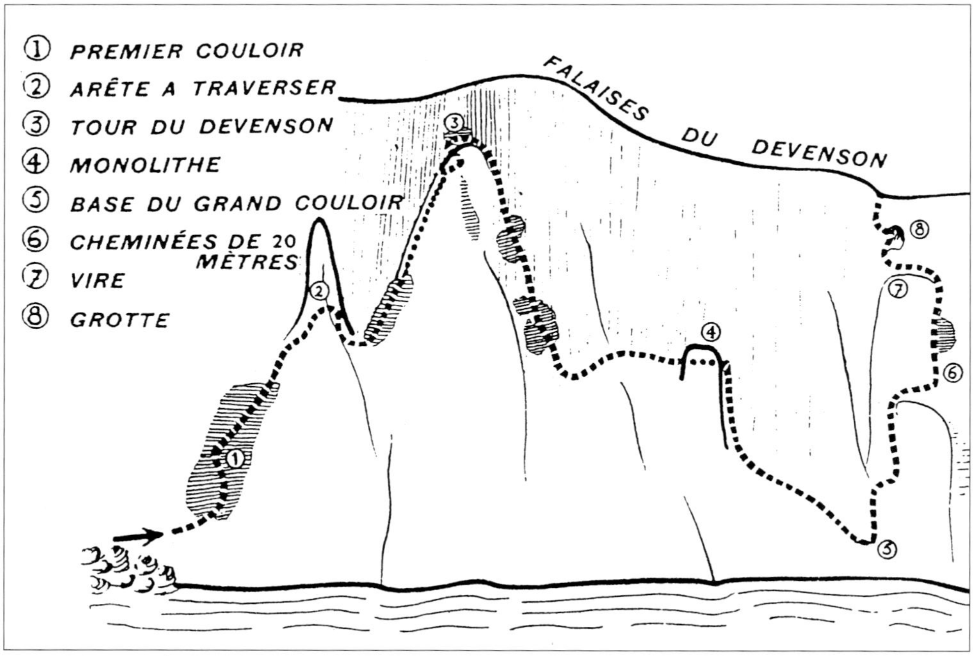

34- Voie de la 1ère ascension et traversée de la Tour du Devenson. (Revue Ascension n° 1)

Par la suite, après que Jean Save eut ouvert la première voie d'escalade, grimper demeurait toujours une aventure qui n'était pas gagnée d'avance : sortir de ce demi-cratère ouvert sur la mer qu'est le cirque du Devenson et émerger sur la crête ; souvent la nuit était proche quand nous y parvenions, en particulier en hiver, lorsque les jours sont courts. Car pour le retour, on passait *par l'Oule, En Vau et Cassis, d'où pour finir, il fallait encore monter à la gare et attraper le train du soir. Enfin dans le train, nous restions un moment aux fenêtres, côté gauche, car la voie ferrée, de ce côté-là domine la rade de Cassis, les Calanques et la mer. Tout cela a bien changé! On ne prend plus le tramway, qui n'existe plus! ni le train; on va facilement au col de la Gardiole où on laisse la voiture et où on la retrouve le soir (parfois cambriolée) *.*

** Gaston Rébuffat Calanques, Sainte-Baume, Sainte-Victoire.*

Un an avant la traversée du Baron, Save et Artru ont ouvert une demi-douzaine de voies à En Vau, calanque qui a connu un moindre développement, du fait de son éloignement pour les Marseillais, ce qui doit faire sourire les grimpeurs actuels. 1936, c'est l'époque du Front Populaire et des premiers congés payés, nous sommes donc très loin de la voiture individuelle.

Deux de leurs conquêtes conserveront un succès notoire; ce sont deux aiguilles: le Pouce et le Doigt de Dieu. Le Pouce est vierge, c'est même le dernier sommet vierge d'importance, puisqu'il a échappé aux pionniers du début du siècle. La voie Save est toujours une classique fort prisée des néophytes, alors que le Pouce Intégral, ouvert trois ans plus tard par Henri Joubard et Gaston Rébuffat, demeure incontestablement le plus bel itinéraire. Le Doigt lui-même est un monolithe rigoureusement vertical sur tous ses flancs, et haut d'une vingtaine de mètres. Le versant occidental surplombant la calanque, s'appuie sur un socle vertical soudé à la muraille terminale, ce qui donne à l'ensemble une dénivellation de prés de 80 mètres.

Surnommé également "Demoiselle" d'En Vau, ou bien "l'Aigle", le Doigt a d'abord été gravi avec lancer de corde, artifice très en vogue à une certaine époque. Il n'y a qu'à se souvenir de l'Aiguille de la République, dans le massif du Mont Blanc, ou bien de certains campaniles dolomitiques. L'heureux pionnier est un compatriote de Guillaume Tell, Charles Studer.

Alfred Couttet réalise la seconde du Doigt de Dieu en jouant à nouveau de l'arbalète. Suit un parcours, en 1935, par Robert et Israel, et, l'année suivante, Artru et Save escaladent la face est du Doigt. Un an plus tard, presque jour pour jour, Magol et Chauvet gravissent le versant nord. Comme pour le Pouce, l'Intégrale reviendra à Henri Joubard, accompagné cette fois-ci, de "Toto" Guérin.

En 1938, naît un CAF Var-Haute-Provence. Il s'agit de la première scission d'importance du CAF Provence. Il y en aura d'autres, et célèbres. Chaque fois le Club Alpin sera privé d'un nombre substantiel de ses éléments de valeur, puisque la majorité d'entre eux sont membres du GHM. Regroupés autour de la marquise d'Albertas et de Jean Save de Beaurecueil, on trouve des alpinistes comme Georges Clot ou Régis Artru, doublés parfois d'excellents grimpeurs de “libre”, comme Paul Moyrand (“ le général”) Henri Chopard, Leconte de Poly ou Christine Duclos. C’est dans ce groupe, sous l’aile tutélaire de la marquise, que le jeune Livanos fera ses premières armes.

Appartenant à un milieu aisé, ceux que leurs détracteurs surnomment “les Aristos”, ont un goût prononcé pour l’aventure, sous des formes diversifiées (canoë, alpinisme hivernal en Haute-Provence, ski de raid). Ils ont fondé leur propre revue, *Ascension*, dont le rédacteur en chef, Henri Laulagnet, tombera à la Meije en compagnie de Delaage. Outre les récits concernant toutes les activités originales menées par le groupe, la revue, d’une haute tenue littéraire, comprend également des essais et des nouvelles. Le N° 1 rassemble des signatures prestigieuses : une nouvelle inédite de Jean Giono, un dessin inédit de Samivel, *Une histoire de revenants* par Etienne Bruhl, l’auteur de *Variantes.*

35- Le Pouce à En Vau.

La marquise d’Albertas est une excellente grimpeuse et de plus une très grande alpiniste. Dans les années quarante, elle a réalisé les plus grandes courses des Alpes françaises. Première traversée des Aiguilles de Chamonix, avec Ottoz ; seconde de l’arête est du Crocodile, avec Lambert et Etienne Livacic ; troisième de l’éperon nord des Droites, avec Lambert et André Roch, quatrième parcours de la face nord des Drus avec Frendo. Cela n’empêche pas Sylvia D’Albertas de grimper en cordée féminine avec son amie Christine Duclos, à Chamonix comme dans les Calanques. La marquise nous a laissé un petit ouvrage au style simple et attachant, *Des Calanques aux Faces Nord*, dans lequel elle écrit en guise de bilan à sa vie alpine :

Après, j’ai été la femme qui a une passion et beaucoup d’enthousiasme. Lorsque je redescends de là-haut, je suis comblée, toutes choses prennent une juste valeur, un sens réel.

En feuilletant la revue *La Montagne & Alpinisme,* je me suis aperçu que ces lignes avaient déjà été choisies par Georges Livanos, pour honorer la mémoire de la grande dame qui lui avait ouvert les portes de l’escalade :

En 1964, j’ai encore grimpé avec Sylvia d’Albertas. C’était sa dernière ascension à ce Pilon du Roi où, vingt-cinq ans auparavant, elle avait guidé mes premiers pas de grimpeur. Sur ce petit sommet provençal, quelque chose se terminait ; au-dessous s’étendait la campagne aixoise et le merveilleux cadre du soir de son existence : un parc romantique, de grands arbres, un cygne dédaigneux glissant silencieux, de vastes allées s’en allant finir au loin, là, sur cette route où sa vie s’est brutalement achevée.

La marquise d'Albertas n'est pas morte en montagne. Elle a été écrasée devant sa propriété d'Aix-en-Provence. Georges Clot et Pierre Leconte de Poly se sont tués à Sialouze en 1947, la même année que Magol et Save dans le massif du Mont-Blanc. Régis Artru écrit à propos de son ami Save * :

Provençal d'origine, il venait à la haute montagne touché par cette grâce, cette fascination qu'elle exerce parfois sur certains qui en vivent éloignés. Dans les calcaires provençaux, il avait acquis très jeune un extraordinaire brio sur le rocher, une audace qui en faisait un maître dans cette école aérienne et exposée que sont les Calanques. Il y avait ouvert un grand nombre de voies en escalade libre et artificielle.

En haute montagne, il avait mené cette longue expérience d'apprentissage jusqu'aux plus beaux succès, réussissant toutes les grandes courses classiques des Alpes Françaises, montrant dans la face nord de l'Aiguille Verte sa sûreté et sa technique en glace, dans le Grépon par la Knübel, sa virtuosité de grimpeur. Cette force et ce rythme de vie que nous allons chercher en montagne, Jean Save de Beaurecueil les portait en lui en permanence.

* *Régis Artru. Alpinisme. 1947.*

Cet éclectisme, Save de Beaurecueil le montrera toute sa vie de grimpeur. Dans les Calanques, la Traversée du Baron par la Tour Save reste son chef-d'œuvre. Deux ans avant sa mort, il nous en a laissé un autre, le Super Pilier du Puits, le plus bel itinéraire de l'époque à la montagne Sainte-Victoire.

Un an après l'ascension de Save et d'Artru, le Devenson reçoit la visite de la cordée Bouisson-Azéma. Il ne s'agit pas d'Yves Azémas, notre populaire "Tonton", mais du docteur Marc-Antonin Azéma, alpiniste carousien et mécène de l'expédition au Fitz Roy. Azéma et Bouisson ne connaissent pas le parcours de Save et d'Artru. Le docteur, qui a accompli des courses sérieuses dans le massif du Mont Blanc, sous-estime manifestement une entreprise dans le Devenson. *

La réussite d'un certain nombre de courses en haute montagne, dans des conditions excellentes de sécurité et de rapidité, avait fait naître en moi l'opinion immodeste que si je voulais goûter un jour au charme d'un bivouac sur une étroite plate-forme déversée sur le vide, dans la tempête et démuni de tout, il me faudrait au moins tenter l'arête SE du Chogori ou la Face nord de l'Everest.

* *Dr Marc Antonin Azéma. Un bivouac au Devenson. Revue Ascension.*

Le Devenson va leur éviter de si coûteux déplacements. Tablant sur des prévisions trop optimistes, retardés par des averses, Azéma et Bouisson ne peuvent échapper à un bivouac impromptu, à la brèche qui sépare la Tour Save de l'éperon terminal. Leur itinéraire suit le flanc gauche du Baou Rouge puis le fil de la Tour Save, où il rejoint la voie Save-Artru.

Est-ce dû aux péripéties de la cordée Azéma ou aux difficultés d'accès au Devenson ? Toujours est-il qu'il faut attendre quatre ans avant d'assister à une nouvelle incursion dans le Cirque du Devenson : la Directe du Baou Rouge, ouverte par Meunier et le Docteur Albert.

LA CORDÉE MAGOL-DUCHIER

La face nord du Rocher des Goudes n'est pas encore devenue une classique, qu'une autre face attire la convoitise des grimpeurs : c'est la face ouest. Bien visible des Goudes ou de Callelongue, elle débute là où meurt la Corniche Verte, moins haute que la face nord, mais elle est aussi raide et ne semble pas présenter les rares lignes de faiblesse que possède sa voisine.

Henri Laulagnet écrit : *Tandis que la face Nord, avec son à-pic de 80 mètres restait longtemps un défi, la face Ouest était une improbabilité ; rien de sérieux, semble-t-il, ne pouvait être tenté dans ses parois verticales.* *

*Henri Laulagnet. * Revue Ascension.*

Un jugement de ce type a tendance à exacerber le désir des grimpeurs, plutôt qu'à l'inhiber. Roger Duchier, qui avait participé à la première de la face nord avec Henri Barrin, ne devait sûrement pas partager cet avis. Charles Magol et lui sont tombés sous le charme de cette paroi. Ils effectuent des tentatives jusqu'à mi-hauteur, laissant le Mur Noir pitonné. Gabriel Ollive, présent ce jour-là, a fixé sur la pellicule les efforts de la cordée Magol-Duchier dans le passage clé. On voit Duchier à la vire du premier relais, assurant Magol qui s'escrime dans le Mur Noir.

Le 1er mai 1938, la paroi est gravie, mais il aura fallu à la cordée Magol-Duchier plus de six heures d'escalade, malgré la section "préparée". L'emploi de la "double corde" a été nécessaire. C'est la première voie ED * ouverte dans les Calanques, elle le restera longtemps. Le Mur Noir est toujours coté en 6e degré ; que Magol et Duchier aient utilisé des étriers n'a rien d'étonnant : il est déversant sur une dizaine de mètres.

*ED : * extrêmement difficile, le dernier degré de l'échelle de Welzenbach.*

La seconde de la face ouest est réalisée en libre, sans préparation, dans le temps très rapide de cinq heures, par la cordée de Georges Livanos. Peu de temps après, l'exploit est réédité par Henri Chopard.

36- **Duchier - Magol. 1938.**

Magol et Duchier constituent la meilleure cordée provençale, et sont surtout unis par une très forte amitié. Leur œuvre de pionnier est considérable. Entre 1937 et 1938, ils parsèment les Calanques d'itinéraires inédits de toute beauté : la Momie, la première descente de l'arête NO du Rocher des Goudes, la Bonne Mère, la Passerelle à En Vau, puis le "S" aux Goudes. Magol et Duchier prennent également part aux tentatives pour gravir la paroi du Pic de Bartagne.

L'activité alpine de la cordée Duchier-Magol s'est étendue sur une dizaine d'années. Au lendemain de la guerre, naît le Groupe des Escaladeurs Provençaux, qui regroupe l'élite des grimpeurs de la région. Duchier en est le président.

Entre au GEP celui qui réalise de belles voies dans les Calanques ou à Bartagne, ainsi qu'en montagne. À la Candelle, Magol et Livanos ouvrent le Couloir Suspendu.

Autant que respectés, Duchier et Magol étaient aimés. Leur accident, et la mort de Magol, à l'attaque de l'éperon nord de la Grande Rocheuse dont ils tentaient la seconde, bouleversent les milieux provençaux. Tous les amis qui ont eu le privilège de connaître Charles Magol, m'ont parlé de lui avec chaleur et émotion : Suzanne et Robert Tanner, Sonia et Georges Livanos, Robert Gabriel, Gabriel Ollive, Maurice Ramond.

Anarchiste, doté d'une originalité et d'une intégrité profondes, d'un flegme à toute épreuve, ennemi de toute forme de médiocrité, Magol possédait un charisme très fort. Georges Livanos * relate d'une façon humoristique leurs aventures aux Drus et aux Charmoz et nous livre un portrait vivant et chaleureux de Charles Magol. Puis, évoquant l'accident :

** Georges Livanos. Au delà de la verticale.*

Le lendemain, nous allons au devant de l'équipe de secours dirigée par Lachenal. Duchier nous raconte l'incident, banal, une glissade sur une pente même pas raide, terminée par une chute dans une crevasse. Pendant que nous sortions de la face nord, plaisantant au soleil, dans l'ombre d'une autre face nord Charles trouvait sa fin. Peut-être a-t-il été victime d'un trop grand flegme, d'un sang-froid qui allait parfois jusqu'à une sorte d'imperméabilité à la notion de danger... Peut-être... Qui peut savoir ?

La saison 1947 a été une réédition alpine de la Saint-Barthélemy. Les Marseillais ne furent pas épargnés, Magol succédait à Jean Save de Beaurecueil et à Georges Clot.

Ces lignes complètent celles que Georges avait écrites au lendemain de sa mort pour la revue *Alpinisme :*

Modeste, se livrant peu, il cachait sous une ironie qui l'a peut-être privé de certaines sympathies, une remarquable personnalité dont le souvenir ne s'éteindra jamais chez ceux qui surent le comprendre.

37- Charles Magol en tête dans le Mur Noir, face ouest du Rocher des Goudes. Roger Duchier l'assure. 1ère ascension.

La voie Duchier-Magol est donc le premier 6e degré des Calanques, ce sera aussi le seul de cette année 1938, les autres ouvertures se situant dans le 5e degré. Deux d'entre elles ont retenu mon attention : la face est de la Grande Candelle et la paroi du Pic de Bartagne. Elles ont toutes deux des points communs : leur sauvagerie, leur hauteur et leur virginité. Les ressemblances s'arrêtent là : alors que le rocher de Bartagne est plutôt bon, celui du versant est de la Candelle a tout pour rebuter le grimpeur.

À droite de l'Arête de Cassis, la face ne présente aucun itinéraire évident, hormis un énorme couloir d'aragonite, vertical, le futur "Couloir de l'Autobus". Après diverses tentatives en compagnie d'Henri Imoucha, l'un des cinq "Hurluberlus", une équipe de cinq grimpeurs réussit l'escalade, au mois de novembre 1938. Ce sont Henri Joubard, Joseph Bouisson, Soleil, Eugène Daflon et Georges Albert.

Jo Bouisson est un des grimpeurs actifs des Calanques. Il aime particulièrement la Candelle, où il ouvre pas moins de quatre itinéraires : le Couloir du Milieu, au Socle, avec Jean Meunier et le Docteur Albert et la Cheminée Bouisson, où il est victime d'un vol mémorable, avec Eugène Daflon et Roger Duchier. Son amitié avec Gaston Rébuffat leur vaut d'ouvrir ensemble le Couloir de l'Est, qui coupe les Corniches David, et surtout le "Z", au pic de Bartagne.

Henri Joubard, qui conduit la cordée, aura une carrière de grimpeur qui constitue un record de longévité. Pendant la période de la guerre, il est l'auteur de belles premières, ouvertes en compagnie des meilleurs grimpeurs des Calanques. Les aiguilles et les monolithes l'attirent : à En Vau, il gravit le Doigt de Dieu Intégral, puis le Pouce Intégral avec Gaston Rébuffat, et plus tard, le Peigne avec Charles Magol. À la Momie par l'Envers, à Sormiou, il fait équipe avec Roger Duchier et Marcel Forestier. L'itinéraire est esthétique, et le passage final, permettant d'accéder au sommet de la Momie, particulièrement délicat.

Aux Goudes, on lui doit l'Hyper-Lézarde ouverte avec Georges Livanos, André Coudray et Forestier, puis la Tête du Trou du Chat, gigantesque plafond de dix mètres d'avancée, avec Georges Tramier et Henri Rolland, en 1942. Dans cet itinéraire, qui figure parmi les plus techniques des Calanques, un trou est foré à la chignole, procédé rarissime utilisé une seule fois à la voie de l'Os. La même année, il suit Georges Livanos dans la première répétition du Pilier de Bartagne, "la Walker marseillaise".

S'il est hors de question de comparer le palmarès alpin de Joubard à celui de ses contemporains comme Gabriel, Livanos ou Rébuffat, on lui doit tout de même une première : la traversée des arêtes de l'Aiguille de Sialouze en Oisans au cours de l'été 42. Cette combinaison est le fruit de l'association de deux cordées, l'une niçoise, l'autre marseillaise : le couple de Jeanne et Jean Franco, assisté de Gurékian, puis, aux côtés de Joubard, Edouard Frendo et Laveyssières.

Avec Maurice Ramond, ils redécouvrent le charme tout particulier des croisières maritimes, en prolongeant la Traversée du Baron. Par la Traversée du GEP et la Traversée de Castelvieil. Promu guide en 1950, c'est surtout au sein du corps des Marins Pompiers de Marseille que Joubard laisse sa marque. À partir de 1950, il modernise le bataillon, et le transforme en une organisation de secours en paroi capable d'effectuer des sauvetages dans les endroits les plus reculés des Calanques.

LA PAROI NORD OUEST DU PIC DE BARTAGNE

La muraille occidentale du Pic de Bartagne est d'un tout autre acabit que le versant est de la Candelle. D'une hauteur semblable, mais large de plus d'un demi-kilomètre, c'est véritablement la "Paroi des Parois" provençale. En 1938, elle est entièrement vierge, et ce n'est pas faute de tentatives. Seules les Corniches Nord, à l'extrême gauche, et l'arête de la Glacière, à l'extrême droite, ont été gravies. Sa hauteur, sa beauté, son charme tout particulier, ont suscité un engouement tel, que la première ascension, loin de l'avoir brisé, a contribué à le favoriser. Laissons Gaston Rébuffat * et Georges Livanos la présenter.

Visible de loin, même de la mer par les marins se dirigeant vers Marseille, Bartagne présente une face NO fort impressionnante. Très raide, tout à fait verticale par endroits, haute de 160 mètres, son rocher, différent de celui des Calanques et de Sainte-Victoire, frappe par sa compacité : immenses plaques sans défaut, tout à fait lisses, d'un beau gris bien régulier.

Si Rébuffat a été un amant occasionnel, le Grec a été, dans la durée et dans l'intensité, d'une fidélité exemplaire : une dizaine de créations portant sa signature la parcourent. *

Le Pic de Bartagne se dresse à une quinzaine de kilomètres du littoral. Sa face ouest, haute de cent cinquante mètres, est une des parois les plus importantes de Provence et surtout la plus belle. La végétation de la région diffère de celle des Calanques, le rocher également, la vue est très étendue et la mer en est absente.

Tout jeune, j'avais fait connaissance avec cette muraille au cours d'une excursion en compagnie de mes parents. Elle retentissait, ce jour-là, des coups de marteau d'une cordée. Je regardais le leader avec envie, sans me douter que c'était l'un des meilleurs grimpeurs des Calanques, Charles Magol, qui en tentait la première ascension, et que dans quelques années j'irais en montagne avec lui. Je fais toujours de temps à autre une "expédition à Bartagne."

La paroi me paraît plus petite à présent, mais je retrouve chaque fois avec émotion son ombre bleutée et ce parfum de thym et de lavande des sous-bois à sa base.

Le 2 octobre, 1938, la muraille cède sous les efforts de la cordée Tanner - Moulin. *

Cette magnifique escalade, réussie intégralement le 2 octobre 1938 par Robert Tanner et moi-même, peut, sans contestation possible, être considérée comme la plus belle et la plus difficile de notre région provençale. Nous n'avons pas eu l'honneur et le mérite d'en jalonner la première partie, et les pitons laissés par des précurseurs nous ont épargné bien des efforts et des pertes de temps. Il faut compter environ cinq heures d'escalade pour une cordée de deux. L'usage de la corde double serait peut-être à recommander dans la cheminée Tanner.

* *Gaston Rébuffat Calanques, Sainte-Beaume Sainte-Victoire.*

* *Georges Livanos. Au-delà de la verticale.*

* *Henri Moulin Bulletin CAF Provence.*

Henri Moulin est un personnage fort sympathique. On ne peut s'empêcher d'apprécier le "fair-play" avec lequel il rend hommage à ses prédécesseurs, qui ont eu *le mérite de jalonner la première partie*. Il propose immédiatement de donner le nom de "Cheminée Tanner" au passage clé de la voie. Moulin avait une personnalité étonnante. Avocat au barreau de Marseille, mais passionné de mécanique, il troqua la robe noire pour le bleu de mécano, et il ouvrit un garage. Il a été le grand frère de la montagne de Gaston Rébuffat.*

*Gaston Rébuffat * Étoiles et tempêtes.*

Enfin, un jour, grâce à bien des ruses, je fis la connaissance d'un alpiniste : Henri Moulin. Sous une forte carcasse et à travers une grosse voix, il cachait une réelle bonté. Si, au début, mes visites ne furent pas entièrement désintéressées - entre autres courses, Moulin avait fait les Écrins - vite il devint pour moi un ami et un grand frère.

L'itinéraire de Tanner et Moulin, le Jardin Suspendu, suit les lignes de faiblesses évidentes de la paroi : tout d'abord, un système de rampes qui raient obliquement le tiers inférieur de la muraille, de gauche à droite. Cette section navigue dans le 4e degré sauf le dièdre vertical précédant le Jardin qui flirte avec le 5e degré. Le tiers médian, facile, emprunte le Jardin.

Le dernier tiers est le plus problématique. Une goulotte-rampe facile conduit à un perchoir, suspendu en plein vide, à cent trente mètres du bas de la muraille, que l'on peut aisément contempler entre ses jambes. Là est le passage clé : la Cheminée Tanner.

38- **Bartagne.**

C'est une fissure d'un V suffisamment proche du VI pour qu'on y voie parfois des cordées de classe internationale, faire des étriers la base de leur progression. (Georges Livanos)

*Cette cheminée se resserre pour ne plus former qu'une étroite fissure surplombante d'une quinzaine de mètres de haut. Cette escalade a nécessité la pose quelque peu acrobatique de cinq pitons munis d'étriers ; et le second, blotti et coincé sous le surplomb, regardant le vide pour assurer le leader, a le spectacle assez impressionnant de voir au-dessus et en avant de lui, gigoter les jambes du leader dans le ciel à mesure qu'il s'élève. (Henri Moulin)**

*Henri Moulin * Bulletin du CAF Provence.*

La description de Moulin est exacte, à cela près : la section difficile n'excède pas dix mètres. Dans un rocher compact, il n'y a pas de fissures mais de rares petits trous ; privés d'ustensiles modernes tels que coinceurs, friends ou bongs, la fissure devait être un formidable défi pour les premiers.

Jeune grimpeur, j'habitais Aubagne, chez mes parents. De la fenêtre de ma chambre, je voyais Bartagne tous les jours. J'étais amoureux de cette paroi, et elle hantait mes songes, ne me laissant aucun repos. En guise de topo (il n'en existait pas), je disposais d'un vague croquis, où les itinéraires étaient tracés de façon fantaisiste. Loin de me décourager, cela rehaussait, j'en suis sûr, l'attrait romanesque qu'exerçait la paroi sur moi. Ayant découvert l'escalade tout seul, je grimpais en marge des milieux officiels, et c'est un compagnon de judo qui consentit à m'accompagner. La forêt de la Sainte Baume rutilait sous les couleurs automnales, des brouillards épais léchaient la paroi qui ruisselait encore de la pluie de la veille ; j'avais seize ans.

J'ai encore en mémoire le relais-perchoir sous la Fissure, le visage résolu mais inquiet de mon compagnon dont c'était la première véritable escalade, et le voile cotonneux qui me laissait apercevoir par intermittence le bas de la paroi. J'émergeais de la Fissure Tanner comme un poisson sorti de l'eau. J'étais loin de me douter que deux ans plus tard, je connaîtrais mes héros, Robert et Suzanne Tanner et que leur fils Michel, serait mon ami et le compagnon de mes plus belles aventures alpines pendant cinq ans.

Au sommet, je connus un tel sentiment de bonheur, qu'il ne devait pas se renouveler avant trois ans, sur une aiguille prestigieuse du massif du Mont Blanc.

39- M. Ramond.

40- Jean Save de Beaureceuil. La Barrin.

41- Lionel Terray à la sortie de La Barrin.

42- La paroi occidentale du Pic de Bartagne.

LES TEMPS MODERNES

CHAPITRE 4

À PARTIR DE 1939, l'évolution s'accélère : le 6e degré, qui avait fait son apparition à la face ouest du Rocher des Goudes, devient la norme. *

Dans les Alpes occidentales, vingt ans séparent l'arête Sud de la Noire de la face Est du Grand Capucin ; dans les Calanques, une progression équivalente a été réalisée en cinq ans, ce qui est d'ailleurs normal pour un massif d'école fréquenté toute l'année.

* *Georges Livanos. Au delà de la Verticale.*

Durant la guerre, les Calanques voient s'ouvrir des nouvelles voies comme jamais auparavant. Pendant la même période, une demi-douzaine de nouveaux itinéraires sont tracés sur la grande paroi du Pic de Bartagne, tous beaux et difficiles. Même si Frendo affirme que *c'est par centaines que l'on compte les grimpeurs marseillais qui s'adonnent à l'escalade artificielle*, les premières d'importance sont le fait d'une vingtaine de grimpeurs actifs. Une nouvelle génération apparaît aux côtés des Magol, Save, Duchier...

Quatre grimpeurs jouent un rôle majeur. L'un d'eux est de la même génération que Frendo, Magol ou Barrin : c'est le docteur Albert. Les autres sont des jeunes : ils n'ont pas encore vingt ans ; Tanner et Rébuffat sont nés en 1921, Georges Livanos en 1923. Robert Tanner limitera son talent et ses dons exceptionnels aux Calanques et au Pic de Bartagne ; Georges Albert également. Gaston Rébuffat et Georges Livanos ont laissé dans l'histoire alpine une empreinte unique.

Depuis l'ascension de la face nord des Goudes, l'escalade connaît un engouement croissant. L'artif en particulier, qui n'est l'objet d'aucune censure, comme c'est le cas en Saxe ou au Royaume Uni. Le matériel se modernise : de simple anneau de corde, l'étrier se voit muni de planchettes en bois, trois le plus souvent, ce qui rend son usage nettement plus confortable et plus efficace. Dans un article qui a fait date, * Edouard Frendo, acteur et témoin de cette évolution, la commente ainsi :

* *Édouard Frendo. Alpinisme, décembre 1942.*

1939 peut être considérée comme le début de l'ère de l'escalade artificielle proprement dite. On a déjà épuisé tous les procédés extrêmes de l'escalade libre et maintenant les procédés artificiels n'ont plus de secrets pour les grimpeurs marseillais qui sont passés maîtres dans l'art de les employer. La victoire type due aux procédés purement artificiels a été l'escalade de l'arête NW du Rocher des Goudes, qui nécessita le franchissement d'un triple surplomb au départ.

Frendo énumère le raffinement croissant du matériel, des pitons Fiechtl, *qui voient naître une famille nombreuse, du benjamin de quelques millimètres à la broche géante de 25 cm... et même plus !* Robert Tanner ajoute * :

*Robert Tanner. * L'escalade en Provence. Revue Les Alpes. 1943.*

Lorsque, dans les courses difficiles, l'emploi de la corde double est insuffisant (passages à pitonnage complexe ou fragile), le grimpeur utilise une troisième corde, ainsi que cela se pratique aux Dolomites (la quadruple corde a été employée aussi, dans quelques passages exceptionnels). La troisième corde offre une sécurité de plus pour les passages exposés de traction directe ou permet un meilleur coulissage. Elle est plus fine que les cordes normales, afin que le grimpeur de tête ne soit pas embarrassé de son poids.

43- **Arête nord-ouest du Rocher des Goudes.**

La génération de Magol à Tanner et Livanos, met en place la technique moderne de l'escalade. J'ai pu goûter, grâce à Michel Tanner, le charme désuet de cette époque, trente ans après. Michel avait récupéré les étriers, avec planchettes en bois, de ses parents. Sentimental, il avait quand même eu la prudence de changer les cordelettes de chanvre par du nylon. À la première voie d'artif - je crois bien qu'il s'agissait de la Tête du Trou du Chat - j'entendis un crac caractéristique suivi d'un cri étranglé... les planchettes avaient vécu ! L'ère de l'aluminium approchait à grands pas...

Le Rocher des Goudes continue à exercer le rôle d'un aimant auprès des grimpeurs. Comme c'est souvent le cas, la réalisation de beaux problèmes a pour effet d'en souligner d'autres : la conquête des faces nord et ouest du Rocher des Goudes ne pouvait que faire ressortir l'élégance de l'arête nord-ouest. Le défi avait déjà été souligné dans le communiqué de presse relatant l'exploit de Barrin et Duchier puis par Henri Laulagnet.

Pratique compréhensible, l'arête avait été descendue en rappel le 22 août 1937 par l'un des vainqueurs de la face nord et de la face ouest, Roger Duchier accompagné de Coudray et de Chauvet. Ils avaient ensuite gravi la Barrin, ajoutant ce commentaire : * *Cette descente, combinée avec l'ascension de la face nord, constitue l'une des plus belles courses de la région.* Le but évident de Duchier et de ses compagnons était d'évaluer les difficultés de l'arête ; celles-ci durent paraître d'une nature autrement plus sévère que celles de la face nord. Duchier se consolera l'année suivante avec la conquête de la face ouest.

*Bulletin Club Alpin. **

Le 11 juin 1939, l'arête est gravie par Robert Tanner et Gaston Rébuffat. L'itinéraire mesure 90 mètres de hauteur ; la moitié supérieure, surplombante, véritable spigolo dolomitique, constitue "l'os" de la course. Après les faces nord et ouest, l'arête nord-ouest est une page tournée dans l'audace et dans la difficulté.

J'ai eu la chance de gravir cette arête avant que l'itinéraire des premiers ne soit "rectifié..." à l'aide de spits.

Objectif séduisant mais redoutable, l'arête est répétée peu après, par la cordée de Georges Livanos.*

Nullement rebuté par cette quatrième défaite, je décide l'attaque d'une "grosse" : l'arête nord-ouest du Rocher des Goudes. Considérée comme l'une des deux ou trois voies les plus difficiles des Calanques, elle avait été gravie une seule fois. Son principal obstacle, un surplomb important, eut de fâcheuses répercussions sur mon compagnon. Je pris la tête, décidé à passer coûte que coûte. Le vent soufflait en tempête, m'empêchant de communiquer avec le second pour nos laborieuses manœuvres. Les cordes, mal mousquetonnées, ne venaient pas, mais je parvins, après une inoubliable bagarre, à une petite niche au-dessus du surplomb. J'étais épuisé... et fou de joie !

Cette escalade me valut les félicitations de Robert Tanner, vainqueur de cette arête et "grimpeur n° 1" des Calanques. J'en fus très fier, car Tanner était l'objet de toute mon admiration. J'enviais sa virtuosité, j'aurais aimé, orgueil enfantin, être le "grimpeur n° 1 des Calanques" ; je le suis devenu parce qu'il s'est arrêté de grimper.

* Georges Livanos. *Au delà de la Verticale.*

GEORGES ALBERT ET GISÈLE

L'attrait qu'exerce le Rocher des Goudes est loin d'être épuisé. Entre l'itinéraire de Barrin et l'arête nord-ouest, la face nord est assez large pour accepter un autre itinéraire. Celui de Barrin est à la fois astucieux et naturel, mais une possibilité, promettant de devenir également une belle classique, existe à gauche de l'arête nord-ouest. Sous la Corniche Verte, une coulée d'aragonite dessine une ligne logique bien que problématique. Au-dessus de la Corniche Verte, un puits vertical offre une continuation possible jusqu'à la Vire Barrin. Celle-ci n'est pas d'un parcours aussi aisé que la Corniche Verte. Décalée vers l'est par rapport au puits vertical, une remarquable rampe oblique raie le mur terminal, offrant la seule ligne de faiblesse évidente entre la cheminée de la Barrin et le spigolo nord-ouest. L'ensemble forme un bel itinéraire aussi logique que celui de la Barrin. Soixante-dix ans après, ce sont les deux seules classiques de la face nord.

L'Occidentale, puisque c'est son nom, est gravie par le docteur Albert et sa femme. Gisèle et Georges Albert forment un des couples très "sesto" de l'époque, aux côtés du couple Tanner ; fait notoire, car, à cette époque, très peu de femmes grimpent. Albert est un personnage. Plus âgé que les "tigres" et moins fort en escalade libre, il compense ces handicaps par une superbe technique en artif, une aptitude remarquable à repérer les plus belles lignes et l'esprit d'entreprise pour les réaliser.

44- Georges Albert 1940.

Georges Albert a de nombreuses cordes à son arc. C'est un manuel adroit. En artif, il est le roi du bricolage. Il forge ses pitons et, ce qui est beaucoup plus rare, il fabrique lui-même ses mousquetons. Selon Georges Livanos, ils étaient mieux faits que ceux vendus dans le commerce. Albert possédait une collection unique de micro-pitons qui lui permettaient bien souvent de remplacer du libre extrême par de l'artif extrême. Il est aussi l'inventeur de la chignole, ancêtre de nos modernes perceuses, qu'il utilisera à deux reprises, à l'Os et à Bartagne.

Si l'on devait définir le Dr Albert, on pourrait dire qu'il est l'archétype du grimpeur épicurien. Une voie dure se réalisait rarement en une seule séance. Albert, accompagné de Gisèle ou de Coudray le plus souvent, agrémentait ces séances de pitonnage, de repas gastronomiques hissés en pleine paroi. Selon une anecdote, il aurait pesté dans une voie dure, car le repas était arrivé sans huile ni vinaigre !

Parmi ses dons multiples, il faut citer des compétences et une passion pour la topographie. Sa carrière de grimpeur terminée, Albert se consacra à l'élaboration d'une carte des Calanques. Cette carte, ainsi qu'un travail qu'il avait préparé sur l'histoire de l'escalade provençale, n'ont hélas jamais été publiés. Ajoutons que le Dr Albert était un praticien estimé. À de nombreuses reprises, m'a affirmé André Coudray, il a soigné des résistants pendant la guerre. La mécanique, l'escalade, la topographie, autant de violons d'Ingres qui auraient pu remplir une existence. Albert avait également une passion pour la pêche qui, couplée avec sa vision hédoniste de l'escalade, lui avait valu le surnom de "grimpeur pescadou". Le cabanon qu'il possédait aux Goudes, était un camp de base idéal pour ces deux activités. Lorsque l'envie le tenaillait de manière trop pressante, il fermait son cabinet et partait pour une campagne de grimpe ou de pêche.

De 1940 à 1942, le couple Albert se consacre essentiellement aux Goudes. On lui doit une trentaine de premières dont certaines figurent parmi les plus belles classiques des Calanques : Ermite, la GGA, l'Occidentale, l'Os et la Faucille demeurent parmi mes favorites, tous secteurs confondus. Si Georges Albert est "le roi du bricolage", Gisèle est une très bonne grimpeuse de libre, dans lequel elle prend souvent la tête de la cordée.

Albert est un personnage convivial, et son cabanon ouvert aux amis. Une année, il héberge pendant un mois un jeune grimpeur : Georges Livanos. L'association du vieux renard et du jeune tigre est explosive ; les premières tombent comme des fruits mûrs : les Trois Rappels, avec Gisèle, puis le Toit du Mitan, la Super-Barrin et l'Orientale en face nord des Goudes, le Dièdre Noir et la Bouffigue au Rocher Saint-Michel, toutes des voies extrêmes.

Lors de la réalisation d'une de ces premières, un "dandy", accompagné de deux belles, les interpella, sans doute pour briller aux yeux de ces dames. Les malheureux essuyèrent une pluie de jurons sédatifs pour le prix du dérangement. L'infortuné galant gémit à l'une de ses compagnes :

- Blanche, Blanche, bouchez-vous les oreilles !

Et de la paroi, vint le conseil suivant :

- Blanche, Blanche, bouche-toi le c... !

Albert a grimpé partout, en particulier dans la partie la plus sauvage des Calanques, qui s'étend du Val Vierge à l'Eissadon. Lors du premier parcours du versant est de la Candelle, en compagnie de Joubard et Bouisson, Albert n'avait pu s'empêcher de remarquer la grande arête qui, prenant sa racine dans le Val Vierge, conduit sans discontinuité au sommet.

L'Arête de Cassis est la plus longue voie des Calanques. Même si le rocher est moins sain que dans sa rivale, l'Arête de Marseille, il est tout de même moins mauvais que ce qu'on veut bien le dire ; les coups d'œil sur le Val Vierge sont splendides et, de toutes façons, ce n'est pas tous les jours qu'on a l'occasion de gravir 300 mètres d'escalade non-stop dans le massif !

À l'autre extrémité du "wilderness" calanquais, l'Éperon ouest de l'Eissadon, autre création "GGA" (Gisèle et Georges Albert), est devenu la classique du lieu. Au Devenson, la Directe du Baou Rouge est encore une voie Albert chargée de superlatifs ; elle attendra un quart de siècle une rivale (la Coryphène).

1942 semble être une année charnière. Pour finir, le couple réalise le 2e parcours de la voie la plus redoutée des Calanques : la Paroi Jaune. Robert Tanner lui-même, considère qu'avec cette voie, une étape est franchie. Avec la modestie qui le caractérise, Robert ne mentionne même pas, dans l'article publié dans la revue *Les Alpes*, qu'il en est l'auteur. Gisèle et Georges Albert la gravissent en vingt heures, temps légèrement plus long que celui des premiers. Performance remarquable, si l'on considère que passer après Livanos et Tanner dans les Calanques, c'est un peu comme passer après Carlesso et Vinatzer, ou Comici et Soldà dans les Dolomites !

Par la suite, Gisèle disparaît progressivement de la chronique alpine. Les compagnons de cordée favoris du Dr Albert sont "Jo" Bouisson, Jean Meunier et André Coudray. Jean Meunier, auteur d'un premier tracé direct à la face sud de la Candelle, avec Rostand, est un bon grimpeur. Il partage avec

Albert un penchant pour le Socle, où ils ont aménagé un confortable bivouac : "l'Igloo". Leurs créations communes, les Plaques Grises, les Tours et le Couloir du Milieu, sont destinées à devenir des classiques, tout comme le Temple, que Meunier ouvre avec le Grec. Coudray et Albert ouvrent au Socle la Grande Tour de la Lecque. Non loin de là, ils tracent un itinéraire de tout premier ordre sur la Cathédrale, avec Georges Livanos.

À Bartagne Tanner, Livanos et Rébuffat ont laissé leur marque. Albert et Coudray ont repéré une suite de fissures surplombantes qu'ils baptisent le Super Z.

Grimper à Bartagne est une véritable expédition. De Marseille, le train conduit à Aubagne, d'où l'on prend le bus pour Gémenos et, si l'on est chanceux, la correspondance pour le Plan d'Aups. Pour le Super Z, les deux compères ont enfoui la centaine de pitons prévus dans une banaste de pêcheurs que Coudray tend, d'un air dégagé, au chauffeur du bus, pour qu'il la place dans le coffre. En toute innocence, le brave homme la saisit, persuadé qu'elle ne contient que des provisions de bouche. L'instant suivant, il reçut un quart de quintal à bout de bras, s'attendant à soulever un pique-nique ; la banaste ne fit qu'y transiter pour atterrir sur l'extrémité de ses orteils !

Coudray souligne que pour le Super-Z, Albert et lui *avaient le sternum bardé de quincaillerie,* quincaillerie bien utile pour le passage clé, surnommé "le Nichon" ! À l'extrémité occidentale de la paroi, l'arête de la Glacière contribue fortement à conférer à Bartagne cette allure de *faux pic aux airs parfois cervinesques* dont parle Georges Livanos. Explorée au début du siècle, en rappel, par Jorio, elle est gravie la même année que l'Arête de Marseille. C'est un bel itinéraire, de difficulté modérée à l'exception d'un bref passage délicat, mais il n'a d'arête que le nom, car il emprunte le versant méridional du Pic, bien à droite du fil.

C'est à Coudray et Albert que revient le parcours intégral, suivant le fil même de l'arête. Si je mentionne cet itinéraire, qui n'apporte rien de nouveau, en terme de difficulté, c'est parce qu'il est le théâtre d'un petit "sacrilège". Pour franchir une dalle lisse, Albert a foré un petit trou à la chignole, procédé qui soulève certaines réticences ! Albert l'avait déjà employé à la voie de l'Os, et la cordée Tramier-Joubard à la Tête du Trou du Chat. Trois trous en six ans, ce n'est pas excessif, (après tout, cela ne représente qu'un demi-trou par an), le procédé n'ayant jamais rencontré l'assentiment des escaladeurs !

Même si des grimpeurs comme Livanos, Rébuffat ou Tanner s'en seraient dispensés, gardons-nous cependant, de jeter l'anathème sur Albert. Sans remonter à l'initiative des frères Maquignaz à la Dent du Géant, Albert a de brillants ancêtres : Nino Oppio, solide dolomitard, trace au Sasso Cavallo, une voie extrême qui lui demande cinq jours, 250 pitons et... 5 golots (!) pour 400 mètres de dénivelé. *

*Georges Livanos * Cassin. Il était une fois le 6e degré.*

La carrière alpine d'Albert, pas plus que celle de Nino Oppio, ne s'est construite à coups de tamponnoir ! Pendant sa période d'activité maximale, qui coïncide avec la guerre, Albert nous a laissé plus de trente premières d'importance. Personnage généreux et sympathique, Albert a passé les dernières années de sa vie dans son cabanon des Goudes.

ROBERT ET SUZANNE TANNER

La grande muraille du Pic de Bartagne avait révélé un jeune talent : Robert Tanner. D'origine suisse, Tanner occupe une place à part dans le "milieu calanquiste" : celle d'un météore qui a dominé pendant cinq ans la scène de l'escalade provençale, celle d'un grimpeur dont la discrétion et la modestie n'ont d'égales que ses dons légendaires. Ses amis, Gaston Rébuffat et Georges Livanos ont veillé à ce qu'il occupe la place qu'il mérite au Panthéon des grimpeurs et Rébuffat n'hésite pas à comparer Tanner à Comici ! Comici, l'esthète, l'artiste, le musicien, que de points communs entre eux !

Georges Livanos traduit sa grande admiration dans les premières pages de *Au delà de la Verticale,* intitulées *Du lycée aux Alpes*. Plus tard, il a écrit ces quelques lignes*:

J'ai connu Robert Tanner en 1937, au lycée. Il était mon aîné ; nous avions deux classes d'écart, mais nous grimpions, et cela les supprimait.

En escalade, les deux classes étaient à multiplier largement : je n'ai jamais vu un grimpeur plus élégant. Et j'en ai connu beaucoup ! Et parmi eux les célébrités mondiales ne manquaient pas.

L'amitié ne pose pas sur mes yeux le bandeau de l'aveugle vénération... il faut savoir se résigner, et j'ai compris qu'en escalade, il y avait les très bons, les meilleurs... et puis Tanner. Avec de simples espadrilles de corde, je ne pense pas qu'il était possible d'aller plus loin que lui. Je me demande d'ailleurs le niveau qu'il aurait pu atteindre en s'astreignant à un entraînement intensif (il ne s'entraînait jamais) avec le complément des chaussons d'escalade actuels. Le VI... X, Y, Z ? Ou aurait-il fallu ajouter de nouvelles lettres à l'alphabet ?

* *Georges Livanos Bulletin CAF Provence 1982.*

Après avoir osé tracer un cheminement dans la muraille vierge de Bartagne, Robert Tanner fait ensuite équipe avec "l'élève" d'Henri Moulin, Gaston Rébuffat. Ils inaugurent leur cordée par l'arête nord-ouest du Rocher des Goudes. À la face nord toute proche, ils tracent la Directissime de la Barrin.

À partir de 1940, Suzanne Dijon les accompagne : aux Goudes ils ouvrent un itinéraire élégant en face nord des Lames, puis avec le renfort de Charles Magol, ils tracent la Voie du Pin. 1940 est l'année où Suzanne Dijon et Robert Tanner font cordée ensemble et ne se quittent plus : mademoiselle Dijon ne tardera pas à devenir Madame Tanner. Cette forme inusitée "d'accident de montagne" (Georges Livanos) n'affecte en rien le couple qui repart de plus belle. Après une belle petite classique à Sormiou, le Couloir Tanner, la cordée jette son dévolu sur Bartagne, au point d'en faire son terrain de prédilection.

45- Pilier de Bartagne
Claude Cassin
Gaston Rébuffat.

Si la première de la paroi, à la barbe des plus fortes cordées marseillaises, avait été un coup d'éclat, s'écarter de la ligne relativement rassurante du Jardin Suspendu relevait d'une audace encore plus grande. Dans les années quarante, tracer un itinéraire à Bartagne est une véritable consécration.

Au mois d'octobre 1940, la cordée Tanner trace la Directe, qui suit la ligne des fissures verticales bordant à gauche le Grand Pilier. À mi-hauteur, se dessine une fissure surplombante qu'il faut prendre en Dülfer, la Fissure Tanner : du six qui posera problème à nombre de répétiteurs. En 1969, Michel Tanner et moi redonnerons à ce beau passage, son cachet d'origine, en la débarrassant d'un nombre incongru de coins de bois.

Moins impressionnante et moins artificielle que le Grand Pilier, la Directe est devenue plus rapidement classique, mais dès le 3e parcours, une variante en artif permet d'éviter le passage clé. L'aura de la Fissure Tanner et de son auteur est telle qu'il faut attendre près de dix ans - une cordée conduite par Jacques Poincenot - pour que l'itinéraire original soit repris. Deux ans plus tard, Robert et Suzanne réalisent le second parcours de la Directe en compagnie de Livanos et de Coudray. Sans préparation préalable, le bivouac a lieu à trente mètres sous la sortie, au seul endroit où il présente un certain confort, derrière une grosse écaille formant gendarme.

Une cordée brigue leur itinéraire. Une reconnaissance leur ôte tout souci : Rébuffat faisant cordée avec Jo Bouisson, tente le Z. Ils devront s'accommoder de la concurrence de l'équipe des AJ. (Auberge de jeunesse). Issue des mouvements sociaux de juin 1936, cette équipe recèle d'excellents grimpeurs comme Jean Stricher qui se tuera aux Bans et Georges Tramier.

Au Z, la collaboration entre l'équipe Rébuffat-Bouisson et celle des AJ fonctionne ; Tramier s'adjuge la traversée-clé à mi-hauteur, car il est le plus léger.

L'itinéraire est achevé au mois de janvier 1941. Le Z demeure l'une des voies les plus variées du Pic. Véritable axe de symétrie de la muraille, le Grand Pilier est le Nez* du Pic de Bartagne. Surplombant dans sa partie supérieure, il plonge d'un seul jet de cent cinquante mètres dans le maquis de chênes situé à sa base. Le rocher gris bleuté, compact, vertical, est strié de fines fissures superficielles, qui laissent espérer une progression... jusqu'à mi-hauteur, où se pose un gigantesque point d'interrogation. Une longue diagonale conduit aux fissures du tiers supérieur du Pilier, mais celles-ci surplombent, pour s'achever sous un toit qu'il semble difficile de passer autrement qu'en escalade libre ! Seule la Paroi Jaune peut prétendre à un niveau semblable, de difficulté mais le Pilier est deux fois plus long ! Le Grand Pilier propose un défi unique en Provence... et sans doute en France.

** Allusion à la structure la plus marquante du Capitan.*

À l'époque des timides débuts de l'escalade artificielle en nos régions, seul un grimpeur d'une audace exceptionnelle et d'une habileté extraordinaire pouvait oser l'imaginer puis le tenter. Robert Tanner possédait ces dons (ainsi que celui de ne pas apprécier mon style lorsque je parle de lui en ces termes).

À l'automne, le pilier central de la muraille cédait devant Tanner et Suzanne sa femme. Le poids total de la cordée ne dépassait pas le quintal, mais son audace se mesurait en tonnes. De nombreuses tentatives et une centaine de pitons furent nécessaires. *

** Georges Livanos. Au delà de la Verticale.*

Michel Tanner rejoint notre groupe aux Excurs à l'automne 1968 et la première question qu'on lui posa fut : "*C'est vrai que tes parents ne dépassaient pas le quintal à tous les deux ?*" Oui, la réalité collait à la légende.

On pourrait s'étonner de l'emploi de méthodes et d'un matériel considérable pour une paroi *d'à peine cent cinquante mètres*. Robert m'a raconté qu'en raison des pénuries dues à la guerre, Suzanne et lui ne disposaient pas de cordes en chanvre, mais en manille. L'emploi de ces cordes, dont la qualité ne devait pas être de premier choix, faillit lui être fatale. Dans la Diagonale, alors qu'il bataillait sur de mauvais pitons, l'un d'eux céda. Sachant qu'il en avait de solides en dessous, Robert ne s'inquiéta pas outre mesure. À son vif étonnement, la chute durait plus que de raison. Une violente douleur à la taille lui indiqua qu'elle avait cessé... au bout de trente mètres ! Suzanne et lui comprirent rapidement ce qui s'était produit : l'une des cordes avait cédé au premier choc. L'autre, mousquetonnée aux plus mauvais pitons, avait finalement tenu, lorsqu'un des pitons, placé au-dessus du relais, avait enrayé la chute. Ce que le grimpeur actuel, encordé sur une onze millimètres en nylon, aura du mal à concevoir.

On aura également du mal à comprendre que Robert ait éprouvé le besoin de s'encorder sur une troisième corde, pour la dernière étape, celle du surplomb. À cette époque, la norme était de passer la corde en chanvre (ou en manille) dans un mousqueton, le luxe étant d'en employer deux. Imaginez le tirage à la fin d'une grande longueur d'artif ou de mixte, vous qui êtes habitués aux dégaines et autres sangles... Robert, complètement bloqué sous le surplomb final, réussit à se décorder et franchir le passage en libre, assuré seulement par la corde de tirage.

Après la cheminée du Jardin et la fissure en Dülfer de la Directe, le surplomb Tanner du Pilier était destiné à compléter la trilogie, fournissant pour les cordées à venir, un palpitant morceau de bravoure. Surnommé "la Walker marseillaise", le Grand Pilier est la voie la plus sérieuse de Provence, et elle le restera pendant un certain nombre d'années. Marseille ne manque pas de bons grimpeurs, mais le Pilier est d'une classe à part. Le seul capable de rééditer l'exploit de Tanner est évidemment Georges Livanos. Rébuffat ayant émigré à Chamonix, la fructueuse coopération qui avait permis la Centrale et la Super-Occidentale n'est plus possible. C'est Henri Joubard qui accompagne le Grec pour la seconde du Pilier :

46- Magol, Tanner, Duchier, Aimée Duchier Suzanne Tanner, de gauche à droite.

Avant d'aller aux Camps de Jeunesse (ersatz d'armée aux temps des ersatz), je voulais faire le Pilier de Bartagne, et le faire en une séance, avec un ou deux bivouacs, le nombre importait peu. À quelques jours du départ, ayant réuni le matériel et trouvé un compagnon, je repris le chemin du pic. La marche d'approche fut abominable et sherpasienne. Nous transportions un véritable magasin d'articles de sport... C'était le style américain, le Pilier s'écroulait sous le poids du matériel, à moins que nous ne nous écroulions nous-mêmes avant d'en atteindre la base.

L'après-midi, Georges et Joubard équipent les premiers passages. Tanner avait réalisé le Pilier en plusieurs séances. Pour Livanos, vouloir égaler ses modèles cela veut dire essayer de faire mieux. Naturellement, l'étape suivante est d'essayer de gravir le Pilier en une seule traite. Décrivant le passage clé, Georges écrit : *

*Georges Livanos * Au-delà de la Verticale.*

À mi-hauteur se trouve une dalle très lisse. On pouvait alors y planter un seul piton et il pénétrait de quatre (je dis bien quatre) millimètres. Tanner m'avait donné le piton spécial utilisé à la première, mais malgré tout le fétichisme que je lui attribuais, je n'étais pas vraiment tranquille en montant sur l'étrier.

Lorsque je gravis pour la première fois le Pilier avec Michel Charles, au mois de juin 1968, ce passage figurait au premier rang de mes angoisses. Il était toujours coté A4 et jouissait encore d'une solide réputation. Lorsque Michel parvint à l'endroit mythique, où Tanner, puis le Grec avaient pitonné vingt-sept ans plus tôt, il découvrit un trou infâme, plus large que profond.

On y logerait aujourd'hui un plomb de pêche (procédé expérimenté dès 1972 à la Castapiagne Rouge par Tanner junior). Sa technique et sa taille (notoires toutes les deux), lui permirent d'atteindre un bon clou fiché dans le début de la Diagonale.

Trente mètres plus haut eut lieu le bivouac. Dans la nuit, un vent violent se leva, me remplissant d'inquiétude pour le lendemain. Il restait à surmonter le passage le plus difficile, un toit en escalade libre à la fin d'une dure étape artificielle extrêmement exposée. Je n'en avais jamais franchi d'aussi ardu, mais le désir de réussir ce Pilier m'aurait fait faire bien autre chose. Et le passage s'effectua sans incident. Le Pilier marquait la fin d'une époque de ma vie de grimpeur. C'était la "course" (si j'ose employer ce mot pour une escalade d'école) la plus considérable de Provence, le dernier stade avant les entreprises alpines.

Peu après le Pilier, Robert émigre en Suisse où il subsiste en jouant dans un orchestre. Suzanne le rejoint, et tous deux s'installent à Lausanne jusqu'à la fin du conflit mondial.

De retour à Marseille, la musique domine dès lors son existence. Il entre au CNRS, devient maître de recherches, et élabore une théorie scientifique concernant la musique.

Robert Tanner était avant tout un artiste ; la notion d'art a marqué tous les actes de sa vie, celle d'un musicien, car il n'a été grimpeur qu'en passion secondaire. (Georges Livanos)

GASTON RÉBUFFAT

Avant d'accomplir l'une des carrières alpines les plus éclatantes, Rébuffat a été un des grands grimpeurs des Calanques. Ironiquement, sa carrière de "calanquiste" est aussi brève que celle de Tanner, même s'il n'a jamais cessé de les fréquenter. Tous deux sont nés en 1921 et ont cessé de jouer un rôle de premier plan dans les Calanques en 1941.

Rébuffat doit son succès à *une volonté aussi opiniâtre qu'une fourmi, un esprit de décision napoléonien, ainsi qu'à une intelligence intuitive d'une rare justesse de vue. Mises au service d'un grand enthousiasme alpin, en dépit de dons physiques limités, ces qualités en ont fait un alpiniste d'exception et le plus grand guide de son temps.* *

Son amour pour la nature conduit rapidement le jeune Rébuffat, qui fréquente l'Œuvre Allemand, une association religieuse et sportive, vers les Calanques. À l'âge de seize ans, il s'inscrit au Club Alpin, où, très vite, il est

* *Lionel Terray Les Conquérants de l'inutile.*

parrainé par son "grand frère de la montagne", Henri Moulin. Son inscription coïncide avec celle de Gabriel Ollive, Georges Livanos, Marcel Forestier, Henri Joubard, Albert Ouannon "Pépé" et d'une jeune femme, Suzanne Puget qui deviendra Suzy Péguy. Avec Moulin, son aîné de huit ans, Rébuffat découvre aussi la haute montagne : *En ces mêmes jours d'août 1938, j'eus la chance d'aller pour la première fois en haute montagne et je fus trop heureux de fêter mes dix-sept ans aux Écrins et à la Meije, pour désirer autre chose,* confie-t-il dans Étoiles et Tempêtes.

En 1939, avec Tanner, ils écrivent une page de l'histoire des Calanques à l'arête nord-ouest du Rocher des Goudes. En 1940, à la Super-Occidentale, avec Livanos, il franchit encore un pas. Cette année-là, le succès l'attend aussi à En Vau, sous la forme de deux futures classiques : le Pouce Intégral, avec Joubard, et surtout, la ligne la plus esthétique de la calanque, la Super-Sirène, avec "Toto" Guérin. Cette dernière deviendra le "must" pour les forts grimpeurs des années soixante. Sa beauté lui vaudra un succès mérité, les pitonnages successifs permettant de passer en libre en se servant des trous de pitons.

Mais c'est l'année 1941 qui représente sa plus belle année. En quelques mois - en août, il est admis comme moniteur à Jeunesse et Montagne - il réalise une demi-douzaine de premières, toutes d'une centaine de mètres de hauteur. Avec son compagnon du Couloir de l'Est à la Candelle, "Jo" Bouisson, c'est l'exploration du Z de Bartagne. Au printemps, Rébuffat et Georges Livanos font cordée ensemble. Dans le massif de Marseilleveyre, ils ouvrent deux ED : la Mitre puis, aux Goudes, une voie qui, sans être aussi soutenue que la Paroi Jaune, s'en approche en difficulté : la Super-Occidentale. Puis Rébuffat et Livanos émigrent à la Grande Candelle. Après les "Cheminées Tubulaires", c'est la Centrale. Chacun nous a laissé un récit de cette "brûlante" aventure : *

*Gaston Rébuffat. * Calanques, Sainte Beaume, Sainte-Victoire.*

J'avais fait deux tentatives avec Joseph Bouisson, le compagnon du Couloir de l'Est et du Z à Bartagne, mais Jo, comme nous l'appelions, ne voulait pas retourner à la Centrale, trop dure, trop surplombante. Il me restait peu de temps avant de partir à Jeunesse et Montagne ; c'était en 1941, et je savais très bien que, dans l'avenir, je resterai à Chamonix pour devenir guide.

À la Pentecôte, ayant trois jours de liberté, je repartis vers la face S avec deux armes absolues qui devaient me permettre sans le moindre doute de franchir le surplomb : une chignole, conseillée et prêtée par Georges Albert, et un compagnon, Georges Livanos, qui, quelques mois auparavant, avait gravi la Paroi Jaune - paroi tout en surplomb avec un pitonnage raffiné - et avec qui, aux Goudes, à Marseilleveyre, à la Callot, j'avais partagé des moments d'une belle intensité dans d'autres premières.

Cependant, ni la chignole - emportée pour la première et dernière fois - ni Georges, ni moi, n'eûmes raison du surplomb. C'est par une traversée très belle, difficile, aérienne..., et une cheminée surplombante que l'escalade se termina, au soir du troisième jour, après deux bivouacs au pied de la voie, une descente de nuit, avec des cordes de rappel trop courtes sur des dalles trop longues, et le lendemain une soif à mourir le long de cette fournaise verticale.

Le Grec décrit, avec son humour habituel, cette épopée : *

* Georges Livanos.

À la même époque, un autre fanatique consacrait aux Calanques tous ses instants de liberté : Gaston Rébuffat. Après la Paroi Jaune, il vient me parler d'une voie qu'il a tentée en vain. Nous convenons d'y aller pour la Pentecôte, munis du matériel le plus raffiné en vue d'un surplomb qui jusqu'ici a eu le dernier mot.

Le samedi après-midi, nous "préparons" les quarante premiers mètres. Le soir, bivouac au pied de la voie dans notre équipement habituel, composé principalement (Pierre Allain va frémir) de sacs de pommes de terre. Le dimanche, pendant des heures et des heures, sous le soleil implacable de cette première journée de juin, fissures et surplombs se succèdent avec leur accompagnement de pitonnage et de dépitonnage, jusqu'à vingt-cinq mètres du sommet. Là, au bout d'une rangée de pitons c'est la panne.

Mais nous avions l'arme secrète, une chignole spéciale dont nous attendions des miracles. On pardonnera à notre jeunesse un tel errement. Ce travail profanatoire menace de se prolonger beaucoup trop. Rébuffat y renonce. {...} Ainsi, non contents de faire de la gymnastique sur les murs de la cathédrale, même s'il ne s'agissait que d'une petite chapelle, nous en saccagions les sculptures.

L'essai de sortie directe leur a fait perdre beaucoup de temps, et la nuit les surprend.

Le dernier rappel, long de quarante mètres, n'aurait rien de particulier si nos cordes en mesuraient autant et si une obscurité totale ne venait corser la situation. Dans le noir, nous nous livrons à des acrobaties variées : pendules, relais sur des pitons placés au jugé... Et après une séance de quatorze heures nous retrouvons nos sacs de pommes de terre !

Le lendemain, ils parviennent sous les surplombs atteints la veille, non sans avoir eu à replanter tous les pitons par une épouvantable canicule. La directe est abandonnée au profit d'une traversée à gauche fort peu évidente :

47- Gaston Rébuffat
Surplomb des Lames.

La sortie par la vire est très exposée et une corde coincée m'oblige à faire un relais au dessus d'un vide impressionnant. Rébuffat, peu rassuré, me double, accroché par les mains à mes épaules. Le vainqueur de la Paroi Jaune joue les blasés... sans quitter les pitons du regard cependant ! Un dernier dièdre surplombant nous amène au sommet à la douzième heure d'escalade.

La Centrale est le plus long 6e degré des Calanques et la voie royale pour atteindre la Grande Candelle. À mon sens, même les itinéraires récents, ouverts avec des spits - et donc artificiels - ne peuvent rivaliser avec sa perfection esthétique. Avec la Centrale, Rébuffat clôt sa période de pionnier des Calanques sur un chef-d'œuvre. À l'automne 1942, il revient dans les Calanques pour les faire découvrir à son ami Lionel Terray. *

Lionel Terray. * *Les Conquérants de l'inutile.*

Chaque matin, nous partions escalader quelques unes des élégantes aiguilles blanches et des imposantes falaises qui, aux portes mêmes de la cité, permettent des ascensions en miniature, souvent d'une difficulté extrême.

Depuis trois jours nous poursuivions ce jeu sympathique, lorsque nous attaquâmes un itinéraire appelé "La Bouffigue". La paroi était verticale, et je me trouvais en tête de cordée à quelque 60 mètres de hauteur. Brusquement, le piton auquel je me tenais se descella et, avant d'avoir eu le temps de comprendre quoi que ce soit, je me trouvais en plein vide, la tête en bas. Le second piton se trouvant à 4 ou 5 mètres au-dessous de moi, s'arracha sous le choc sans même ralentir ma chute. Voyant le sol se rapprocher à une vitesse vertigineuse, je crus que mes deux cordes s'étaient rompues et que j'allais m'écraser au pied de la falaise.

Ce n'est que plus tard que je me rendis compte qu'il s'en était fallu d'un cheveu que je passe de vie à trépas. L'une des cordes de chanvre s'était rompue et le mousqueton, d'un métal trop doux, s'était largement ouvert. Si la corde restée intacte n'avait pas été arrêtée par l'encoche où se place la tête du doigt de fermeture, j'étais mort !

Terray, l'un des premiers "visiteurs illustres" à grimper dans les Calanques, n'est pas, au fait de toutes les finesses de l'escalade calcaire ; mais c'est surtout la défaillance du matériel qui est la cause de l'accident. Ce n'est qu'avec la venue des cordes en nylon, au début des années cinquante, que ce type de chute cessera de présenter l'éventualité d'une issue fatale.

48- **Gaston Rébuffat**
Surplomb des Lames.

En 1942, muni d'une dispense d'âge, Rébuffat passe son brevet de guide et s'installe à Chamonix et peut enfin envisager la réalisation de son rêve : la première répétition de l'éperon Walker à la face nord des Grandes Jorasses. *

Gaston Rébuffat * *ouvrage précité.*

À l'automne et au printemps, je retournais m'entraîner dans les Calanques. Cassin et ses compagnons avaient réussi là où d'autres avaient échoué, parce qu'ils connaissaient la technique de l'escalade artificielle. Quand une dalle est sans la moindre prise, quand un surplomb est trop surplombant (comme c'est souvent le cas à l'éperon nord de la Pointe Walker), l'alpiniste peut les gravir grâce aux procédés dits artificiels : avec des pitons. Les Italiens avaient découvert cette technique dans les Dolomites ; comme beaucoup de Français, je l'appris sur les hautes falaises entre Marseille et Cassis.

Et c'est donc à deux enfants des Calanques, Rébuffat et Frendo, que revient le privilège de répéter l'ascension de la face nord la plus convoitée de l'arc alpin. Dans les dix années qui suivent, Rébuffat s'affirme comme l'un des plus grands alpinistes et "le plus grand guide de son temps", répétant en professionnel les grandes faces nord des Alpes : Eiger, Badile, Jorasses...

Deux ans après la conquête de l'Annapurna, Rébuffat réussit l'une des plus remarquables saisons de toute l'histoire de l'alpinisme, peut-être même la plus belle. Ayant eu la chance de trouver "le client" capable de réussir les plus grandes courses, il fit, entre autres, une nouvelle ascension de l'éperon nord de la pointe Walker (devenant ainsi le premier à réussir deux fois la fameuse muraille et le seul guide, à ce jour, à l'avoir effectué à titre professionnel), puis quelques semaines plus tard, malgré une violente tempête qui rendit la fin de l'ascension dramatique, il mena à bien la septième ascension de la face nord de l'Eiger.

Ce double succès faisait de Paul Habran et lui, les premiers hommes à avoir vaincu les deux plus grandes parois des Alpes au cours d'une même saison. *

* *Lionel. Terray ouvrage précité.*

En 1950, Gaston Rébuffat est sélectionné pour l'expédition française à l'Annapurna. Ce n'est pas une expérience heureuse - pour ne pas dire une profonde déception - bien qu'il ait joué un rôle déterminant dans la survie d'Herzog et de Lachenal. Ne pouvant m'étendre sur le sujet, je suggère la lecture de "Une affaire de cordée" de Dave Roberts chez Guérin. Il ne repartira jamais en expédition, pratiquera un alpinisme moins extrême, mais n'abandonnera pas pour autant les grandes courses dont le piler Bonatti aux Drus, alors la course de rocher la plus respectée du massif.

49- Lionel Terray au Rocher des Goudes.

Comment comprendre l'héritage de Gaston Rébuffat sans évoquer son œuvre littéraire et cinématographique : *Les Horizons Gagnés, À la Rencontre du Soleil,* où il rend hommage aux Calanques. Dans ces ouvrages, il exprime avec émotion son amour pour "ces horizons qui se méritent", et n'usurpe pas sa réputation de chantre et de poète de la Montagne.

De plus, l'œuvre littéraire de Rébuffat a toujours été merveilleusement mise en valeur grâce au concours de photographes hors pairs : Tairraz à Chamonix et Gabriel Ollive, l'ami de toujours, à Marseille. Dès 1949, Rébuffat et Ollive ont publié *Calanques*, ouvrage réédité une seule fois en 1957. Gabriel Ollive, alpiniste lui-même, exprime avec une maîtrise impressionnante toute la richesse de la lumière des Calanques. Très tôt attiré par le dessin, Gabriel découvre sa vocation de photographe de montagne aux Excurs Marseillais où le groupe photo fait des expositions annuelles.

Lors du tournage de l'émission *À la rencontre du soleil*, Gaston Rébuffat fait connaissance de Claude Cassin. Le tournage terminé, tous deux escaladent "pour le plaisir". Le vent "souffle au libre", et Claude, qui est aussi l'un des grimpeurs les plus doués de la jeune génération, suggère à Rébuffat "de s'y prendre autrement et de passer sans recourir à certains pitons." D'abord un peu surpris, et même légèrement irrité, Rébuffat se prend au jeu. Très rapidement, naissent une estime et une amitié mutuelles qui ne devaient pas cesser.

50- Gaston Rébuffat.

Ensemble, ils "redécouvrent" les voies que Gaston avaient ouvertes trente ans auparavant, puis Claude lui en fait découvrir de nouvelles. L'harmonie dans la cordée est telle que Rébuffat, qui a gardé l'enthousiasme d'un adolescent, suggère à Claude d'élargir leur horizon. C'est ainsi qu'à 54 ans, il gravit le Pilier Central du Fréney, dont Claude a réalisé quelques années auparavant le 7e parcours avec Joël Coqueugniot. Gaston Rébuffat était tout cela. Ces quelques lignes de Mireille Cassin sont un hommage simple à la grande figure de la montagne, et à l'homme, qu'il était :

Il n'était pas un héros et ne se considérait pas comme tel. Dans une de ses dernières interviews, il mettait les choses au point quant au mythe de l'alpiniste surhomme et revendiquait le droit à l'erreur aussi bien pour le débutant que pour l'alpiniste chevronné. Très secret, il ne se livrait pas facilement. S'il avait beaucoup de relations, il avait peu d'amis, car l'amitié représentait pour lui un engagement.

On ne sait ce qui était le plus attachant en lui : sa simplicité foncière, sa gentillesse, sa droiture ? Peut-être sa faculté de se remettre en question.

GEORGES LIVANOS

Les années 1940 et 1941 sont considérées comme la période d'épanouissement de l'escalade aux moyens artificiels. Le libre, nous l'avons vu, ne se porte pas mal non plus :

Si depuis les progrès ont été faibles, c'est parce que dès 1941, les ressources du fer, du bois et de la corde avaient presque été épuisées.

Pour Livanos, c'est le début d'un règne incontesté de plus d'un quart de siècle dans les Calanques, et d'une activité alpine s'étendant sur une quarantaine d'années. Cependant, ce ne sont pas les Calanques mais le Rocher des Gaillands qui abrite les premiers pas de grimpeur du jeune Georges Livanos.

En effet, chaque année ses parents passent un mois d'été en montagne "pour que le petit profite du bon air". Lors des étés 1937 et 1938, Chamonix est choisi comme lieu de villégiature. L'important ne fut pas que le jeune Livanos fasse la connaissance du granit avant celle du calcaire, mais plutôt celle d'une dame qui réside à l'hôtel qu'ont choisi ses parents : la marquise d'Albertas. * *Les d'Albertas sont une vieille famille noble d'Aix-en-Provence et ça rassurait mon père de me confier à la marquise et à ses amis, pour la plupart membres du GHM, initiales qu'il prononçait avec le respect terrifié inspiré par les sectes occultes et qui représentaient, dans son esprit, un label de sécurité. J'avais quinze ans et je suis vite devenu le petit qui levait les pitons.*

* *Georges Livanos. Au delà de la Verticale.*

Rapidement l'adolescent enthousiaste se trouve en tête de cordée. Henri Chopard, se foule le poignet, l'occasion est trop belle, et lorsque la marquise s'aperçoit de la "désobéissance", son jeune protégé termine la longueur. *Elle était un peu inquiète, pas trop cependant, car dans la "bande" tout le monde grimpait plus ou moins en premier et les craintes de mon père faisaient sourire. Ce fut une des plus grandes joies de ma vie.*

Cette période de formation est très riche pour Georges : la marquise fait partie des plus grandes alpinistes de son temps, la virtuosité de Leconte de Poly a déjà été évoquée, mais celle de Moyrand (surnommé le général) ou de Chopard est moins connue.

Ce dernier est, entre autre, l'auteur du 3e parcours de la face ouest du Rocher des Goudes. Le passage clé, que Duchier et Magol avaient gravi en se servant des pitons, est un mur d'une dizaine de mètres, noir et surplombant ; du gros 6a moderne, lorsque l'équipement est en place. On peut imaginer, sans trop de mal, qu'en 1939 il n'était pas surabondant, et le Grec a été témoin de la prouesse discrète de Chopard : adoptant pour l'occasion des poses résolument modernes (les pieds ne touchant plus le rocher), Chopard franchit le passage de façon résolument "dynamique".

Au lycée, Georges fait la connaissance de Maurice Samuel, avec qui il aborde les escalades acrobatiques. D'emblée, le Grec applique l'adage de Mummery, "le vrai alpiniste est celui qui fait des premières" : le Grand Dièdre, le premier itinéraire ouvert à la Paroi Noire, la Rectiligne, et surtout la Directe Saint-Michel ; en prime, ils effectuent la première répétition de l'itinéraire Duchier-Magol au Rocher des Goudes.

Ces voies sont de superbes voies de libre, ouvertes en libre, et la Directe Saint-Michel est la première à contenir un passage de 6 obligatoire, gravi du bas "off course". La traversée à gauche, qui permet de connecter les deux systèmes de fissures, est d'un style dont le Grec va se faire une spécialité : la dalle à grattons, très fine de préférence. (En 1999, elle est toujours cotée 6a, et l'équipement de la FFME est assez judicieux pour que l'on puisse encore goûter aux saveurs du libre)

Malheureusement, le moral par trop fantaisiste de Samuel conduit le Grec à certaines frustrations qu'il surmonte avec la seconde de la redoutable arête nord-ouest du Rocher des Goudes. Réussite qui lui vaut les félicitations, et rapidement l'amitié, de Robert Tanner.

Comme tout jeune grimpeur passionné, audacieux et doué, il parvient rapidement au sommet. L'année 1941 marque le début de "l'ère Livanos" : il n'ouvre pas moins de 24 voies nouvelles et 28 l'année suivante, en compagnie de grimpeurs comme Albert, Duchier, Magol, de la "génération précédente" ; Coudray, Joubard, son second du Grand Pilier, Albert Ouannon, le sympathique "Pépé", esprit fin avec qui Georges partage un goût prononcé pour l'humour, surtout noir ; et enfin Gaston Rébuffat et Robert Tanner.

*Georges Livanos * Revue Vertical.*

Dans un article récent *, le Grec explique leur motivation : *Si la plupart s'amusaient, Rébuffat et moi, avons été les premiers à enchaîner des longueurs du matin au soir. On trouvait que faire le couillon à planter dix pitons par dimanche, ce n'était pas la formule. Nous on voulait devenir des méchants. Il faut reconnaître que nous avons ramené les plus belles pièces ! Lui sur le plan professionnel, comme guide, et moi sur celui des premières.*

L'entente, bâtie sur la camaraderie et une estime mutuelle, est excellente, ce que l'un comme l'autre confirment, mais elle ne dure hélas que quelques mois, car Rébuffat rêve de devenir guide, et quitte Marseille pour Chamonix. Avant de gravir la Centrale en compagnie de Rébuffat, le Grec avait accompli l'escalade artificielle la plus difficile du massif, la Paroi Jaune :

Notre audace augmentait parallèlement à notre savoir. Faire des premières difficiles ou problématiques devint une banalité, et je décidai de tenter une paroi d'aspect manifestement infranchissable. Dans notre massif favori, j'avais remarqué une portion de muraille entièrement surplombante haute de soixante-dix mètres. Mes connaissances livresques me la firent assimiler à la face nord de la Cima Grande, et baptiser la Paroi Jaune en pensant au Spigolo Giallo. Un premier assaut, à la fin de 1939, se solda par un nombre d'heures disproportionné au nombre de mètres gravis.

Un an après, nous disposions de tous les accessoires de la technique dolomitiques : triple corde, étriers à étages multiples, escarpolettes de relais, coins de bois et pitons variés...

Les outils étaient prêts. Malheureusement, le compagnon de mes premières escalades venait de prendre une retraite prématurée, victime d'un accident fatal à beaucoup de grimpeurs : le mariage. Depuis, je sortais tantôt avec l'un, tantôt avec l'autre, sans jamais rencontrer celui qui pourrait être "l'homme de la Paroi Jaune". Mais quelqu'un rêvait aussi de braver l'impossible et me proposa d'unir nos forces : Tanner.

J'avais dix-sept ans, Tanner guère plus, et ces soixante-dix mètres furent aussi décisifs en Provence que la face nord de la Cima Grande l'avait été dans les Dolomites. Avec Tanner, je ne doutais plus du succès. Mon admiration pour lui m'incitant à me surpasser afin de pas faire piètre figure, on ne doutera pas de ce qui suit...

Ce qui suit n'est pas très difficile à deviner : un festival d'artif extrême, une écaille qui menace de se décoller, un relais "foireux" au dessus duquel "Tanner réussit à planter un piton avant l'effondrement de la cordée", bref voici réunis tous les ingrédients nécessaires pour faire de la Paroi Jaune un mythe plutôt qu'une voie d'escalade. Et le Grec de conclure :

Il est facile de déduire des lignes précédentes que les circonstances qui par la suite nous empêchèrent de grimper ensemble sont à considérer comme favorables. Nous avions autant de chances d'aboutir au sommet des plus invraisemblables parois qu'aux cimetières de Chamonix ou de Cortina d'Ampezzo.

51- Georges Livanos.

Ouverte par ses deux représentants les plus habiles, la Paroi Jaune reste pendant plus de vingt ans l'escalade artificielle la plus difficile des Calanques. Aucune escalade en France n'atteignait ce niveau de difficulté technique. Elle est demeurée pendant un demi-siècle un test prisé jusqu'à ce qu'elle soit équipée de scellements à la résine. L'année suivante, Gisèle et Georges Albert la répètent en vingt heures d'escalade. C'est un grand exploit. Le troisième parcours sera, après guerre, le fait de Roger Roullet et de Robert Gabriel.

Bien que l'entente soit parfaite entre Livanos et Tanner, celui-ci a comme partenaire privilégiée sa femme, Suzanne. Aussi, hormis la première répétition de la Directe à Bartagne en deux cordées, les deux hommes n'auront pas l'occasion de donner une suite fructueuse à la Paroi Jaune... et Tanner cessera de grimper l'année suivante. Entre temps, Georges a répété leur itinéraire au Pilier de Bartagne. Le départ de Rébuffat et la retraite de Tanner le privent des compagnons avec lesquels il pouvait aspirer aux plus grandes réussites. Il lui faudra attendre une demi-douzaine d'années pour trouver, en Robert Gabriel et en Sonia, les compagnons capables de le suivre partout.

Avec l'ouverture de voies comme la Centrale, la Paroi Jaune et le Grand Pilier de Bartagne dès 1941, l'escalade en Provence atteint un plafond. Le niveau, qui restera stationnaire pendant dix ans, est identique à celui des sections-clés des grandes voies des Dolomites. La Paroi Jaune peut fort bien soutenir la comparaison avec le Mur Jaune de la Cima Ovest ou celui de la Torre Trieste. Les difficultés du Grand Pilier, entrecoupées de nombreuses longueurs de 5e degré, pourraient donner un aperçu de ce qu'est le Spigolo Cassin à la même Torre Trieste... celui-ci étant quatre fois plus long !

C'est le désir de répéter ces mêmes voies, et de s'attaquer par la suite aux *derniers problèmes des Dolomites*, qui jouera pour Livanos le rôle d'un catalyseur dans les Calanques.

L'ère livanos

Chapitre 5

À PARTIR DE L'ANNÉE 1943, l'activité dans les Calanques diminue considérablement. D'une part, elles sont surveillées par les Allemands - En Vau était minée, à titre d'exemple - d'autre part, le souci majeur des grimpeurs, comme celui de millions d'autres personnes, est d'échapper au STO. De plus, une réelle pénurie règne au sein du milieu. Le Club Alpin, par l'intermédiaire du ministère des Sports du gouvernement de Vichy, perçoit des bons permettant l'achat de matériel, bons dont les grimpeurs doivent bénéficier.

52- Le CAC
Roger Roullet, Robert Gabriel, Georges Livanos.

Ce système est à l'origine de la création du GEP, le Groupe des Escaladeurs Provençaux, qui regroupe la majorité des grimpeurs actifs des Calanques. Des visages nouveaux apparaissent, comblant le vide laissé par le départ de certains acteurs majeurs : Albert et Tanner, cessent progressivement leur activité, Rébuffat, devenu chamoniard, ne fréquente plus les Calanques avec autant d'assiduité. Exit également, le groupe des AJ, décapité par la mort de Stricher.

Roger Duchier est élu à la tête du GEP qui constitue le fer de lance de la Section de Provence du Club Alpin. Ce dernier comprend Charles Magol, Georges Livanos, André Ouannon, Robert Gabriel, Roger Roullet, Gabriel Ollive, Maurice Ramond, Henri Joubard, Roger Laveyssière, Gilbert Estornel, Jo Bouisson, Daflon… Appartenir au GEP, et fournir la preuve que l'on peut grimper en tête de cordée, permet de bénéficier de ces fameux bons qui autorisent l'achat d'espadrilles et de cordes, plus souvent en manille qu'en chanvre. En ces temps de pénurie, les grimpeurs ont l'idée de rechaper la semelle de leurs espadrilles avec du caoutchouc qu'ils sculptent de manière idoine.

Nombre de jeunes gens sains de corps et d'esprit prennent, en cette période troublée, le chemin des Chantiers de Jeunesse, pour éviter une certaine forme de tourisme pratiquée Outre-Rhin, tourisme dont on ne revenait pas forcément intact, et parfois, pas forcément du tout. Le désir d'escalade passe, on s'en doute, après l'instinct de conservation. Avec son ironie cinglante, Georges Livanos évoque cette sinistre période :

L'hiver venu..., je fus sollicité de la plus pressante manière, par le régime nazi, pour participer à quelques travaux en Allemagne. Il était certes flatteur de penser que mon modeste concours se révélait indispensable au triomphe des armes hitlériennes, mais pour honoré que je fusse de cette invitation, je crus devoir la décliner.

En 1945, ma présence aux armées alliées, sur le front de Salon-de-Provence, a largement contribué à leur victoire. En revanche, il m'était difficile de mener simultanément à bien toutes ces tâches écrasantes : vaincre le nazisme, le Japon, et m'entraîner régulièrement.

Sous l'influence du GEP, l'activité des grimpeurs marseillais reprend : il a sa rubrique dans le bulletin du Club Alpin. Signe des temps, les échanges entre grimpeurs venus de diverses "écoles" de l'hexagone se font de moins en moins rares. Les Niçois, emmenés par Gurékian, Franco et Kogan, sont pour ainsi dire des voisins. Mais les Calanques reçoivent également la visite de la célèbre équipe de Bleau. Les "bleausards", dont la faconde n'a rien à envier à celle des méridionaux, arrivent dans le massif avec le sentiment d'appartenir à la meilleure école d'escalade de France. La revue *Alpinisme* * publie un bref compte-rendu :

Alpinisme 1948. *

À la fin de la saison 1947, les Calanques ont reçu la visite de nombreux grimpeurs, en particulier de Mme Claude Kogan, MM. F. Aubert, J. Couzy, R. Ferlet, G. Kogan, K. Gurékian, M. Lenoir, J.-C. Ménégaux, G. Poulet, M. Schatz, ainsi qu'une collective de la section de Paris conduite par notre camarade Maurice Martin.

Reçus très cordialement par le GEP, ..., ils visitèrent cet immense massif qui est sans conteste la plus belle école d'escalade de France, tant par la difficulté technique des itinéraires que par le cadre souvent grandiose dans lequel ils se déroulent. De nombreuses voies de grande difficulté furent parcourues, notamment l'Occidentale, la face ouest et la face nord des Goudes, la Directe St-Michel, l'Envers de la Momie de Sormiou, l'Épaule du Pic de Bartagne.

Au delà de l'amusante et classique émulation entre milieux rivaux, l'échange est loin d'être négatif. Pour les Parisiens, c'est l'occasion de s'initier aux finesses de l'escalade calcaire, indispensables à qui veut entreprendre les grandes courses, celles des Dolomites notamment. Pour les Marseillais, décrits comme des êtres incapables de se déplacer autrement sur un rocher que de piton à piton, c'est l'occasion de découvrir qu'ils ne sont pas si mauvais que cela en escalade libre ! À l'origine de ces rencontres, les "breaks" imposés par la météo chamoniarde.

Au cours de ces palabres..., nous faisons connaissance avec l'équipe "n° 1" de Bleau. Elle règne sur le massif, avec des théories audacieuses, des courses magistralement exécutées, et une verve en rapport. Alléchée par mes récits enthousiastes (pour la verve, je ne suis pas le dernier), elle ne tarde pas à nous rendre visite à Marseille attirée par ces Calanques, objet de fantaisistes légendes. Nos camarades constatèrent avec surprise que sur la Canebière les pitons ne se vendaient pas au kilo, et grimper en leur compagnie nous prouva, avec autant de surprise, que nous n'étions pas tellement faibles en escalade libre. *

* *G. Livanos. Au delà de la Verticale.*

Cette impression sur l'évolution des mœurs calanquaises est confirmée par le chroniqueur de la revue *Alpinisme*, qui ajoute :

En réalisant ces escalades..., ils purent se rendre compte du peu d'importance tenue actuellement par l'escalade artificielle dans la plupart des voies. En effet, l'ère de la découverte des voies nouvelles qui avait entraîné un développement intense de l'escalade artificielle est maintenant pratiquement terminée...

L'escalade libre est donc redevenue le but des grimpeurs marseillais, qui sont d'ailleurs fort peu nombreux. Le GEP compte environ 25 membres, qui sont de force à faire en tête des voies de 4e degré, trois ou quatre d'entre eux seulement sont capables de faire les itinéraires de grande difficulté et de conduire en montagne des courses de rocher très difficiles.

Pour les Niçois, les Calanques peuvent être le but d'un week-end, mais elles sont une découverte pour les grimpeurs parisiens, qui en ramènent un souvenir lumineux :

Il y a dans vos calanques des escalades d'une beauté que je ne soupçonnais pas ; les Parisiens se figurent qu'on fait à Marseille un usage abusif des pitons, je leur dirai qu'il y a des itinéraires d'escalades naturelles qui égalent certaines courses des Alpes.

Maurice Martin, l'auteur de cette appréciation, a été pendant des décennies un animateur infatigable du Club Alpin. Son attachement aux Calanques lui avait valu, de la part de Maurice Ramond, le sobriquet affectueux de "Parisien des Calanques" :

Un jour, j'ignore quand, il découvrit les Calanques, et ce fut le grand amour. Les parcourant en tous sens, il y effectua la presque totalité des voies d'escalade.

Pilier actif de la Section de Paris-Chamonix, il fut pendant quelques années membre aussi de notre section et du GEP dont il partagea les bons et mauvais temps. C'est à lui que nous devons l'édition d'un des tout premiers topos-guides des Calanques, "la Traversée du Devenson". Le personnage sur la page de garde, c'est son auto-silhouette avec le légendaire béret.

Ce fut le parisien qui connut et aima le mieux le massif des Calanques... Il devait y mourir.

Bon alpiniste, Martin a, avant tout, dédié sa vie au Club Alpin. Un jour de l'automne 1983, il a pris un aller-simple sur le Paris-Marseille ; il a installé sa corde au sommet de la Concave, la muraille la plus surplombante des Calanques, a descendu les trente mètres en rappel, puis là, à cent mètres du sol, il a lâché prise.

La visite des grimpeurs parisiens est suivie d'une conférence de Maurice Martin, au siège de la section du CAF de Provence, ainsi qu'une autre de Guy Poulet. Poulet, dit "le Gros", l'une des "pures lumières du rocher", la fine fleur de la grimpe bleausarde, affirme que *c'est sur les rochers du Cuvier que s'effectuent les passages de libre les plus difficiles qu'on connaisse.* Joubard prend légèrement ombrage des commentaires de Poulet et publie le sien dans le bulletin du Club Alpin. Sa conclusion n'est pourtant pas dénuée d'intuition ni de bon sens :

Il faudra bien un jour venir à une cotation unique. Si, ainsi que Guy Poulet nous l'a prouvé, le 6e degré Bleau est supérieur au 6e degré Calanques ou au 6e degré Montagne, pourquoi ne pas l'appeler par son nom : le 7e ou le 8e degré ?

Aujourd'hui, les cotations bloc sont entièrement distinctes des cotations falaise ; par contre, en ce qui concerne une cotation unique... Savoir quelle école est la meilleure est un faux débat, car toutes deux sont complémentaires plutôt qu'antagonistes.

L'année suivante, 1948, *fut marquée par de vives querelles dans les milieux alpins marseillais* (Georges Livanos). Dix ans après la première scission, qui avait donné naissance à la section Var-Haute-Provence, le CAF explose et perd, à nouveau, la majorité de ses éléments les plus brillants qui se regroupent autour de Georges Livanos sous le surnom de "la Maffia". Joyeux drilles, les membres de la Maffia ont des coutumes qui scandalisent les notables du CAF. Sorte de bilan à la fin de la saison, le "Banquet des Survivants" est l'une des plus... pittoresques. Rares sont les établissements qui résistent à deux banquets consécutifs !

Parfois le banquet se déroulait chez l'un des membres. Laveyssières fut l'un de ceux-là. Venant d'une famille aisée, habitant un appartement cossu, il avait invité simultanément la Maffia et certaines de ses connaissances issues de la meilleure bourgeoisie marseillaise, désirant épater à la fois les uns et les autres. Le résultat fut, selon le point de vue duquel on se place, un cauchemar ou une monstrueuse farce. Le caviar des toasts était gobé par les bouches voraces de la Maffia, pour être aussitôt remplacé par des morceaux de papier journal ; les compotiers glissaient comme au bowling et la pendule termina la soirée dans la baignoire. Les libations se continuèrent par une joute où les projectiles étaient composées de tartes à la crème, jusqu'à épuisement des munitions. Imbibé d'alcool, un des convives urina par la fenêtre directement sur le toit du véhicule du commissaire de police... Laveyssières dut entièrement repeindre l'appartement de ses parents. Il faut toujours se méfier des mélanges...

Quelques années plus tard, eut lieu l'affaire du "pendu des Goudes". Un dimanche, on découvrit le cadavre d'un grimpeur pendu à sa corde dans la face ouest du Rocher des Goudes. Au bistrot de Callelongue, l'émotion était à son comble, une matrone émotive s'effondrant dans un grand panier où l'on rangeait les bouteilles vides. On prévint les pompiers qui ne purent intervenir avant le lendemain. Entre temps, la presse s'était emparée de l'événement. Lorsque les pompiers réussirent à décrocher le cadavre, il ne sentait pas encore trop mauvais puisqu'il s'agissait en fait d'un mannequin constitué de vieilles nippes d'escaladeur remplies de thym et de romarin ! Le tout était suspendu à un piton par un brin de corde usagée. Le "mannequin des Goudes" fut, en matière de canular, une des perles de la Maffia...

Les hostilités terminées, le Grec reprend ses activités. S'il n'a pas trouvé de compagnons comme Tanner ou Rébuffat, il en a cependant des fidèles, capables de le suivre partout. Albert Ouannon dit - "Pépé" - est le fidèle d'entre les fidèles. Leur amitié et leur complicité dépassent de loin la classique camaraderie de grimpe. Dotés tous les deux d'un humour caustique, ils portent un regard sans concession sur leurs semblables. Ils connaissent par cœur le "Tartarin dans les Alpes" de Daudet, et dans des situations opportunes, c'est à qui donnera la réplique le premier. Ses talents de grimpeur sont loin d'être négligeables, et il a accompagné le Grec dans de très belles premières comme l'Arête Intégrale du Diable ou l'Épaule au Pic de Bartagne.

Autre complice et ami, Charles Magol. Son esprit fin et ironique et ses qualités de cœur constituent le meilleur des ciments à l'amitié. Magol, l'un des pionniers de l'escalade artificielle en Provence, n'a pu s'empêcher de remarquer les qualités du jeune Livanos, et lorsque celui-ci réussit la face sud de la Meije avec Ouannon, il lui propose de faire équipe pour essayer... la face ouest des Drus. Considérée comme le problème n° 1 des Alpes, elle excite la convoitise des meilleures équipes françaises et transalpines.

Ils subissent un échec honorable. Hélas leurs "courbes" se croisent : Magol aspire à un alpinisme moins extrême, le Grec a vingt trois ans et le désir d'accomplir ses ambitions alpines étouffées par cinq années de frustration. C'est alors qu'il propose à M. Robert Gabriel de faire équipe avec lui.

Cinq ans après ses plus beaux succès à la Paroi Jaune et à la Centrale, le Grec trouve un compagnon à sa mesure, capable de le suivre dans les plus grandes entreprises. L'une des meilleures cordées françaises, et la plus forte cordée des Calanques, est née.

À l'automne 1973, je faisais, dans un LEP de Marseille, mes premiers pas dans l'Éducation Nationale. Peu après la rentrée, un camarade, "Duche", me dit :

- Tu travailles à tel endroit. Tu sais, il y a Robert Gabriel.
- L'ami du Grec ?
- Oui, celui de la Su Alto.
- Tu es sûr ? Si tu avais vu les têtes, tu aurais des doutes, aucun ne fait penser à un grimpeur, même de loin.

53- Robert Gabriel.

Jeune maître-auxiliaire, à peine plus âgé que mes élèves, mes premiers contacts avec le milieu enseignant avaient été plutôt distants. Je décidai tout de même d'en avoir le cœur net. Le lendemain de bonne heure, avisant un personnage administratif, je lui demandai si Monsieur Gabriel était là. Il me répondit par l'affirmative et me désigna sa salle. Assez ému, je ne tardai pas à faire face à un homme de taille moyenne, au regard pénétrant et aux cheveux noirs. Une blouse grise et des strictes lunettes d'écaille rehaussaient la sévérité apparente du personnage. Interloqué, j'étais sur le point de tourner les talons, persuadé qu'il n'avait rien à voir avec le héros des Dolomites que j'avais espéré rencontrer lorsque, mû par une inspiration soudaine, je lui demandai à brûle-pourpoint :

- La Su Alto, ça vous dit quelque chose ?

Alors, comme par magie, toute trace d'austérité disparut, le regard s'embua de nostalgie, puis un sourire illumina son visage.

- Je comprends que ça me dit quelque chose !

J'étais devant Robert Gabriel.

Je suis né à Marseille le 19 juin 1923 de parents bon bourgeois et tout à fait étrangers à ce qui touche la montagne et l'alpinisme. C'est avec mon frère aîné, excellent randonneur, que j'ai commencé à parcourir les collines des Calanques puis les montagnes. J'avais alors seize ans, mes débuts ne furent que des longues marches avec quelques grandes classiques : Écrins, Pelvoux, Agneaux, Mont-Blanc... *

Robert Gabriel *
Préface de
Au delà de la Verticale.

Son frère aîné Jean (" Bajane") a débuté quelques années plus tôt avec l'Œuvre Allemand où il a connu Rébuffat. Après cette période d'initiation en famille, Robert s'inscrit au CAF, puis surviennent les années assombries par la guerre :

À la fin de celle-ci, je connus Georges Livanos (dit le Grec) et il me demanda de faire cordée avec lui. Nous avions le même âge, la même taille, le même poids, la même pointure (très commode) mais surtout la même passion, la même foi. Dans notre union rien ne pouvait nous arrêter. C'est ainsi qu'a commencé notre cordée à deux qui est devenue par la suite à trois lorsque Sonia (Geneviève Brès) nous a rejoins.

En 1946, il y a peu de grimpeurs à Marseille ; comme l'a noté le chroniqueur d'*Alpinisme ; une grande partie des marseillais ne sortent pas des Calanques, les considérant comme une fin en soi,* et il ajoute : *peut-être que le soleil, la mer, la paresse méridionale ou tout simplement le manque d'audace y sont pour quelque chose.* Mais le Grec a décelé en Robert Gabriel des qualités morales remarquables : s'il n'a pas les dons de Tanner, en revanche il possède un moral à toute épreuve, une grande stabilité d'humeur, un flegme "britannique" et une foi alpine à soulever les montagnes. Il a de plus une admiration sans bornes pour le Grec, aussi lorsqu'il lui propose de faire cordée ensemble, il accepte avec enthousiasme avec ce commentaire : *Je n'attendais que ça !* Trente ans plus tard, Gabriel analyse ainsi cette rencontre :

54- 55- Robert Gabriel
Face nord des Lames.

Pourquoi en 1946 Livanos est venu me chercher ? Il n'avait nullement besoin d'un garçon plus fort que lui (je ne l'étais pas d'ailleurs), mais, je crois, de quelqu'un qui saurait le suivre très loin, le comprendre et surtout l'accepter tel qu'il était. J'avoue qu'il ne m'a pas été très difficile de le faire. Tout de même, son copain Charles Magol qui était loin d'être aveugle mais plus âgé que nous me disait :

Georges ira très loin en montagne, il est trop doué, je ne peux plus aller avec lui, avec toi peut-être ça marchera.

Je pense que Magol voyait juste ; en effet, l'association a bien marché, je ne crois pas avoir failli un seul instant.

Comme l'explique Robert Gabriel, le fondement de la cordée repose sur autre chose qu'un partenariat. La cordée Livanos-Gabriel vient prendre place au rang des meilleures cordées internationales : Terray-Lachenal, Couzy-Schatz, Paragot-Bérardini.

J'ai beaucoup gagné au contact de Georges Livanos, sans lui je n'aurais jamais pu aller aussi loin...

J'avais en lui une confiance presque aveugle si bien que s'il m'arrivait de grimper avec quelqu'un d'autre, j'étais quelque peu embarrassé ; en escalade, nos gestes s'enchaînaient les uns aux autres parfaitement synchronisés, si bien que nous n'avions pas besoin d'échanger de paroles, la corde était tendue ou relâchée, juste au moment précis où il le fallait.

Le Grec et le Tueur, surnom de Gabriel, visent "plus haut" que les Calanques. Les trois années qui suivent sont placées sous le double signe de la face ouest des Drus, toujours vierge, et de l'Éperon Walker aux Jorasses dont deux marseillais, Rébuffat et Frendo, viennent de réussir la seconde. Mais le mauvais temps et la brièveté des vacances ne leur permettent pas de réaliser leur ambitieux programme.

Dans les Calanques, la Maffia continue ses activités (pas uniquement celles "inaugurées par feu Attila..."). Aux côtés du tandem Livanos-Gabriel, les plus actifs sont "Pépé" Ouannon et Roger Roullet. À En Vau, tous deux se penchent sur l'élégant problème des Passerelles, et ils s'octroient le Pilier Droit. L'année suivante, "Pépé" réalise le Pilier Gauche avec Charlie Beau. Il accompagne le Grec et le Tueur dans deux des plus longs et des plus sauvages itinéraires des Calanques : l'Arête Intégrale du Diable, dans le Val Vierge, puis la Grande Arête du Devenson. Dans l'équipe, qui n'est pas un trio mais un quatuor, il y a une jeune femme, petite, menue et très jolie : Geneviève Brès.

56- Sonia.

La future Sonia a fait connaissance avec Georges et ses acolytes de la Maffia à la soirée organisée chez Laveyssières. C'était le 1° mai 1948. Sonia ! Hommage rendu à la blonde héroïne qui trouble les songes du héros d'Alphonse Daudet. Si notre Sonia marseillaise en a la féminité et le charme, elle n'a pas le tempérament révolutionnaire de l'héroïne de Daudet, sauf dans ses réalisations alpines. Le dernier chapitre d'Au delà de la Verticale, "Sonia, le six et moi", est une ode à Sonia :

Certains de mes amis m'ont envié une compagne toujours prête à me suivre dans les plus surplombantes aventures. Les malheureux, s'ils savaient ! S'ils savaient ce que cela représente que de grimper des journées entières avec un mètre cinquante de faible femme ignorant la difficulté, la fatigue, la peur, le froid, la faim, la soif, alors que LUI est fort sensible à ces désagréments ! ...
Enfin passons... Tout n'est pas rose dans l'alpinisme conjugal...

1950 est l'année du changement. Le massif du Mont-Blanc est définitivement abandonné au profit des Dolomites. Désormais le tandem Livanos-Gabriel s'est transformé en trio, et Sonia participe à la 11e ascension de la Cassin à la Piccolissima, un pur "sesto grado". Le premier contact avec le calcaire des Dolomites les surprend, sauf Sonia qui trouve l'escalade plus facile que dans les Calanques, et le Grec ne peut s'empêcher de remarquer que *la parenté avec les Calanques n'était à la portée que de généalogistes distingués.*

L'étape suivante est la Cima Ovest, itinéraire prestigieux. Leur brillante entrée au royaume du "sesto superiore" est aussi le prétexte à une sérieuse mise au point. De leur propre aveu, ils ne pensaient pas la Ovest aussi difficile, ce qui les conduit à élaborer un entraînement impitoyable. À la Cima Ovest le Grec a testé deux nouveautés : une corde en nylon, dont l'usage est tout récent, et des chaussures Vibram.

En libre, le plafond édifié par Tanner et Livanos en 1941 est crevé. Dans trois voies au moins, le 6b obligatoire apparaît : l'éperon NE intégral au Bec de Sormiou, le CAC et la Directe 52. J'aurai l'occasion de revenir sur cette dernière qui est un véritable morceau de légende. Néanmoins, le but poursuivi par le Grec se trouve à mille kilomètres de Marseille, il s'agit du Grand Dièdre de la Cima Su Alto à la Civetta.

Les 10, 11 et 12 septembre 1951, Georges Livanos et Robert Gabriel entrent dans l'histoire des Dolomites.

Les réactions ne se font pas attendre. Dans la revue *Alpinisme*, Lucien Devies qualifie la Su Alto d'événement majeur de la saison 1951 : *C'est la première fois qu'une voie nouvelle rocheuse de difficulté extrême est réalisée à l'étranger par des Français. Nous saluons avec joie cette magnifique réussite, qui est un témoignage éclatant du niveau qu'a rejoint l'escalade en France.*

57- Georges Livanos
Robert Gabriel
au retour de la première
du Monte Cavallo 1953.

Dans les Dolomites, l'ouverture de la Su Alto s'avère d'une importance comparable à celles de la face est du Grand Capucin et de la face ouest des Drus dans les Alpes Occidentales. Au cours de la décennie, Robert Gabriel, Sonia et Georges Livanos sont les seuls français avec Jean Couzy à fréquenter avec assiduité le "sesto superiore". Ils seront rejoints plus tard par René Desmaison.

Georges et Robert considèrent la Su Alto comme "leur sommet" qui sera suivi d'un autre "sommet" dans les Calanques celui-là, la Directe 52. La portion de muraille rébarbative et surplombante, haute de quatre-vingts mètres, qui s'inscrit entre les fissures de la GGA et du "S", est vierge. Une ligne de fissures déversées et surplombantes court jusqu'à mi-hauteur. Un mur vertical et compact haut d'une dizaine de mètres barre l'accès aux fissures terminales. C'est à cette paroi que notre trio désire s'attaquer. L'entraînement qui leur a permis de réaliser la Su Alto n'a pas épuisé ses "bienfaits". À la Directe 52, ils crèveront une fois de plus ce plafond psychologique.

58- Armando Da Roit, Sonia, Georges Livanos, au refuge Vazzola dans les Dolomites.

Après une première longueur sans problème, Robert attaque la fissure surplombante : de l'artif pénible, mais sans piège majeur, jusqu'au bombement de sortie, le premier "os". Jusqu'au récent équipement en scellements, il y avait, avant "le pas", un piton Cassin rouillé planté "pointe en l'air", dont il fallait "s'arracher" pour atteindre un baquet deux mètres au-dessus. Un 6b bien "dodu", cuvée 1952. Autrefois A2 et 6b, cette longueur est aujourd'hui cotée 6c+. Elle est rééquipée "expo" (il est bon d'avoir quelques petits stoppeurs câblés), mais l'équipeur a rehaussé le dernier point ce qui rend le pas-clé moins exposé qu'à l'ouverture.

Le relais est accolé à un menhir qu'il vaut mieux éviter de trop chahuter, il est préférable de l'enjamber avec beaucoup de délicatesse pour voir la suite... Un pas de traversée délicat conduit à la rampe rassurante de la GGA, échappatoire providentiel pour ceux qui ont une boule un peu trop grosse dans le creux de l'estomac. Deux marches minuscules constituent le relais, réduisant la longueur précédente à dix mètres. Mais c'est beaucoup plus rassurant pour tout le monde. Le Grec, lui venait du "menhir", et il a enchaîné avec la longueur suivante : la Dalle...

La dernière marche quittée, une traversée fine conduit à une série de mouvements délicats sur de petites gouttes d'eau jusqu'au bombé qui précède "le clou" (planté du bas !) : c'est le pas le plus fin (à cinq mètres du relais). Un bon nombre de "vols" a eu lieu à cet endroit, aussi gardez votre sang froid, n'essayez surtout pas de descendre, c'est la pire des solutions. Une fois le clou mousquetonné, (l'univers change de teinte), ne vous déconcentrez pas ; le festival de gratonnage n'est pas terminé pour autant, mais... "ça va beaucoup mieux".

59 Georges Livanos Roda Di Vael.

En termes plus concrets, la Dalle de la 52 représente dix mètres de 6a (on disait simplement "du six") ouverts du bas, à vue, sans aucune reconnaissance préalable. Le Grec a placé le seul clou possible à une demi-douzaine de mètres au-dessus du relais, ce qui ne devait pas être évident du tout. La 52 était une voie futuriste, en avance de plus de dix ans sur son époque. Le sixième degré existait déjà, Tanner l'avait introduit et le Grec lui-même l'avait développé, mais il s'agissait de pas brefs. La Dalle fournit un long passage de 6e degré dans une exposition extrême, sans aucune possibilité de se protéger. Dans les années qui suivent les parcours se comptent sur les doigts de la main. Il faut attendre la décennie suivante pour que ce niveau soit "digéré" et que des passages de difficulté semblable ou un peu plus difficiles soient effectués. Entre temps, l'usage des chaussures souples s'est généralisé.

La Directe 52 est l'une de mes voies favorites : je l'ai gravie une vingtaine de fois... avec toujours autant de respect.

À la Directe 52, le Grec et le Tueur sont accompagnés par un personnage haut en couleurs : Alphonse Santimone dit "Fonfon". Tailleur de son métier, il a même la réputation d'être un excellent tailleur, ainsi que le privilège d'être celui attitré de la Maffia (cigares et costumes rayés...) en particulier du Grec et du Tueur. Fonfon est également redoutable les jours de pluie : il est imbattable au "baby-foot".

C'est un bon montagnard. Au cours de la saison 1951, il réalise la première de la très convoitée face sud du Doigt de Dieu à la Meije jusqu'à la Bande de Neige, et la première répétition de la face nord de la Pointe du Vallon des Étages.

L'année précédente, Fonfon avait entrepris l'ascension du pilier sud des Écrins en compagnie de trois compagnons. Après un bivouac - prévu celui-là - ils s'égarent. Comme nul familier du massif ne l'ignore, la difficulté majeure du Pilier Sud est de trouver le bon itinéraire, et leur cordée inaugure force variantes, toutes plus difficiles que l'itinéraire "classique", et passe trois jours dans le pilier. Il en faut beaucoup plus pour émouvoir Fonfon, mais le guide Victor Chaud, connaissant la voie par cœur, les double une seconde fois le jour suivant. La légende assure que, s'adressant à un des membres de la cordée il aurait proposé de lui monter le courrier le lendemain !

60- Barney dans la dalle de la Directe 52.

L'histoire ne s'arrêta pas en si bon chemin. Fonfon se moquait complètement de la renommée : à un chroniqueur alpin qui lui demandait le nom des participants, Fonfon octroya à l'un d'eux le sobriquet de "Bicou" ! À Marseille, "Bicou" se traduit en gaulois par Truc ou Machin. Le chroniqueur ne possédait manifestement pas l'idiome local, comme en attestent les éditions successives du Guide du Massif des Écrins !

Cinq ans après la maffia naît le GGM, le Groupe des Grimpeurs Marseillais, cette pléiade de bons grimpeurs qui se donne une structure un peu plus associative. Écoutons Marc Guiot, excellent grimpeur marseillais, fils de Gilles Guiot, l'un des compagnons d'armes du Grec, nous relater son histoire : *

Le 22 novembre 1953, la première sortie du GGM avait lieu à la face nord des Lames. Au début de cette année, plusieurs grimpeurs issus de différents clubs marseillais (AN., CAF, Excurs, Maffia...) ayant lié connaissance, décidèrent de ne former qu'un groupe unique : le GGM. Celui-ci devait être formé des meilleurs escaladeurs marseillais du moment.

Le Grec, Sonia et le Tueur étaient les chefs de file incontestés de ce comité restreint de la fine fleur de la grimpe marseillaise. Autour de ce trio, on trouvait Marc Vaucher ("Markus"), Robert Le Batard ("le Breton"), Roger Lepage ("Baffo"), Yves Besson ("Tostin"), Charles Beau ("le Marabout"), Charles Leynaud ("la Maffia"), Gilles Guiot, Laurent Rey ("Brioche"), Dany Revest, Lucien Joulia, Robert Carcelli, Albert Ouannon ("Pépé"), Alphonse Santimone ("Fonfon"), Jean Gabriel ("Bajane"), Roger Roullet, Robert Marty ("la Chaudière"), Lucien Cerciello...

L'émulation créée par les réussites du trio Livanos est source d'une floraison de premières. Parmi ces grimpeurs, certains sont de bons grimpeurs de libre comme Roger Roullet, Fonfon, Brioche ou Charlie Beau. Des grimpeurs comme Tostin, Gilles Guiot ou Marc Vaucher excellent aussi bien en libre qu'en artif.

En Vau, peu exploitée jusqu'à présent, voit apparaître de futures classiques. Parmi les plus marquantes, on relève la Tostine (Tostin et Gilles Guiot), le pilier droit et le pilier gauche de la Passerelle (Pépé, Roger Roullet, Charly Beau), la Super Brioche (le Grec et Tostin) et la Super Calanque (Sonia, Georges et Robert).

Au Bec de Sormiou, la directe de la Momie et l'éperon NE intégral, sont signées Gabriel, Sonia et Georges Livanos. La même cordée trace dans la falaise du Cancéou, le Ponant, puis la Directe, horreur d'escalade mixte peu reprise (6/A3), mais cette paroi qui surplombe la mer de plus de cent cinquante mètres est surtout célèbre pour abriter "la plus belle voie des Calanques", la voie du Levant, que le Grec et le Tueur avaient ouverte quelques années auparavant.

61- Calanques
Georges, Sonia Livanos.

Les réussites de la cordée Livanos incitent les équipes marseillaises à se frotter aux courses considérées dans les années 1955-1956, comme exceptionnelles. Ainsi la Valgrande dans le massif de la Civetta (Guiot-Besson), la face nord-ouest de l'Ailefroide (Beau-Joulia), l'itinéraire Bonatti au Grand-Capucin (Garrigou-Pontet) et cette étonnante première au Doigt de Dieu à la Meije (" Fonfon"). Par ailleurs, Sonia Livanos devient la première femme à fréquenter "le sixième degré supérieur" 4e de la Valgrande, 3e de la Vinatzer-Castiglioni à la Marmolada, la voie la plus difficile d'avant-guerre, 5e du Spigolo Cassin à la Torre Trieste.

1956 marque le retrait de Robert Gabriel de l'escalade de haut niveau. Une vie familiale et une vie professionnelle absorbantes le tiendront éloigné des rochers pendant dix-sept années. Par la force d'une passion et d'une amitiés communes, Robert a recommencé l'escalade à l'âge de cinquante ans et nous avons repris ensemble les plus beaux itinéraires des Calanques. Certains ravivaient sa nostalgie, comme la Directe 52, la Directe et le Pilier de Bartagne. D'autres étaient tous neufs, tels les Futurs Croulants ou la Sans Retour. Hors des Calanques, il a goûté au Verdon, et nous avons conclu avec la Pelle. *

*Robert Gabriel * Préface de Au delà de la Verticale.*

Aujourd'hui, presque trente ans après, ces souvenirs sont toujours présents. Ayant abandonné à peu près complètement l'escalade et l'alpinisme, je me suis mis à grimper de temps en temps avec un jeune grimpeur. Cela m'a fait un peu drôle au début, puis il m'a semblé que j'avais toujours vingt ans, que mon compagnon était comme celui de ma jeunesse.

62- Pic de Bartagne. Sonia Livanos.

1958 est l'année de parution de *Au delà de la verticale*. Cet événement littéraire est salué comme il se doit dans la revue *Alpinisme*, par la plume de Jacques Tessier du Cros :

Qu'il s'agisse de peindre une montagne, un paysage, ou le style d'un grimpeur, Livanos fait preuve de sentiments délicats et de mots justes. Son éthique de l'alpinisme n'admet aucune tricherie : ne croyez pas à ses fanfaronnades, il n'y croit pas lui-même. Sa passion est sincère, et, lorsqu'il s'y abandonne, le Grec sait user d'un lyrisme discret...

Lisez entre les lignes. Toujours, sous les ricanements et les oripeaux du clown, vous retrouverez cette mesure, cette pudeur - je n'ose tout de même pas dire cette humilité - qui font de "Montagnes, ma vie", "Étoiles et tempêtes" et "Au delà de le verticale" les trois meilleurs livres de montagne de notre époque.

L'œuvre de Georges Livanos a suscité de nombreuses louanges amplement méritées. À l'émotion que procure un bon livre de montagne, il y a là, en supplément, le rire. Certes, il y a l'humour très "anglais" de Tilman, les facéties de Tita Piaz, le "Diable des Dolomites" ; Samivel, bien sûr, et également Etienne Bruhl, l'auteur de l'inoubliable "Variantes", mais force nous est de reconnaître que le récit humoristique est un parent pauvre de la littérature alpine. La magie de Georges Livanos, un peu comme dans la comédie italienne, c'est de nous faire passer avec autant d'aisance du rire à l'émotion. Sa magie, c'est aussi de créer des images très fortes avec des mots simples, un peu comme Marcel Pagnol dont il se rapproche par la fluidité du style.

Alessandro Gogna* le salue comme "le nouveau Mummery" : *Après les riches explorations du dix-huitième, après le romantisme exacerbé (d'un Guido Rey par exemple), après les désirs de grandeur et les héroïsmes fulgurants d'entre les deux guerres, voici à nouveau l'escalade à visage humain. Avec Livanos, on voit apparaître le refus du risque à n'importe quel prix, le refus de l'idéal de victoire et de suprématie.*

Enfin, insolite hommage que celui du Canard Enchaîné du 23 novembre 1994. On lit sous la plume d'Yvan Audouard qui a vu le film consacré au Grec, un article savoureux dont voici un extrait :

Dans ces yeux, il y a toute l'ironie et l'humour de quelqu'un qui n'a cessé de grimper sans piétiner personne, qui n'a jamais voulu étonner qui que ce soit, et surtout pas lui-même. Le spectacle d'un homme qui n'a pas conquis son bonheur au détriment des autres, ... d'un homme qui est devenu non une star mais un maître parce qu'il n'a jamais cessé d'être lui-même, et qu'il n'a jamais eu d'autre ambition que de trouver le bonheur sur la Terre. Pour lui et pour les autres.

L'autobiographie d'un alpiniste est, de toute évidence, l'émanation de sa philosophie de la montagne et de sa vie. Celle de Georges Livanos est le reflet d'un parfait équilibre entre une passion profonde et un solide bon sens, une nature épicurienne et le stoïcisme que réclame parfois l'escalade extrême.

* *Excellent grimpeur et alpiniste italien des années 70, A. Gogna est l'auteur d'un ouvrage concernant l'épopée des Dolomites Sentieri Verticali.*

63- Le massif des Calanques vu des falaises Soubeyrannes.

L'artif

Chapitre *6*

SUJET D'ARTICLES DANS LA REVUE *ALPINISME*, rédigés par de Save de Beaurecueil, Leconte de Poly, Frendo et de Livanos en particulier, les Calanques connaissent une célébrité qui dépassent les frontières. Pour Kurt Diemberger *, les Calanques sont le zéro géographique de son livre *De zéro à huit mille mètres.* Les visiteurs célèbres viennent pour la plupart des écoles d'escalade françaises, les Bleausards étant les plus nombreux. Seul Michel Vaucher innove en ouvrant avec le Grec une première au Socle de la Candelle, les grimpeurs marseillais possédant la maîtrise totale de l'évolution de l'escalade dans les Calanques.

** Grand alpiniste autrichien, compagnon d'Hermann Buhl au Broad Peak, il a grimpé dans les Calanques en 1958.*

Dans la deuxième partie des années cinquante, l'évolution est synonyme d'escalade artificielle. Comment expliquer cet engouement subit et général pour l'artif ? Même les anglo-saxons, pourtant fort prudes en la matière, y goûteront. La réponse réside sans doute dans la conjonction de deux phénomènes. L'éternel désir d'innover et de découvrir du terrain neuf d'une part et d'autre part, les parois encore vierges ne l'étaient pas par manque de talent de leurs prédécesseurs, mais faute de moyens appropriés.

64- Mousqueton léger Pierre Allain et pitons fabrication Albert utilisés dans les années 40.

Le matériel, étriers, cordes, mousquetons s'est considérablement amélioré. Le nylon a détrôné le chanvre. Aux deux ou trois cordes de 12 mm en chanvre utilisées lors de la première du Pilier de Bartagne ou de la Paroi Jaune, le grimpeur moderne a substitué deux cordes en nylon de 8,5 mm, bien plus légères et plus solides. La présentation des étriers a changé : nylon et planchettes d'aluminium remplacent chanvre et bois. Les mousquetons légers en alu détrônent les mousquetons en acier. Certes, la panoplie de "l'artificier" des années 57-58 n'a rien à voir avec celui du Verdon ou du Yosemite des années 80-90.

Pourtant on grimpe toujours encordé à la taille, dans le meilleur des cas avec une ceinture d'encordement de type Frendo ou de fabrication artisanale chez les plus bricoleurs. Au même moment, les Grands Murs californiens (Capitan, Half Dome...) s'ouvrent de la même manière, la "swami-belt", large sangle enroulée plusieurs fois autour de la taille, tenant lieu de baudrier d'encordement. Ces usages ont duré encore une bonne vingtaine d'années jusqu'à ce que s'impose le système baudrier-cuissard. À l'ouverture de la Castapiagne Rouge dans le Verdon, itinéraire aussi surplombant que la Concave, Bernard Bouscasse m'avait suggéré d'adjoindre une sangle américaine à ma ceinture d'encordement afin d'atténuer mes souffrances quand j'étais suspendu au relais ; c'était le "baudrier de l'époque de la pierre taillée".

Curieusement, malgré l'apparition d'un matériel plus léger et plus performant, le niveau de difficulté des voies ne connaît pas un bond qualitatif considérable. Les sections d'artificielle sont beaucoup plus longues, jusqu'à être l'essentiel de la voie, ce qui ne se concevait pas jusque là. En 1969, nous avons gravi avec Michel Tanner la Paroi Jaune (ouverte par son père et le Grec) et, deux ans plus tard, le Quatorze, qui passait pour la voie la plus difficile d'artif des Calanques. Toutes les deux étant dépitonnées, la comparaison avait un sens ; l'écart technique ne nous a pas semblé considérable. Le Quatorze, plus soutenu, offrait un pitonnage plus délicat par sa compacité, mais aussi plus sûr, l'itinéraire étant dépourvu d'écailles dans le genre "expanding", spécialité de la Paroi jaune.

65- Golot Albert et un ring moderne.

Georges Livanos observe que si depuis 1941, les progrès ont été faibles, c'est parce que les "Calanquistes" ont su tirer le meilleur parti des ressources du bois, du fer et de la corde, comme les Dolomitards. Au Grand Pilier, Robert Tanner était monté sur un micro-piton enfoncé de 4 mm, piton qu'il avait prêté au Grec pour la seconde. L'équipe du magazine *Vertical*, ayant récemment rendu visite au couple Livanos pour une interview, eut l'occasion de jeter un œil à la caisse de pitons familiale. L'un des chroniqueurs, à la vue de certains "pitons spéciaux", n'a pu s'empêcher de remarquer *qu'à côté, un Rurp faisait figure de barre à mine !*

Dans les Dolomites, l'existence de ces micro-pitons est encore plus ancienne. Leur usage a permis à des gens comme Raffaele Carlesso à la Torre Trieste ou Nino Oppio de pousser l'escalade mixte à des raffinements inouïs. Au Croz del Altissimo, Nino Oppio avait consacré dix heures à franchir un mur de trente cinq mètres de hauteur. Accusé d'avoir utilisé des golots, Oppio démontra à ses détracteurs qu'il s'était contenté de "micro-pitons".

La période qui nous intéresse couvre les années 1956-1966. Il y a toujours un aspect arbitraire à vouloir fixer de façon péremptoire des dates, mais on peut considérer que la Directe de l'Ermite aux Goudes inaugure cette période, et la Directissime de la Concave en est l'apothéose. L'escalade artificielle qui avait été, jusqu'à présent, un outil pour franchir certaines parois impossibles autrement, devient une fin en soi ; le grimpeur, loin d'y voir une corvée, recherche les parois susceptibles de lui apporter ces plaisirs. Dans les Calanques, trois parois s'imposent : la Paroi des Toits de Sugiton, le versant ouest du Rocher de St Michel et la Concave. Les deux premières, hautes de soixante-dix mètres, sont facilement accessibles, mais la Concave offre un surplomb de cent vingt mètres de haut et de trente de dévers, au dessus du Val Vierge. Du reste, ces problèmes n'étaient pas ignorés des anciens - la Concave et les Toits de Sugiton avaient attirés l'œil de Tanner et de Livanos - mais les outils n'étaient pas prêts.

66- La paroi la plus surplombante des Calanques, la Concave.

Le noyau des activistes cherchant à ouvrir des voies nouvelles difficiles dans les Calanques, s'élargit. Le GGM, qui jusque là en avait l'apanage quasi-exclusif, se voit concurrencé par le GEP, issu du Club Alpin. Des rangs de ce dernier, on voit apparaître Louis David, Gilbert Garrigou, Philippe Hiély, Jean-Claude Moine, André et Pierre Pontet, Gérard Vallet. Les chefs de file incontestés sont Garrigou et André Pontet. Lorsqu'il ouvre la Directe de l'Ermite aux Goudes, en compagnie de Louis David, André Pontet n'a que vingt et un ans. Il a connu la montagne seulement deux ans auparavant, grâce à un camarade de Pertuis, son village d'origine. À l'automne, il s'inscrit au CAF, et en peu de temps il est capable de gravir en tête des itinéraires comme la Victor Martin ou la face nord des Goudes. Un an plus tard, il devient moniteur au GEP, et le débutant doué se métamorphose en grimpeur de premier plan. Il initie son jeune frère Pierre aux joies de l'escalade et de la montagne, et parallèlement, il constitue avec Louis David une des plus fortes équipes des Calanques.

67- Toits de Sugiton.

Lorsqu'au mois d'avril 1956, la cordée Pontet-David s'attaque à la muraille qui forme le plan droit de la grotte de l'Ermite, celle-ci ne comporte qu'un itinéraire, celui d'Albert, qui évite la zone la plus surplombante. Depuis une tentative de Tanner, quinze ans auparavant, la paroi n'a pas vu de candidats. Sans essai préliminaire, la cordée Pontet-David réussit la Directe au premier coup, en onze heures d'escalade. Sur les soixante-dix mètres de la paroi, les deux premiers tiers sont entièrement surplombants,

68- La Cordée Pontet - David.

et le pitonnage est rendu encore plus délicat par la compacité du rocher, car il n'y a pas de véritables fissures. Il faut attendre deux ans pour que la voie soit reprise, d'abord par la cordée Besson-Saurin, le 1er mai 1958, puis par la cordée Garrigou-Hiély, cinq mois plus tard. Le quatrième parcours, au printemps 1963, est le fait d'une autre comète : Serge Machard. La première féminine est réalisée peu après par Odette Frölich et François-Régis Raybaud.

Un an après leur réussite à la Directe de l'Ermite, Pontet et David connaissent un succès similaire sur une autre face du Rocher de Saint-Michel : la face sud. La Directe 57 est d'un cachet et d'une difficulté similaires à la Directe de l'Ermite. À la même époque, Pontet ouvre en compagnie de Besson, la "Pépé" au Pic de Bartagne. Cent pitons pour cent mètres d'escalade : un piton par mètre. Malgré sa brièveté, la "Pépé" est l'une des voies qui nécessite le plus de temps, car elle se déroule dans la partie la plus compacte de la face.

Le 11 juillet 1957, la météorique carrière d'André Pontet est stoppée, ainsi que celle de Louis David : tous deux tombent à l'Aiguille de Blaitière. Roger Lepage donne l'alerte, sauvant ainsi la vie de Pierre, le jeune frère d'André. C'est l'une des meilleures cordées provençales qui disparaît. À vingt-deux ans, André Pontet était à l'aube d'une brillante carrière alpine. En l'espace de deux saisons, il avait gravi de très belles voies de rocher comme la face est du Grand Capucin, avec Gilbert Garrigou. En 1956, la voie Bonatti, considérée comme l'un des itinéraires rocheux les plus sérieux des Alpes, était réservée à l'élite des rochassiers.

Le lecteur se souviendra du jeune grimpeur audacieux et talentueux du nom de Louis David, qui, à la veille du premier conflit mondial, avait étonné ses contemporains en ouvrant… les Corniches David. Il n'était autre que l'oncle du Louis David de la Directe de l'Ermite ; son frère Julien, que nous connaissons depuis la première de l'Aiguille de Sormiou en 1905, était son père.

69- Gilbert Garrigou.

Tout au long de l'année, des milliers de promeneurs quittent le parking de Luminy pour se rendre à Sugiton. Randonnée aussi brève qu'agréable qui réserve des points de vue superbes. Le plus spectaculaire est sans conteste, celui qui, à la dernière boucle de la route cimentée, permet de découvrir la calanque dans toute sa splendeur. À partir de là, obnubilé par les scintillements de la Méditerranée qui l'attire comme un aimant, le regard du randonneur occulte la paroi qui borde le sentier sur la gauche : c'est la Paroi des Toits. Gaston Rébuffat la décrit ainsi :

70- André Pontet.

Elle se dresse, longue barre de près de 600 m de long sur 50 à 60 m de hauteur au-dessus d'un plan incliné d'où émergeaient des bouquets de pins, brûlés en 1979. Elle est fort belle par sa forme très allongée, élégante, graphique, sa couleur brune à l'aplomb des toits qui tranche avec le blanc du calcaire...

Les deux grands toits, séparés par de grandes dalles blanches qui les mettent en valeur, sont harmonieusement disposés dans la paroi ; ils surplombent fortement : 6 à 7 m de dévers, nets et anguleux ; mais d'être vus d'au-dessous, ils paraissent surplomber encore plus. *

* *Gaston Rébuffat Calanques, Sainte-Beaume, Sainte-Victoire.*

En 1958, la Paroi des Toits constitue, avec la Concave, le "dernier problème" des Calanques : ni le toit de gauche, ni celui de droite, ne sont gravis ; il n'existe même pas de voie dans la partie "seulement" verticale qui sépare les deux grands toits. Ce n'est pas faute de tentative : la dernière - et la plus poussée - est celle de Pontet et David, l'année précédente. Tentative qui s'est soldée par un bivouac sur étrier à quelques mètres sous le toit, la fraîcheur physique engendrée par ce genre de pratique motivant la retraite.

Au mois de septembre, une cordée conduite par Gilbert Garrigou, reprenant la tentative Pontet-David, trace un itinéraire superbe dans le Toit de gauche. Il ne faut pas moins de treize heures d'escalade effective au trio Garrigou-Hiély-Moine, treize heures pour soixante-cinq mètres d'escalade, soit cinq mètres à l'heure... L'étape précédant le toit ayant été préparée la veille, cela en dit long sur la difficulté. La seconde est réalisée en 1963 par Gilles Cohen et Jean-Max Bourgeois, en douze heures d'escalade, la troisième, deux ans plus tard, par Pierre Vidailhet et Michel Frager ; à l'automne 1970, j'effectue le quatrième parcours avec Jean-Louis Denisot, puis Michel Tanner et Roland Fustin le cinquième, peu de temps après.

Au cours de l'été 1970, Marius Coquillat et Guy Héran inaugurent une importante variante du "Garrigou". Au printemps de cette même année, Vidailhet, décidément envoûté par cette paroi, découvre un cheminement parallèle au "Garrigou" : en compagnie de René Madier, il franchit le toit à son extrémité droite : cela donne le Toit Vima. Le "Garrigou" me laisse le souvenir d'un artif varié et superbe ; le toit est, bien sûr, très athlétique, mais le bombement qui suit est plus délicat, à cause d'un pitonnage précaire, déversant et éloigné. Ce bombement avait donné pas mal de fil à retordre à Garrigou, qui avait mené la course de bout en bout. Pour être franc, il en avait donné aussi à nombre de ses successeurs.

Pendant cinq ans, le "Garrigou" reste le seul itinéraire de la Paroi. Presque coup sur coup, deux voies viennent s'ajouter. Le toit de droite est franchi par Serge Machard ; à gauche du "Garrigou", Claude Duvillier "Claudius" et Claude Cassin franchissent le toit dans sa plus grande largeur : c'est le Toit Duvillier. Il attendra deux ans une répétition, celle de Joël Coqueugniot et Philippe Kelle, deux des meilleurs représentants de la nouvelle génération. Enfin, la paroi compacte qui sépare le Toit Machard et le Toit Garrigou, cède à la cordée de Jean-Max Bourgeois et Jean-Pierre Fédèle, pour donner les Futurs Nouveaux-Nés.

71- Serge Machard. Démonstration de son nœud auto-bloquant.

Cette paroi fascine Gilbert Garrigou. Le problème du toit de gauche résolu, celui de droite relève dès lors de la provocation. Avec François-Régis Raybaud, "Gil" l'attaque au printemps 1963. Les deux toits se présentent de manière très différente : à gauche, il s'agit plutôt d'une succession de toits, formant des doubles, voire des triples mentons, situés à près de cinquante mètres du sol, car la paroi est plus haute. À droite, il y a un toit unique, horizontal, coupé de façon très franche et situé à trente-cinq mètres de haut. Après une longueur de libre délicate sur des arrondis - c'est le style de la paroi - ils arrivent sous un bombement lisse et surplombant. Toutes les astuces de pitonnage épuisées, "Gil" est saisi d'une inspiration géniale : avisant une sorte de verrue proéminente deux mètres au-dessus du relais, il la coiffe, au moyen d'un lancer de corde, avec une grande sangle utilisée comme un lasso ; c'est la clé d'accès au toit. La journée est bien avancée, Gil et François-Régis redescendent. Le jeudi suivant, au CAF, ils racontent leurs péripéties.

72- Garrigou - Raybaud 2e ascension du Toit Machard.

Quinze jours plus tard, le Toit est gravi à la barbe de la cordée Garrigou-Raybaud. L'instigateur de l'expédition est un de leurs camarades, Serge Machard. Machard n'a pas vingt ans lorsque, le 16 juin 1963, il ouvre avec Jean-Marie Rozière, le toit qui porte désormais son nom. Il est aussi l'inventeur d'un nœud auto-bloquant, remplissant des fonctions identiques au fameux "Prüssik". C'est en le testant, et en essayant de récupérer des pitons à la sortie du toit, que Machard se tue, le jour de sa splendide réussite. Le toit étant resté pitonné, le Machard acquiert très vite le statut de classique. La nouvelle génération déferle en vagues successives : "Claudius" et Robert Mandin, Jacques et Philippe Kelle, Gilles Cohen et Michel Bonnon. La Paroi des Toits est devenue l'un des sites sportifs les plus en vue des Calanques, entièrement équipé en scellements sauf, à quelques exceptions près, les toits eux-mêmes. Le rééquipement du Toit Machard, encombré de vestiges rouillés, était très logique, mais celui du Toit Garrigou, superbe test d'artif, beaucoup moins. Très peu de cordées franchissant le toit, on aurait fort bien pu le laisser tel qu'il était...

À la différence de Pontet ou de Machard, Gilbert Garrigou est, en 1958, un grimpeur en pleine maturité. Il a trente ans, et une dizaine d'années d'expérience. Très tôt, il acquiert une excellente technique. Dès 1950, il répète la Paroi Jaune, dont c'est le sixième parcours, et le Toit de la Tête du Trou du Chat. Toutes deux sont des voies exceptionnelles. Les voies Garrigou ont souvent le même cachet : surplombantes, esthétiques et logiques. La Machine à Laver, devient le test d'artif à En Vau. Elle est reprise par la cordée "Marius" Scotto di Rinaldi-Henri Save de Beaurecueil (le fils de Jean Save), et par les américains Hemming, Robbins et Harlin, qui tracent une sortie directe, dénommée en toute logique... l'Essoreuse.

Le Quatorze est situé à droite de la grotte de l'Ermite. La première longueur est continue en A3 et A4. Là encore, c'est avec François-Régis que Garrigou se partage le délicat labeur du pitonnage. L'équipe est complétée par Michel Frager, "Marius" Scotto, et Odette Frölich. Les répétitions se comptent sur les doigts d'une main. Michel Charles et Raymond Bonnard, qui vient de réussir la Directissime de la Concave en solitaire en 2 h 30, bivouaquent ; et si, avec Michel Tanner, nous évitons le bivouac, c'est grâce au pitonnage d'une bonne partie de la première longueur, assuré par Michel, le jour précédent. Victime d'un accident aux Agneaux, Garrigou s'est consacré par la suite à sa seconde passion, le ski de montagne.

73- Serge Machard. 1ère ascension dans les Toits de Sugiton.

Il est amusant de constater que, par un phénomène d'osmose, type de phénomène se produisant de façon très régulière à divers moments de l'histoire, la même évolution se produit ailleurs. Dans la vallée du Yosemite, le Half Dome et le Nose d'El Capitan cèdent sous les assauts des grimpeurs californiens, pendant que dans les Dolomites, des cordées internationales tracent aux Tre Cime di Lavaredo, des *diretissimas*, toutes plus audacieuses les unes que les autres. Ces itinéraires soulèvent l'admiration d'une partie du public alpin, par leur hardiesse et l'élégance de leur tracé mais elles déclenchent très vite une polémique. Où se situe le "quantitativement correct" en matière d'artif ? Dans un sport par tradition beaucoup plus libre que les autres, faut-il introduire une norme ?

Il n'est pas question de nier la dimension créative de l'escalade artificielle ou l'intuition qu'elle réclame pour découvrir les petits trous cachés et fissures superficielles, mais l'abus de pitons à expansion supprime créativité et intuition. Un nom est trouvé pour qualifier ce type de voies, elles sont

74- Joël Coqueugniot dans le Toit Machard.

baptisées "escalades technologiques". Quelle différence entre la Paroi jaune (Livanos-Tanner) et la Directe de cette même paroi, ouverte à grand renfort de golots ! Cependant à Marseille, l'escalade artificielle n'a jamais provoqué de remous, son développement ayant toujours été admis comme une évolution que chacun était libre de suivre ou pas. Pour illustrer le type de polémique auquel nous avons échappé dans les Calanques, j'ai choisi un texte de Gian-Piero Motti *. Selon Gogna *, Motti essaie d'expliquer le grand contraste historique entre les puristes et les adeptes de l'artif. Il le fait avec une vision originale et ample des choses :

*Alessandro Gogna * Sentieri Verticali.*

En substance, dans le puriste pourrait subsister une très forte inhibition sexuelle, dérivée de traumatismes infantiles qui l'ont cloué dans une situation œdipienne pas encore dépassée. Voici alors comment s'explique l'idéalisation de La Montagne (la Grande Mère) et la contrainte d'avoir avec elle des rapports tendus et affectueux (la grimpe libre sans moyens artificiels) et non incestueux et érotiques (l'escalade artificielle), où le clou qui profane, pénètre et blesse la roche (toute la littérature alpine est bourrée de ces expressions...), prend une très claire signification phallique en termes symboliques.

En substance, le puriste est un inhibé, craintif de castration, qui se soumet à la loi interne et accepte la règle. Le grimpeur d'artif, au contraire, n'accepte pas du tout la règle, désobéit, et arrive à la profanation et au péché pour franchir une limite qui lui est imposée d'en haut. Qui donc a raison ?

Gogna précise toutefois que pour certains, cette théorie sonne de manière *un peu trop réductive et freudienne.* Je n'ai pas assez lu Freud pour pouvoir la contester, ni même en discuter, mais ce dont je suis convaincu, c'est de son originalité. Je n'ose cependant imaginer la réplique du Grec si, à la sortie de la Concave, un journaliste lui avait posé la question : "*Avez-vous planté 140 pitons afin de vous libérer d'une forte inhibition sexuelle, dérivée de traumatismes infantiles qui vous ont cloué dans une situation œdipienne pas encore dépassée ?*"

75- Tentative
Bernard Vaucher
Michel Tanner
au Machard direct. 1971.

Revenons à Marseille. Les nouveautés se situent à Bartagne, où François-Régis Raybaud ouvre deux itinéraires difficiles : la Douloumephère avec son frère Jacques ; la Romaine avec Jacques Kelle, reprise par Sonia, Georges Livanos, et Marc Vaucher. Pierre Favard et Robert Lebâtard (le Breton), qui viennent de répéter la "Pépé", ajoutent un départ direct.

Raybaud est aussi un bon grimpeur de libre, comme en témoigne la première, avec Guillot, du pilier droit de la Momie à Sormiou. Il est aussi l'auteur de solos audacieux comme la Directe Saint Michel aux Goudes et l'éperon nord-est intégral du Bec de Sormiou. D'une certaine manière, François-Régis Raybaud annonce la transition et l'arrivée de la nouvelle vague qui se consacrera presque exclusivement au libre expo : celle des Cassin, Coqueugniot, Gousseault, Guillot...

Cette année-là est aussi celle de l'apparition d'un personnage hors normes : Claude Duvillier. Hors norme, "Claudius" l'est d'abord par son gabarit, un mètre cinquante : une boule de muscles. Loin d'être mauvais en libre - il adorait les fissures, où il excellait, comme la fameuse fissure Brown, qu'il avait escaladée je ne sais combien de fois - il avait un goût prononcé pour l'artif extrême, au point de devenir le spécialiste "sixties". Il compensait sa petite taille par une astuce étonnante.

À En Vau, temple incontesté du libre, il donne à la Machine à laver une jumelle du même cachet : la Ballety. Le surplomb est le même, mais la largeur de la fissure oblige Robert Mandin et "Claudius" à tailler des coins de bois de vingt centimètres de large. Au Socle, il partage le Poisson d'avril avec François Guillot et Maxime André, se réservant la longueur d'A3/A4. À l'étage supérieur de la Candelle, il y a la Voie des Dieux, récemment reprise en solitaire par Lionel Catsoyannis. Toujours avec Robert, ils s'octroient la première hivernale, et le 3e parcours seulement, du test d'artificielle en Vercors, le Bouclier du Gerbier.

Au cours de la seule année 1964, il ouvre les deux plus grands dévers des Calanques, la Concave exceptée. La Beaume franchit la grotte de l'Ermite là où l'avancée est la plus importante. Sur la gauche du "Garrigou", le Toit est encore plus marqué et présente un dévers de 7 à 8 mètres. Dans les deux cas, de l'A3 et de l'A4 à jet continu, comme dans tous ses itinéraires. Il a pour compagnon et pour élève, un garçon de dix-sept ans dont nous reparlerons : Claude Cassin. À gauche du Quatorze, il ouvre la Directissime de l'Ermite avec Marius Coquillat. La vue de ce qui les attend ne laisse à "Claudius" et "Mèhu" aucune illusion sur la nature extrême du pitonnage, aussi ont-ils l'idée de garnir le départ de la voie d'un énorme tas de végétation, thym et romarin, afin d'amortir une probable chute au sol !

Établi dans le Queyras, "Claudius" y exerce son métier de guide pendant de nombreuses années. Pour des raisons bénignes, il est hospitalisé et finit par décéder dans des circonstances mal définies.

Si l'escalade artificielle mérite un monument, c'est la Concave. Dès 1943, Robert Tanner signale l'existence de cette singulière paroi * : *cette dernière muraille, une portion de sphère creuse se terminant en toit, semble encore maintenant quelque peu utopique, mais sa réalisation paraît déjà moins invraisemblable que ne le semblait par exemple celle de la face nord du Rocher des Goudes en 1934 ou celle du Grand Pilier de Bartagne en 1940.*

** Robert Tanner Revue les Alpes.*

Les Toits de Sugiton ou les ventres de l'Ermite aux Goudes présentent de superbes défis qui restent malgré tout classiques. Une retraite de l'un des

Toits se solde par un palpitant rappel en fil d'araignée, mais au bout d'une quarantaine de mètres, on a l'assurance de toucher la terre ferme. Le défi présenté par la Concave est d'une toute autre ampleur :

C'était, pour employer la formule consacrée, le dernier grand problème des Calanques et, en fait, depuis de nombreuses années, le seul problème des Calanques.

Le problème technique de cet "os n° 1" des Calanques n'était pourtant pas dénué d'intérêt. Haute de 130 mètres, son secteur central offrait (si l'on peut dire) 35 mètres de dévers en 90 mètres de haut. Il y avait de la pente, dans le mauvais sens et parmi les derniers feux, la Concave s'annonçait comme un feu "d'artifices". Je crois, sans en être certain, que dans tous les massifs du monde, y compris Tahiti et Copacabana, jamais jusqu'ici, un tel surplomb n'avait été franchi.

*Georges Livanos **
Interview revue Vertical.

C'est ainsi que Georges Livanos * pose le problème, un problème insoluble de manière classique en 1966.

À l'époque, je me trouvais plutôt en "fin de carrière" - j'avais 43 ans - et l'idée de me lancer dans un tel chantier ne m'excitait pas franchement. J'avais déjà ouvert une voie dans cette paroi, elle se promène en diagonale sous les surplombs, et quand on regardait vers le haut, on se disait : "c'est effroyable !"

En fait, c'est Marc Vaucher qui m'a un peu poussé. Il est ingénieur, et quoique excellent grimpeur de libre, il était attiré par tout ce qui touche au matériel... Bref, je me suis finalement pris au jeu, l'idée de réussir une telle voie représentait un indéniable défi. Il s'agit tout de même d'un sommet de l'escalade artificielle dans les Calanques, et peut-être ailleurs. Nous avons été sans doute les premiers à nous lancer dans un surplomb de cette envergure. Disons que cette ligne représentait une belle conclusion aux voies d'artif que j'avais ouvertes dans les Calanques.

Par exemple, quand, en 1941, on a réussi la Paroi Jaune avec Robert Tanner, on a fait sensation. Et pourtant, c'était nettement moins surplombant. La Concave a représenté non pas un pas en avant mais un kilomètre.

Le Grec avait ouvert avec Albert Ouannon, quelques vingt-cinq ans auparavant, la classique voie de la Concave. De tracé fort judicieux, celle-ci s'infiltre, au moyen d'une rampe, sous l'énorme concavité, et entreprend une aérienne traversée en plein mur dès la fin de la rampe. Ce mur réserve de jolis pas de libre et conduit au sommet. Elle est, en quelque sorte à la Concave, ce qu'est la Cassin au grand Toit de la Ovest.

Il est temps, à présent, de présenter Marc Vaucher, "Markus". Il est, depuis le retrait de la scène de Robert Gabriel, le plus fidèle des compagnons de Georges et Sonia Livanos. Avec Roger Lepage, surnommé "Baffo" à cause d'une paire de moustaches que Dali lui-même ne désavouerait pas, le trio (ou le quatuor) a ouvert des premières dans les Calanques, dans le Vercors, dans les Dolomites, à la Paroi des Gillardes dans le Dévoluy, dans le Bergell et à l'Aiguille de Sialouze (Oisans). Vaucher, qui a séjourné en Algérie, a doté le massif du Djurdura d'itinéraires de grande qualité. Comme le Grec, il a déjà eu avec la Concave des liens étroits. Il a tracé la Directe qui emprunte le bouclier compact à gauche de la Rampe. Comme on peut le penser, Markus a eu amplement le loisir d'imaginer un itinéraire dans la Paroi Concave, mais l'idée devait encore germer. Le compte-rendu du Grec laisse à penser que l'escalade fut tout sauf une sinécure :

En 1963, avec Marc Vaucher, j'avais déjà tenté cette escalade. À partir d'octobre 1965, un siège systématique a été entrepris, tour à tour interrompu et ralenti par le mauvais temps et les brèves journées d'automne. La totalité de nos efforts peut se résumer ainsi : nous avons parcouru 680 mètres dans le "socle" de la paroi, 630 mètres dans les surplombs, effectué 22 rappels, planté 165 pitons, dont 140 sur l'itinéraire proprement dit (17 à expansion), le tout a représenté 73 heures d'escalade, sans parler de 42 heures de marche... ce qui, pour une voie d'école, est plus que suffisant ! Par l'originalité de l'ambiance et de l'exposition, la Concave doit devenir classique, aussi l'avons-nous laissée entièrement équipée. Nous remercions les camarades qui nous ont apporté leur aide, que ce soit en nous donnant des pitons (et parmi ceux-ci un "vieux de la vieille" : mon ami Edouard Frendo), ou en nous aidant à transporter le matériel.

La Directissime de la Concave est une voie unique dans les Calanques, et dans les massifs français. L'attrait qu'elle exerce ne tarde pas à se manifester. Elle est répétée presque instantanément, par François Guillot et Henri Agresti, puis par Jacques Desautels et Michel Bonnon. La cordée suivante, composée de Gilles Cohen et Jean-Max Bourgeois, a droit aux pompiers. C'est un des coins, avec celui de la Sans-Retour, que les marins-pompiers de Marseille connaissent bien... suite aux bivouacs imprévus et aux appels des familles inquiètes. Puis vient la première féminine : celle de Mireille Modica, avec Claude Cassin. Les sœurs Modica, Annie et Mireille, font partie des meilleures grimpeuses marseillaises. Mireille est capable de suivre Claude à peu près partout. Elle grimpe aussi en tête de cordée dans des voies cotées. Néanmoins, elle n'est pas prête d'oublier la Directissime de la Concave :

Au mois d'avril 1966, nous avions décidé, avec Claude, d'attaquer la Directissime de la Concave, car j'aimais beaucoup l'artif. Les camarades qui l'avaient faite avant nous s'étaient trouvés en difficulté, et avaient eu droit aux marins-pompiers. D'un commun accord, nous n'avons dit à personne la voie que nous allions faire, pour ne pas avoir droit aux pompiers. Nous avons emprunté à droite et à gauche le matériel qui nous faisait défaut, en majorité des mousquetons Cassin lourds. Nous sommes partis vers les Calanques à deux sur un cyclo, lourdement chargés. Claude a pesé son sac sur une balance : il faisait 42 kg. Nous avons peiné pour arriver au bivouac de "l'Igloo". C'était pendant les vacances de Pâques, il n'y avait pas un chat. Dès notre arrivée, pour nous dégourdir les jambes, nous avons fait le Temple. Nous avons terminé à la clarté de la lune. C'était féerique.

Le lendemain matin, nous étions à dix heures au pied de la Concave. Claude passait en tête; il avait, en guise de baudrier, une ceinture Frendo, et moi, j'étais encordée à la taille. Nous avions un marteau pour deux, mais cela ne nous tracassait guère car nous savions que la voie était équipée. Par précaution, nous avions pris tout de même quelques pitons. À la première longueur, tout s'est passé comme sur des roulettes, mais il fallait faire attention en montant sur les étriers. Claude avait bricolé des étriers plus larges que ceux du commerce, donc plus confortables, mais il y avait un inconvénient: les bords étaient coupants. À la deuxième longueur, les cordes se sont emmêlées à cause du vent, et nous avons mis énormément de temps à la faire. Quand les pitons étaient trop éloignés pour ma petite taille, Claude me laissait pendre un anneau de corde. Le brouillard et la pluie sont arrivés et nous avions froid.

76- La Concave. Seconde ascension Agresti - Guillot.

Nous nous sommes retrouvés de nuit dans la troisième longueur, et ça a été très difficile car nous n'avions pas de frontale. Claude cherchait les pitons à tâtons; il a trouvé un piton à anneau sans anneau: il a fallu qu'il redescende de plusieurs mètres pour récupérer une "ficelle" qu'il a passée dans le trou du piton. On en avait assez; on grimpait avec le seul désir de sortir au plus vite. On avait la marque des "pédales" imprimée sur les fesses. À un moment donné, Claude a planté un piton; quand je suis montée dessus, il s'est arraché, je n'ai eu aucune réaction.

Quand nous sommes sortis de la voie - vers deux heures du matin! - nous marchions à quatre pattes. 14 heures sur les pédales!

Dans l'évocation de Mireille Modica, qui deviendra Mireille Cassin, on retrouve le piment de ces grandes voies d'artif, accomplies avec un matériel qui apparaît désuet aujourd'hui. Si elle ne détient pas le monopole des bivouacs imprévus ou des sorties nocturnes, la Concave en détient sûrement le record. Une autre anecdote concerne mes amis Bernard Bouscasse et Marius Coquillat. Nous devions faire deux cordées à la Concave, pour les vacances de Noël 1968. Mes plans ne coïncidaient malheureusement pas avec ceux de mes parents, et à mon grand désespoir, je dus déclarer forfait. Nous laissâmes nos amis passer seuls le soir du Nouvel An, au bivouac aménagé par les premiers au pied de la paroi.

Le jour suivant, au cours de l'escalade, un mistral d'une violence inouïe se lève, bloquant leurs cordes au-dessus de leurs têtes. Après de nombreuses heures perdues, c'est la classique sortie de nuit, sans frontale, en cherchant les pitons à tâtons. De retour au bivouac, Marius s'enfonce dans son duvet et s'endort sur-le-champ. Mais Bernard, que ses parents attendent, prend immédiatement le chemin du retour. Ceux-ci, morts d'inquiétude, ont prévenu les Excurs Marseillais, dont nous faisons partie. Au père de Bernard qui proposait son aide, le responsable du groupe escalade, peu au courant du chapitre "grandes voies", eut cette phrase mémorable : "*Ne venez pas, ce ne sera pas beau à voir !*"

Parmi les grimpeurs de pointe, l'idée de gravir la Directissime de la Concave en solitaire était dans l'air. Après avoir ouvert l'AMAP ("à manipuler avec précaution"), avec Roland Fustin, une autre voie extrême située entre la Directe et la Directissime, Raymond Bonnard se lance dans cette dernière. S'auto-assurant avec une boucle d'une dizaine de mètres, toujours mousquetonné sur trois pitons, Raymond émerge du surplomb deux heures et demie après avoir abordé le socle ! Grimpeur d'un brio et d'une discrétion exemplaires, Raymond Bonnard était un garçon fort convivial, qui ne détestait pas le solo à l'occasion. Dans un autre style, il s'était offert la Faucille aux Goudes, avec un passage de VI très... VI, qui n'autorisait aucune tricherie. Pionnier du Verdon des années soixante-dix, on lui doit la splendide Oursinade, co-signée de Roland Fustin. L'air marin fragilisant rapidement les pitons, la Concave n'a jamais attiré pléthore de solitaires. Il y eut consécutivement Jean-Louis Martinez, puis Vincent Fine, au début des années quatre-vingt ; enfin, ce fut l'ascension solitaire et en libre de Jérôme Rochelle, au printemps 94.

Désir de plusieurs générations successives de grimpeurs, la Concave devait suffire à leurs rêves pendant près de trente ans. Puis, en peu de temps, quatre voies vinrent lui tenir compagnie, au début des années quatre-vingt dix. Les deux plus belles portent la griffe de Gilles Crespi : "T'as le bonjour du Grec", ouverte avec Jean-Louis Fenouil, et "Te penches pas, laisse mesurer les autres", avec François Ranisse. Cette dernière est reprise en solitaire par Lionel Catsoyannis. Ces voies représentent à la fois un hommage aux pionniers de cette paroi, et une volonté délibérée de rester fidèle à une certaine conception classique de l'ouverture et de l'engagement.

C'est également au cours de cette période, qu'un nouvel agent va permettre au grimpeur de mieux découvrir la richesse des Calanques : le topo-guide. Le premier topo est l'œuvre, juste après la guerre, d'un grimpeur parisien qui avait choisi la Concave comme dernière demeure : Maurice Martin. Pour la section de Provence du Club alpin, Georges Livanos décrit les escalades au Rocher des Goudes et de Saint-Michel (1956) ; le topo-guide suivant, réalisé en collaboration avec Maurice Ramond, décrit le Devenson. Vers 1960, c'est le Docteur Hiély qui prend la relève, décrivant

77- Bernard Vaucher dans un parcours précoce du Quatorze.

notamment les Goudes, la Candelle, puis le tryptique Morgiou-Sormiou-Sugiton. À partir de 1963, un personnage donne au topo-guide ses lettres de noblesse : Alex Luchesi. Grimpeur modeste mais passionné, Alex est, pendant trois décennies, l'auteur de plusieurs dizaines de guides d'escalade ou de randonnée concernant les Calanques et les autres massifs provençaux. Dessinateur de formation, Alex apporte un soin tout particulier au graphisme de ses croquis, et ses topos sur les Calanques, Buoux, Bartagne, la Sainte-Victoire ou le Verdon, servent toujours de référence.

Si, à ce stade du récit, le lecteur n'est pas assommé par un coup de marteau d'escalade, il doit commencer, à coup sûr, à souffrir de crampes sérieuses, à force de pitonner. Mais peut-être qu'avant de lui donner une indigestion de pitons, j'aurais dû lui décrire l'un de ces objets, si fréquents parmi "la faune des Calanques". Le Vice-Président de la Fédération des chasseurs de pitons des Bouches-du-Rhône, Yves Azémas a bien voulu le faire pour nous :*

Yves Azémas *
Bulletin
Section de Provence CAF.

Le piton ou python est un reptile généralement inoffensif de la famille des ophidiens qui vit dans les Calanques. Sa taille varie de six à vingt centimètres environ, et sa couleur, métallique en sa jeunesse, tourne au brun fauve vers la fin de sa vie (durée trente ans et plus, s'il n'a pas été tué avant). Cet animal fit son apparition dans nos régions au début de la fin du premier quart du XXe siècle, et il vit depuis, sédentaire, dans les fissures des parois, surtout des parois verticales et surplombantes car il craint la pluie.

Certains trouvent son chant harmonieux (?). D'autres bipèdes répondent à ce champ par le cri "c'est du libre" (?) et toute la nature se réveille...

Le piton n'a en général qu'un œil, ce qui ne lui permet pas de bien voir arriver ses nombreux ennemis ; aussi l'espèce est-elle en voie de disparaître, chassée (sa chasse est libre, même en forêt domaniale) par un nouvel animal, le "Glock", plus silencieux et plus mobile, donc plus difficile à attraper.

On pense, en général, dans les milieux généralement bien informés, que le piton (surtout sa variété "scellée") deviendra, comme la baleine ou le hotu, une espèce protégée et sa chasse réglementairement réglementée.

78- 1ère ascension du Quatorze.

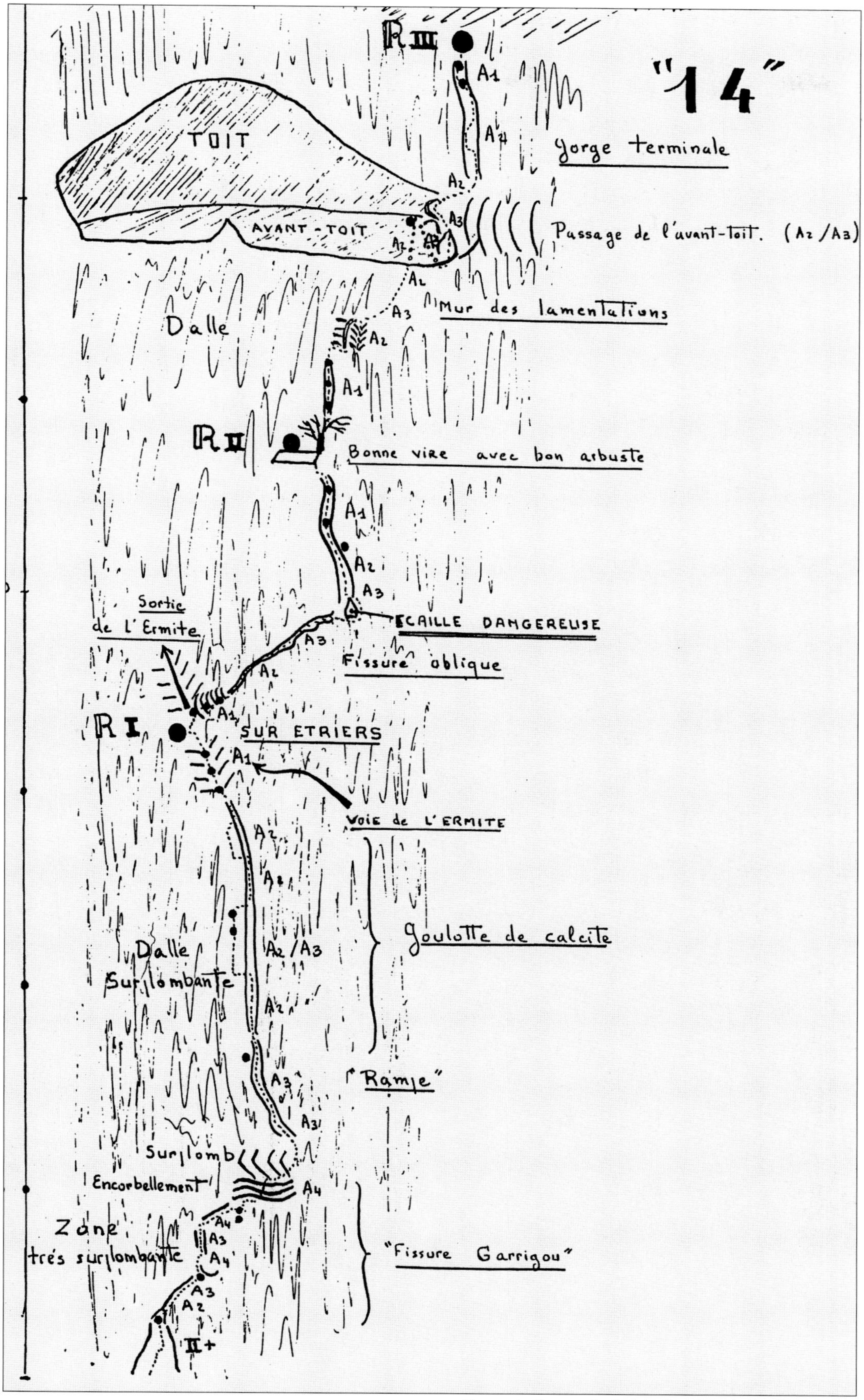

79- Croquis François-Régis Raybaud. Le Quatorze.

80- Rocher des Goudes.

Les "sixties"

Chapitre *7*

Les sixties sont un concept plutôt qu'une période bien définie chronologiquement ; plus un état d'esprit qu'une séquence d'années. Climb.

Même s'il désire - et imagine pouvoir - s'échapper d'une société qu'il rejette, le grimpeur en est, malgré tout, le produit. Les années soixante se situent, tout au moins en ce qui concerne les pays développés, dans une période de pleine croissance économique. Pourtant, dans la mémoire collective, ces années-là resteront le symbole d'une période de contestation et d'effervescence sociale et déboucheront sur les événements de mai 1968.

Comme le souligne Sylvain Jouty dans sa préface des *Trois derniers problèmes des Alpes*, il convient de *regarder l'alpinisme comme un fait de société et considérer en conséquence ses effets sociaux.* Ces propos s'appliquent, évidemment, à l'escalade. Ces années-là sont les années de la "beat génération", empreintes de valeurs libertaires, mises en exergue par les ouvrages de Kérouac. Elles sont l'apothéose de la musique rock qui, venue des pays anglo-saxons, balaie l'Europe à son tour. Culturellement, les sixties ne se cantonnent pas à la décennie au sens strict, et prolongent leur influence dans la suivante. Il y a une osmose certaine entre cette culture de la "beat génération" et les milieux de la grimpe. D'un point de vue vestimentaire, les tenues très "Flower Power" des grimpeurs anglais ou californiens font fantasmer leurs homologues européens. En Italie, cette influence se traduit par la naissance des "Nuovo Mattini", mouvement qui porte la griffe de Gian-Piero Motti.

Dans les Calanques, l'influence précitée n'a pas la même portée qu'ailleurs. Il y a à cela plusieurs raisons. Elles disposent d'une tradition alpine bien ancrée avec Livanos et Rébuffat et, à la tête du CAF de Provence, se trouve un président dynamique : Maurice Ramond. Il a été l'un des grimpeurs marquants de l'avant-guerre, et n'a jamais cessé, au sein du Club Alpin, de militer en faveur de la formation des jeunes, d'animer de multiples camps d'alpinisme et des sorties dans les Calanques. Son action porte ses fruits : les années soixante, les "années Ramond", constituent un âge d'or pour le CAF marseillais. Jamais il n'a connu une telle floraison de grimpeurs de haut niveau. Des grimpeurs doublés d'alpinistes, nantis d'un esprit d'entreprise à toute épreuve, et qui, après avoir "digéré" les grandes courses alpines, laisseront leur empreinte sur toutes les montagnes de la planète.

Le succès international des Calanques s'accentue et elles attirent, dès le début de la décennie, une équipe de grimpeurs américains jouissant d'une grosse réputation : Gary Hemming, John Harlin et Royal Robbins. Ils arrivent sur le vieux continent avec des idées neuves et un matériel dont les grimpeurs européens n'ont jamais entendu parler : les fameux pitons au chrome molybdène, ces pitons qui peuvent être employés une centaine de fois sans être déformés. Moins habitués au calcaire qu'au granit, leur roche de prédilection, ils restent cependant fidèles à leur esprit novateur. Installés à En Vau, au mois de juin 1963, ils ouvrent trois voies dont l'une, l'Éperon des Américains, acquiert sur-le-champ, un statut mythique. Ils montrent ensuite leur maîtrise en artif en répétant la Machine-à-laver en un temps record. Ils négligent l'échappée facile par la Marquise, et exhibent leur savoir-faire, tout en testant l'efficacité de leurs pitons dans le calcaire : cela donne l'Essoreuse. La sortie directe dans les surplombs est tombée en désuétude, mais la partie libre offre une sortie originale du pilier gauche de la Passerelle.

81- **Claude Cassin, François Guillot,** deux des meilleurs grimpeurs français des années 60.

Harlin sera victime d'une chute mortelle à la face nord de l'Eiger, au cours de l'hiver 1966. Robbins est l'un des représentants les plus brillants de l'école californienne. Gary Hemming est le plus "latin" du trio. Jusqu'au 6 août 1970, date à laquelle il se donne la mort dans les Rocheuses, il séjourne en France, principalement dans le sud où il noue des relations d'amitié avec les grimpeurs locaux.

Les témoignages oraux des amis qui l'ont connu concordent avec ceux de la littérature alpine : Hemming était un personnage attachant et sympathique. Décontracté et farfelu, il était également d'une sensibilité exacerbée qui l'a conduit vers une quête mystique et l'usage de plus en plus abondant de drogues dures. En 1962, il est l'archétype de ces fameux "climbing bums", ces vagabonds-grimpeurs qui sillonnent le monde, travaillant quelques mois par-ci, grimpant beaucoup par là.

Ces enfants de la "beat generation" appliquent Kérouac à la lettre, mais quitte à prendre la route, ils se débrouillent pour qu'elles passent par des parois.

Royal Robbins évoque, non sans tristesse, la mémoire de son ami disparu : *

Il voulait une réponse, une manière d'atténuer les souffrances qu'il éprouvait la plupart du temps. Grimper était l'une des manières de le faire... Il connaissait nos techniques (celles du Yosemite). L'itinéraire au Dru était parfait : une voie majeure dans une grande paroi. Et elle était dure. Si ça avait été Harlin, elle aurait été médiatisée dans toute l'Europe. Mais on ne voyait pas les choses comme ça.

* *Royal Robbins Le monde vertical du Yosemite.*

Au cours de l'été 1966, Hemming participe au sauvetage des Drus, aux côtés de René Desmaison et François Guillot, et de cinq autres alpinistes. Connaissant la Directe Américaine pour en avoir réalisé le premier parcours, il suggère à l'équipe de sauveteurs de l'emprunter à la descente. La presse, séduite par l'originalité de son personnage, le baptise "le beatnik des neiges". Cette célébrité imprévue n'entrave en rien la simplicité et l'authenticité de ses rapports avec les grimpeurs locaux. Desmaison * dresse un portrait émouvant de Gary Hemming :

* *René Desmaison. La montagne à mains nues.*

Ignorant lois et frontières, personnage d'un temps révolu ou futur, aimant passionnément la vie, ami de tous les hommes, mais sans attache ou contrainte particulière, Gary se voulait sans âge. En vérité, Gary Hemming souhaitait vivre une expérience : exister parmi les hommes sans subir la société de consommation, les usines à ciel noir, les horizons sans grandeur ; traverser le grand troupeau humain sans s'y intégrer.

Le chemin qu'il avait entrepris de suivre n'était pas le plus facile. Personnage insolite, secret, il ne parlait guère de ses impressions, de ses émotions profondes. Peut-être cherchait-il sur les sommets la raison même de son existence.

Auteur d'itinéraires de grande difficulté, de répétitions solitaires, Gary était un grand alpiniste. Il était aussi un vrai poète. Le plus enfant des hommes parce qu'il avait gardé un cœur pur, comme un enfant.

Pour tout ce que Gary Hemming voulait être et parce qu'il avait un grand respect de la vie, sa mort nous a étonnés, nous a stupéfaits.

Au début des années 60 les Calanques recèlent de forts grimpeurs comme Jacques Brès, François-Régis Raybaud ou Éric Vola. Au cours de l'été 1962, Éric Vola a réalisé une saison étonnante : l'Éperon Walker, la face nord et la face ouest des Drus, la face est du Grand Capucin..., mais n'a pas laissé dans les Calanques l'empreinte que ses dons de grimpeur laissaient espérer.

Alors que la présence américaine à En Vau passe difficilement inaperçue, deux jeunes Marseillais délaissant ce versant trop fréquenté du plateau de Castelvieil, vont faire un tour de l'autre côté. Après maintes péripéties, Jacques Kelle et Vincent Bourges "découvrent" la Sans-Retour. Par sa beauté, ses dimensions, l'engagement qu'elle nécessite, et enfin son histoire, cette voie sort du cadre traditionnel.

1964 est une année charnière. La nouvelle garde arrive, avec la Sans-Retour mais aussi les Futurs Croulants. L'équipe des cinq grimpeurs qui la convoite a repéré la voie à partir du plateau de Castelvieil. Parmi eux, un vétéran, André Tête, que l'on retrouvera à la Civa. Dans le sillage de Ramond, André Tête a encadré de nombreux stages d'initiation du CAF. Les quatre jeunes grimpeurs de la cordée sont les meilleurs de la nouvelle génération : Vincent Bourges, François Guillot, Jacques et Philippe Kelle. L'itinéraire est avant tout un projet de Vincent Bourges et Jacques Kelle. Les Futurs Croulants sont, avec l'Arête de Marseille à la Candelle, la voie sans doute la plus photographiée des Calanques. Une popularité bien méritée.

82- François Guillot.

Quelque temps après, Lionel Terray est de passage à Marseille pour une tournée de conférences. Désirant agrémenter son séjour de quelques escalades, il se rend au Club Alpin où il compte de nombreux amis. Jacques est libre et il lui offre de découvrir les Futurs Croulants, ce que Terray accepte avec joie. Inspiré des valeurs apportées par les grands classiques tels Rébuffat et Terray, Jacques orientera sa carrière alpine dans ce sens-là. Son goût pour l'aventure, l'exploration et la découverte de massifs lointains n'est pas sans rappeler l'estampille Terray.

À En Vau, l'objectif de Guillot et Jacques Kelle est le Pilier des Américains, qui n'a pas été repris. Le trio Hemming-Robbins-Harlin l'a gravi en escalade artificielle ; ils le gravissent en libre. Parmi les trois ouvreurs, Robbins a la réputation d'être le meilleur grimpeur du Yosemite, Chuck Pratt excepté. Comment expliquer que deux jeunes grimpeurs de vingt ans pulvérisent le temps et le nombre de pitons employés par des grimpeurs de la réputation de Robbins ? La transition du granit au calcaire ? Il n'y a certes rien de commun entre les épouvantables fissures du Yosemite et la finesse des dalles d'En Vau, où le jeu consiste à inventer le plus rapidement possible des combinaisons reliant les minuscules "gouttes d'eau". J'ai eu l'occasion, il y a quelques années de grimper dans le Verdon avec une américaine qui avait participé à la première féminine d'El Capitan. À mon grand étonnement, elle n'était pas à l'aise dans des dalles en V+ classique, alors qu'elle devait mener des fissures en 5.10 (6b).

Dès le début, François Guillot a montré une grande virtuosité dans le libre. Un rapport poids-muscle idéal, un sens de l'équilibre acquis grâce au ski et au surf, un tonus nerveux étonnant, une sûreté du geste et une élégance naturelle caractérisent son style. Trois ans plus tard, Jacques et François réaliseront la seconde complète de la plus belle voie rocheuse du massif du Mont-Blanc, la Directe Américaine au Dru, entièrement en escalade libre.

La seconde du pilier des Américains par une cordée locale contribue à sa démystification ; il devient le banc d'essai sur lequel les jeunes loups essaient leurs griffes. À cette époque, le "jaune" * ne se porte pas encore, l'absence de clous dans certaines longueurs confinant à la nudité. C'est le nombre de pitons et la rapidité d'exécution qui classent un grimpeur. À ce petit jeu, le nombre utilisé dans les Américains plonge en dessous de dix pour se stabiliser à une demi-douzaine chez les plus audacieux.

** Passer "en jaune" est une expression venue des Ardennes belges, où les grimpeurs peignaient en jaune les pitons qu'ils ne touchaient pas.*

Dans les années soixante, une vingtaine de grimpeurs marseillais peuvent réaliser la voie de cette manière, avec du 6b engagé. La compétition fait rage, la question se pose de savoir qui en mettra le moins. Guillot a un concurrent sérieux en la personne de Michel Bonnon. Très fort sur le plan technique, Bonnon est, sans aucun doute, le meilleur grimpeur en dalle de cette période avec Guillot. Le record finit par se stabiliser à deux pitons pour cent vingt mètres (après, il n'y a plus besoin de corde...).

Profitant au maximum des événements de mai 1968 (mon ami Jef avait encore un peu d'essence pour aller dans les Calanques), nous étions allongés sur la plage d'En Vau. Seuls ! Peu motivé par la proposition de Jef et Thierry d'escalader le Pouce, j'observe les évolutions de l'unique cordée des lieux. Surpris, je réalise qu'il s'agit en fait d'un solitaire. Il nous a repérés aussi et se dirige vers la plage. Avant qu'il ait pu ouvrir la bouche, Jef se débarrasse de moi en lui faisant remarquer que nous sommes trois... Sourire amusé, coup d'œil rapide à mon matériel. Je rougis lorsqu'il regarde ma corde, une trente mètres en dix, qui fait ma fierté, et qui a englouti toutes mes économies. L'allure du personnage m'impressionne et je m'excuse presque du côté rustique de mon matériel. Il me demande si une voie me tente, et je réponds sans hésiter les Américains. Je rêve de cette voie qui correspond au plafond de mes possibilités.

83- Bernard Vaucher - les Futurs Croulants.

Prudent toutefois, je lui demande s'il se sent d'y aller en tête. Nouveau sourire, il m'assure que ça devrait aller. La voie se déroule à une cadence météorique, et dans les passages limites, une "délicate" traction de la corde me soulage d'une bonne partie de mes soucis... et de mon poids. Lors de la descente, j'en profite pour faire bénéficier mon nouveau compagnon de mon érudition alpine toute fraîche. Nous sommes de retour à la plage sous le regard médusé de Thierry et de Jef qui n'a pas terminé son repas (il faut dire que chez lui, ça prend une allure rituelle). Alors que je m'apprête à placer un nouveau commentaire sur l'histoire des grimpeurs locaux, mon compagnon éclate de rire et dit : *Voilà deux heures que tu me parles de Guillot, et Guillot c'est moi !*

François Guillot est né en 1943 dans une famille aisée. Son père, ophtalmologiste renommé de l'hôpital de la Timone, est aussi un sportif accompli et un très bon skieur. Sa position dans le milieu du ski de haut niveau lui permet de connaître un bon nombre de professeurs à l'ENSA. Au cours de l'adolescence, François passe deux années à Chamonix. Il ne se contente pas de respirer le "bon air" : il s'astreint à une cure de ski intensif, puis, sous la conduite du guide René Rionda fait ses premiers pas de grimpeur aux Rochers des Gaillands. De retour à Marseille, François s'inscrit au CAF, en même temps que les frères Kelle et Vincent Bourges. Il suit l'apprentissage classique qui passe par les collectives du CAF, puis participe à son premier camp de montagne, dirigé par Ramond. La deuxième phase consiste chez le jeune grimpeur, à essayer de répéter, si possible mieux et plus vite, les voies les plus difficiles de la génération précédente, c'est-à-dire celles de Livanos. Les parcours de la Paroi jaune ou de la Directe 52 se comptent sur les doigts d'une main, des deux s'il y a eu des gelures... À la Machine à Laver, la sortie s'effectue grâce à l'éclairage des phares du véhicule de Monsieur Guillot père qui, inquiet, était venu à leur rencontre sur le plateau d'En Vau.

84- François Guillot.

La troisième phase consiste à laisser sa propre empreinte. Aux Futurs Croulants, François était "invité" par la cordée Kelle-Bourges. Au cours de cette année 1964, il explose sur la scène des Calanques comme en montagne. En sus des Futurs Croulants et de la première en libre du pilier des Américains, il ouvre une demi-douzaine d'itinéraires majeurs en libre dur : la Civa et les Hommes Volants, au Socle ; le pilier droit de la Momie et la Iéna, au Bec de Sormiou, la Tostine sortie directe et la Gamma, à En Vau.

85- Bernard Vaucher au relais sous le Toit des Futurs Croulants.

La signification des Hommes Volants est évidente, les premières cordées mettant un point d'honneur à confirmer, avec un maximum de sérieux, le nom de la voie. Le "clou" de la Iéna est un dièdre splendide, côté en V+ par François et "Grignotin". Bien que cette voie soit une de mes favorites, je reconnais qu'il vaut mieux avoir une certaine marge dans le 6. La traversée de la première longueur du pilier droit de la Momie était autrefois célèbre pour son absence de protection, le leader étant assuré, en cas de vol, d'aller "s'encastrer" dans la fissure de la Momie. Quant à la seconde longueur, c'est une des rares pour lesquelles François ait donné une cotation de 6+. Tout un programme...

À cent mètres au-dessus de la calanque, la Marquise et la Tostine se rejoignent à une vire boisée, sous un mur compact et vertical. La sortie classique l'esquive par un passage commode à gauche de l'éperon des Passerelles. À mi-hauteur du mur, une fissure s'amorce et conduit au plateau. Le problème, c'est avant... Dans les douze mètres qui séparent le sol du début de la fissure, la seule protection possible est de placer un anneau de cordelette derrière une petite "lunule", et d'exécuter les mouvements de 6b sans tomber.

La Gamma est la voie de libre la plus difficile et la plus soutenue des Calanques ouverte dans les années soixante, et elle le restera jusqu'à l'entrée en scène de Christian Guyomar. Trois des quatre longueurs sont cotées 6+ (le 6c actuel), et nécessitent une continuité dans l'effort et dans l'exposition inconnue jusque là. Seuls Guillot et Serge Gousseault se passent de repos entre les longues sections de 6b obligatoire.

À la Gamma, Guillot est accompagné de Gilles Cohen et Jean-Max Bourgeois. En fait, le Gamma c'est eux ! À l'instigation des meilleurs grimpeurs, et des plus farfelus, se crée en 1964, le Gamma, le Groupe des Alpinistes Méchants, Malhonnêtes et Antipathiques. Cet esprit de clan a toujours été très fort chez les grimpeurs. La filiation avec la Maffia des années cinquante est évidente. Quelques années plus tard, avec Bernard Bouscasse, Michel Tanner, Marius Coquillat et quelques autres copains, nous formerons le SAC (par dérision), le Sakakini Alpine Club, car le "secrétaire général", Bernard, habitait non loin du boulevard Sakakini.

Même si certains comme Jacques Kelle et Vincent Bourges se tiennent à l'écart de ce groupe turbulent, le Gamma est un échantillon très représentatif de la "faune" des Calanques. Groupe informel par excellence, il recèle nombre des personnalités les plus pittoresques du moment : Guillot, Gilles Cohen, Jean-Max Bourgeois, Maxime André (" Max"), Jacques Ratti, Jean-Pierre Ollive, Michel Bonnon et deux transfuges des Excurs, Claude Cassin et Claudius Duvillier. Pour y être admis, bien grimper ne suffit pas, mais un penchant pour le canular est nécessaire. Lorsque le Gamma investit les Gorges du Verdon, vers le milieu des années soixante, la lecture

86- Jacques Kelle.

du rocher et les problèmes de gestuelle ne font pas partie de ses préoccupations premières, ainsi que l'attestent des noms de baptême tels les Écureuils alcooliques ou le Mouton Saoul, dans les falaises de Mayreste et de Saint-Maurin. Une des facéties les plus réussies du Gamma fut le canular du "Docteur Mouchabé". Au mois de mai 1965, les quotidiens locaux titrent :

Grande première dans les Calanques : l'Oule vaincue par la voie du Linceul. C'est en solitaire que le Docteur Mouchabé a accompli cet exploit.

Nous relatons, en exclusivité, l'exploit que vient de réaliser le Dr Daniel Mouchabé, de Lyon, en gravissant, en solitaire, les 7 et 8 mai, dans les Calanques marseillaises, la Calanque de l'Oule par la voie dite "du Linceul". Cette paroi avait subi les assauts de plusieurs cordées de la région, qui furent repoussées par l'extrême raideur de la face et par la dureté des passages...

Le Dr Mouchabé est bien connu dans les milieux alpins, pour avoir fait, à côté de grandes courses dans les Alpes, des ascensions telle que celle du Pic Pointu, dans les Tatras polonaises.

Le "Linceul" est à l'heure actuelle la voie la plus difficile des Calanques. Pour la première fois, elle vient d'être réalisée par un homme dont le courage et la volonté ont su dominer des difficultés souvent qualifiées d'insurmontables.

Le Linceul existe bel et bien, et ses auteurs ne sont autres que Jacques et Philippe Kelle, qui, accompagnés de Robert Mandin, donnent une sœur jumelle aux Futurs Croulants. Seule l'authenticité du Dr Mouchabé est sujette à caution. Le Gamma avait son insigne. Claudius, bricoleur génial, avait fabriqué pour chaque membre un coin de bois minuscule, de la taille d'un dé à coudre. François a "pieusement" conservé le sien sur la fine cordelette où il range ses clés de voiture. Ayant bien connu Claudius, je suis presque sûr qu'il a dû en utiliser de semblables dans certains passages d'artif...

À Chamonix, la "fauche" est un sport international. Un membre du Gamma subtilise un pot de Nescafé dans le super marché local, et le glisse dans son slip. Lors de son passage à la caisse - il avait oublié son larcin - il croise le regard de la caissière qui fixe, hypnotisée, son sexe de dimension... "avantageuse". Réalisant subitement la situation, il sort vite sans reprendre sa monnaie laissant la caissière éberluée.

Dans le groupe, il y a des caractères pour lesquels le mot de pittoresque relève de "l'understatement". J'ai déjà évoqué la personnalité explosive de Claudius, le maître "es-artif" de cette période ; celle, très attachante de Gilles Cohen, "Grignotin", est moins connue. Venu à l'escalade sans dons particuliers, il est devenu, par la force d'une grande passion, l'un des grimpeurs les plus actifs du Gamma. L'une de ses spécialités était, au sortir du lycée ou de la fac, d'enfourcher son vieux

87- Joël Coqueugniot.

Solex, de prendre la direction des Goudes, et de gravir la Barrin ainsi, en chaussures de ville ! Cela lui demandait, en général, une dizaine de minutes, bien qu'il ait gravi une fois les quatre-vingt mètres de la face nord en... sept minutes. Une métamorphose surprenante pour un garçon qui, à ses débuts, était sujet au vertige !

Dans les Calanques comme dans les Alpes ou les massifs lointains, la carrière de Guillot se poursuit avec un égal bonheur, si l'on excepte sa participation à l'expédition nationale au pilier ouest du Makalu, en 1971. Il n'en garde pas un souvenir inénarrable, faute, entre autre, de n'avoir pu profiter de la présence de son compagnon de cordée privilégié, Joël Coqueugniot. 1966 est l'année du sauvetage du Dru : encordé avec Gary Hemming, il prête main forte à l'équipe Desmaison. En 1967, il retourne au Dru avec Jacques Kelle, à la montée cette fois, et réalise d'autres très grandes courses dans la massif en compagnie de Bernard Domenech. L'année suivante, c'est la face sud du Fou, gravie avec un maximum de libre. Éloigné de Marseille pendant quelques années pour des raisons professionnelles, il se remet à l'escalade dès son retour. Aujourd'hui, la cinquantaine bien établie, François grimpe allégrement dans le 7a/7b, l'équipement actuel lui semblant un luxe par rapport à celui de ses premières années.

Les premiers mois de l'année 1967 voient apparaître un nouveau personnage : Joël Coqueugniot. Né à Dakar, où il passe son enfance et son adolescence, Joël arrive à Marseille vers le milieu des années soixante. De la montagne, il n'a que l'expérience vécue au cours de deux stages UCPA. À Pâques 1966, il s'inscrit au CAF, dont il suit les écoles d'escalade, et l'été il participe à son premier camp d'alpinisme, à Chamonix.

Dès cette première saison, il parcourt, en compagnie de Claudius et des frères Kelle, plus expérimentés, des itinéraires comme l'arête sud de la Noire ou la face ouest des Petites Jorasses. Dans les Calanques, il lui faut peu de temps pour se hisser au premier rang, répétant des itinéraires redoutables, comme le Toit Duvillier, et il imprime rapidement sa propre empreinte.

Le cirque du Devenson convient parfaitement à ses goûts : les deux superbes piliers qui le délimitent de façon symétrique sont parcourus respectivement par la Grande Arête et la Tour Save. Si l'itinéraire Livanos à la Grande Arête adopte un tracé esthétique parfait, celui de Save et

88- Fin de la Grande Croisière - Bernard Vaucher.

celui d'Azéma se contentent de suivre la ligne de moindre difficulté sur le flanc gauche de la Tour Save. À gauche de la Grande Arête, une ligne de fissures-cheminées suivie d'un dièdre brun et surplombant, se dessine. C'est la Kaboulite.

La Kaboulite, en argot local, est synonyme d'une intempestive envie d'aller... à la selle, désagrément dont furent victimes les membres d'une expédition rentrés récemment d'Afghanistan. La cheminée initiale, fortement surplombante et difficilement protégeable, est tout à fait de nature à provoquer de tels désordres intestinaux, ce dont elle ne s'est pas privée, si l'on en croît la rumeur. La seconde partie est de loin la plus belle. La longueur du dièdre brun, puis celle du toit, pourraient fort bien rivaliser avec la sortie des Futurs Croulants par le "gaz" splendide et la qualité de l'escalade qu'elles proposent.

89- Kaboulite.

L'équipe qui se présente à son pied est composée du tandem Jacques Kelle-Vincent Bourges, de Joël accompagné de R. Lankester et de Jean-Pierre Ollive, le fils de Gabriel Ollive. Jean-Pierre est un personnage discret, à la vision épicurienne de l'escalade. Hormis un ou deux points d'aide dans le toit et à la fin du dièdre brun, la Kaboulite se gravit en libre et présente une alternative intéressante et de dénivellation semblable, à l'arête du Devenson, avec un cran supplémentaire dans la difficulté. Nul doute qu'un équipement sécuritaire, tiges scellées à la résine par exemple, permettrait de tout passer en libre, à un degré qui ferait sourire bien des grimpeurs actuels, mais ce ne serait plus tout à fait le Devenson.

90- Kaboulite.
Joël Coqueugniot.

La Coryphène est d'une autre dimension. Rébuffat la retient comme *la plus haute, une des plus dures et des plus belles voies des Calanques.* C'est aussi l'une des plus engagées. À l'endroit de la Tour Save, les falaises du Devenson présentent leur dimension maximale : deux cent trente mètres de la mer au plateau. Ici, point d'échappatoire rassurant permettant de rejoindre un itinéraire connu. L'accès ajoute à l'ampleur de la voie. En rappel du plateau, on gagne une zone de terrasses.

91- Claude Cassin.

De là, un rappel de 80 à 90 mètres en fil d'araignée - il vaut mieux prévoir large, cela m'évitera d'avoir quelques noyés sur la conscience - donne accès, après un palpitant numéro de lasso, à une petite terrasse qui domine les flots de quelques mètres. À cet endroit, je connais peu de grimpeurs qui, bloqués sur leur prüssik, sont restés "plongés" - si j'ose dire - en extase devant les eaux de la Méditerranée ; dans ces cas-là, le sentiment d'urgence l'emporte sur la contemplation. Après, il reste seulement huit longueurs pour atteindre le plateau.

Lorsqu'on se promène sur les crêtes du Devenson, la ligne de la Coryphène constitue la directissime idéale de la Tour Save. C'est au cours d'une ballade en famille que Joël la repère. Pour qui ne possède pas un bateau, la solution logique est l'accès depuis le plateau. La cordée qui, aux petites heures de ce 12 mars quitte la croix du Devenson, est la plus forte des Calanques et l'une des meilleures cordées françaises. Joël a trouvé un alter-égo : Claude Cassin. C'est l'entente idéale.

Le rappel initial est abandonné au profit d'un rappel, certes plus long, mais qui a l'avantage de déposer la cordée au pied même de la voie, et d'éviter le lancer de corde de la première. Claude et Joël avaient descendu le couloir qui borde la Tour Save. Le bas du rappel est séparé de la base de la voie par un fjord d'une douzaine de mètres, infranchissable sans le secours d'un procédé que n'aurait pas désavoué Buffalo Bill, et qui avait réussi à Bonatti sur son Pilier du Dru. À la seconde, Gousseault et Koller utiliseront un bateau.

Le fjord franchi, les ponts sont coupés et mieux vaut ne plus penser à la retraite : au mois de mars l'eau est froide... et c'est plutôt difficile de flotter avec une bouée de pitons et de mousquetons ! À l'heure actuelle, les quatre-vingt mètres de fissures surplombantes qui conduisent au grand pin situé au tiers de la voie, se protègent à peu près correctement avec un bon jeu de friends et de stoppeurs, destiné à renforcer les "antiquités" à demeure. Mais nos compères ne disposent pas de ces luxueux gadgets. C'est avec une quinzaine de pitons et une énorme dose d'audace, qu'ils gravissent les trois longueurs de 6.

Au-dessus du pin, la paroi leur permet de souffler un peu, encore qu'un certain dièdre de cinquante mètres... Voici la brèche de la Tour Save, et la nuit qui arrive. L'éperon final est une splendide étrave où la protection est dérisoire. Cotée 6b sur les topos, la première longueur mérite une cotation anglaise, tenant compte de l'exposition. Une vingtaine de mètres en V+ sur une proue verticale, où les seules protections résident dans deux cordelettes passées derrière de fragiles lunules d'aragonite, conduisent au passage-clé : quelques mètres de 5I sans protection jusqu'au relais. Passage typique de ces années-là, où la chute est interdite.

92- 93-
Coryphène
éperon final.

94- Claude Cassin (rappel Coryphène).

La Coryphène est un poisson des mers tropicales, que l'on trouve au large de la côte du Sénégal, où Joël a passé son enfance. Une seule voie comme la Coryphène dans la carrière d'un grimpeur est suffisante pour lui permettre d'accéder au panthéon des grimpeurs. Elle est avec le Bidule, la grande classique d'aventure la plus respectée. Joël et Claude ne se contentent pas de la Coryphène. Au cours des trois étés qui suivent, ils s'adjugent les plus grandes courses des Alpes (l'éperon Walker, face du Fou, pilier du Fréney). Joël est l'alpiniste complet par excellence, dont on retrouvera un prolongement, dix ans plus tard chez Vincent Fine. Avec Guillot, ils sont la première cordée à gravir la face nord des Droites dans la journée, exception faite de l'incroyable exploit solitaire réalisé par Messner l'année précédente. Mais évoquer la carrière de Joël sans évoquer ses "solos" serait incomplet. Le solo est le fruit défendu, en parler provoque souvent un malaise, même chez les grimpeurs. Lorsque Joël gravit la face ouest des Petites Jorasses, elle est considérées comme l'une des plus belles et des plus délicates escalades libres des Alpes. Elle sera suivie d'autres premières solitaires (Nant Blanc, face nord des Drus).

En 1971, Joël organise une expédition légère en Alaska poursuivant l'œuvre de Lionel Terray, et à la Fleur de Lotus. L'étape suivante est le Yosemite, où Joël et Cordier constitue la première cordée française à répéter le Salathé Wall à El Capitan. Au cours de l'été 1973, Joël tente un nouvel itinéraire à gauche du pilier Bonatti des Drus. Au cours de la descente à cause du mauvais temps c'est le drame : Joël fait une chute de quatre cent mètres et dévale le couloir de la face ouest. Pendant de longues semaines, on ne peut se prononcer sur son état de santé. Sa constitution physique, sa volonté et un entourage exceptionnels conduisent au miracle. Progressivement, Joël récupère ses moyens physiques et intellectuels, entamant avec succès des études de dentiste, et se remet à l'escalade.

95- Michel Charles
Les Futurs Croulants.

Les voies Coqueugniot des Calanques ont, nous l'avons vu, une dimension "montagne". Et la montagne est le domaine où Joël a pu exprimer, le plus pleinement possible, son talent. J'en citerai un denier exemple. Deux ans seulement après son accident, il participe à une expédition au Baltoro. Il gravit un sommet vierge de 6400, satellite du Chogolisa par un magnifique itinéraire mixte, dans le style le plus pur… à la "Hermann Buhl".

La jeune génération marseillaise rêve d'horizons nouveaux. C'est la Patagonie qui va les lui offrir. L'expédition française au Fitz Roy est organisée par la section de Provence du Club Alpin et bénéficie du patronage de la FFM et du Ministère de la Jeunesse et des Sports. L'équipe qui ambitionne de gravir le pilier Est du Fitz Roy, au cours de l'été austral 1968, est composée de François Guillot et Joël Coqueugniot, Jacques Kelle et Vincent Bourges, Claude Duvillier et Pierre Vidailhet, Bernard Amy, et les toulonnais Jacques Mambré ("Tarente") et Jacques Desautels. Le Docteur Ruyssen et sa femme, également de Toulon, complètent l'équipe. Cette équipe est soudée, tous sont des compagnons de longue date, ils ont souvent grimpé ensemble.

96- Expédition Fitz Roy 1968.

Personnage dépourvu d'égoïsme, Tarente est le candidat idéal pour ce genre d'expédition. Il possède aussi un autre privilège qu'il partage avec Claudius : celui d'avoir été déclaré inapte au service militaire pour… vertige ! Grand amateur des diretissimas des Dolomites, Desautels est un grimpeur au moral et aux moyens physiques impressionnants.

Depuis la conquête en 1952, par Lionel Terray et Guido Magnone, le Fitz Roy n'a accepté qu'une seule cordée, celle des argentins Comesana et Fonrougue. Les Marseillais ne déméritent pas, mais ils découvrent les conditions climatiques particulières de la Patagonie. Le pilier présente douze cents mètres de difficultés ininterrompues. Ils en gravissent près de la moitié avant de renoncer, chassés par la rigueur de l'automne austral.

1968 est une année qui compte pour l'escalade dans les Calanques. Comme nombre de mois de mai, mai 1968 a été fort beau, et il a été paré d'une vertu supplémentaire aux yeux des grimpeurs tout au moins, c'est d'avoir dispensé le plus grand nombre de jours fériés, mais sans essence…

Chez les grimpeurs, on "tâte également le caillou" : pas moins de quinze premières pour la seule calanque d'En Vau. L'actualité soulage l'effort d'imagination à fournir pour baptiser les premières : la Révolution (celle-là incontournable), la Participation, le Prolétariat, la Réforme, viennent prendre place au milieu des Sirènes, établissant, à défaut de romantisme, une "Passerelle" entre les diverses générations de voies.

Claude Cassin, Raymond Bonnard et François Guillot sont les plus actifs. Les deux premiers s'occupent de la Participation et du Prolétariat. Guillot fait la Révolution en compagnie des deux Bruno, Dineur et Gaschignard. Bruno Dineur est un grimpeur doué : grand, mince, une tignasse rousse et une allure nonchalante, il est capable de mener brillamment, dès l'âge de seize/dix-sept ans, les voies de libre les plus dures des Calanques.

À la Participation, Claude et Raymond se font "souffler" le mur central par un personnage étonnant, Guy Héran. De taille moyenne, trapu, des bras longs et incroyablement musclés, Guy dégage, en grimpant, une grande puissance physique. Son air "dans la lune" dissimule un moral à toute épreuve, une volonté farouche et un désir certain d'ébranler la hiérarchie locale. Ingénieur de formation, il est venu à Marseille en tant que travailleur immigré (il est de la région parisienne). Jusqu'à sa mort survenue au cours de l'été 1970, Guy manifeste une activité et un esprit d'entreprise considérables, devenant, un des pionniers du Verdon (Éperon Sublime, Luna-Bong, Paroi Rouge).

Guy Héran n'est pas le seul à menacer l'hégémonie marseillaise ; le danger, proche en l'occurrence, se présente sous la forme d'une dynamo humaine d'un mètre quatre-vingt dix répondant au surnom de "Petit Louis". Vivant à Toulon, où il a établi, en compagnie de Serge Mendola, Jacques Desautels et autres Bonnin, des voies fort exposées au Cimaï, au Mont Faron et au Baou des quatre Ouro, Petit Louis - Pierre Louis pour l'état-civil - est une figure légendaire de la grimpe provençale. Une de ses spécialités est d'attendre l'arrivée d'un "promène-couillons" dans En Vau, afin de produire une série de rots caverneux qui résonnent d'un bout à l'autre de la calanque. Aujourd'hui, il serait aphone !

Un des plaisirs dont raffolent les grimpeurs, au cours de ces années 60-70, est d'attendre l'arrivée d'une vedette surchargée de touristes, et de déverser un flot d'injures à son encontre. Certains membres de la communauté (les plus chastes) se contentent de hurler "pollueur", mais le plus souvent, les bateliers essuient un éventail varié de noms d'oiseaux, accompagnés de projectiles divers tels que vieilles chaussures, branchages et cailloux, destinés à leur faire rebrousser chemin et rendre la calanque à ses "occupants légitimes". Le plateau d'En Vau et les abords du refuge du Piolet sont renommés pour les vols dans les voitures. Petit Louis et ses amis ayant surpris un visiteur indélicat le ligote à la sortie d'une voie à une centaine de mètres au-dessus de l'eau, le laissant "beugler" pendant deux heures.

Aujourd'hui, les règles ont bien changé. Les bateaux sont si nombreux qu'il est impensable de perpétuer de telles mœurs. Les grimpeurs eux-mêmes n'ont plus qu'un lointain rapport avec la faune pittoresque et un tantinet anarchiste qui peuplait la calanque. Nombre d'entre eux préfèrent emprunter une de ces vedettes plutôt que marcher une heure.

97- Toit Branlant à droite du Bidule (voie Guillot).

Un mur vertical sépare la sortie des deux piliers de la Passerelle : Petit Louis y trace la Spécial-Boucherie, considérée actuellement comme du 6c bien "frappé" ! Certes, deux golots ont été nécessaires, mais cela ne diminue en rien la qualité de la voie. Faisant souvent équipe avec un autre "climbing bum", Serge Gousseault, Petit Louis s'illustre aussi dans des premières au Verdon.

Devenues classiques, la Révolution et la Participation symbolisent le style engagé et exposé de l'époque : de la dalle et du mur raide, à "gouttes d'eau", le tout en 6a/6b avec très peu de pitons, placés du bas, sans reconnaissance préalable. Il est impossible d'établir une comparaison avec l'escalade sportive qui se pratique à l'heure actuelle, car le matériel et l'équipement n'ont plus rien de commun. Même si les chaussons de type Pierre Allain, puis plus tard les Edouard Bordeneau se généralisent, beaucoup de grimpeurs hésitent encore à abandonner les bonnes vieilles René Desmaison calcaire en cuir noir et souple, ou les Terray-Saussois, qui soulagent les mollets sur les grattons. L'équipement sécuritaire d'aujourd'hui n'existait pas. Citons à titre d'exemple, la dernière longueur du Pilier droit du Couloir du Milieu. Ouverte en artif en 1950, elle est libérée à un niveau de solide 6b. Aujourd'hui équipée de huit goujons inox, elle se gravissait, à la fin des années soixante, avec quatre pitons. Le premier était une lame à anneau "pourrie", et le second (avant le passage-clé), un "Leeper" enfoncé la tête en bas ! Passer "en jaune" devenait une nécessité, voire dans certains cas, un phénomène de mimétisme ! Il est bien évident que de telles longueurs ne représentaient pas seulement un test physique, mais demandaient une certaine préparation psychologique et un gros moral. Vers le milieu des années soixante, le désir de trouver "quelque chose de plus haut que les Calanques mais pas trop loin", commence à se faire sentir. La rumeur de l'existence de parois fantastiques, à deux heures de Marseille, commence à se préciser. Timidement d'abord, sous l'impulsion du Gamma, quelques cordées se risquent dans les parois de Mayreste, les plus abordables des Gorges du Verdon. L'escalade alterne avec les délices de Capoue, et les grimpeurs ne se contentent pas de l'eau des sources de Saint-Maurin : les "Écureuils Alcooliques" ont trouvé un paradis terrestre...

Dans le monde de l'escalade, les secrets sont de courte durée et la tentative de Claude Cassin, Joël Coqueugniot et François Guillot à la Paroi du Duc, a vite fait de transpirer. Au cours de l'été 68, une cordée parisienne, employant une tactique de siège et cordes fixes, réussit le Duc avant les marseillais. Une leçon qu'ils n'oublieront pas. À l'automne, sans tambour ni trompettes, Joël et François s'octroient la Demande : 320 mètres de 5 et de 5+ soutenus avec des passages de 6. Le Duc comporte de sérieux passages de libre obligatoire ; ici, c'est le triomphe du libre pur. Le mythe du Verdon est né. Le style de la Demande conditionne celui des ouvertures ultérieures. Pour la jeune génération marseillaise, le Verdon est aussi le moyen d'affirmer sa propre identité, les Dolomites ayant consacré Georges Livanos et ses pairs.

Avec les moyens classiques utilisés à l'ouverture du bas, le niveau technique des voies reste stationnaire - il faudra, en fait, attendre "l'ère Guyomar" pour passer au cran supérieur - mais les Calanques n'ont pas livré tous leurs secrets. Les falaises de Castelvieil offrent un eldorado pour les amateurs de premières : près de soixante-dix nouveaux itinéraires, répartis entre l'arête du Devenson et la pointe de Castelvieil, autour des années 1970. Tous ces itinéraires possèdent un grand nombre de points communs : le rocher, même s'il n'est pas toujours exécrable, est loin d'être excellent, l'accès est souvent complexe, et la retraite davantage. Ils demandent, en outre, un certain sens de l'itinéraire ; bref, il ne suffit pas d'être un bon rochassier pour être certain de s'en sortir, des qualités de montagnard s'avérant d'un précieux concours.

Un personnage déploie une activité frénétique : Bernard Domenech. Encordé avec Joël Coqueugniot, François Guillot ou Maxime André, il signe plus de vingt premières, certaines fort délicates comme les Cylindres Orientaux, avec Joël, ou la Sébastien, avec François. À l'inverse, la voie de la Noce emprunte un dièdre parfait dans une difficulté homogène de 6a, et dans un rocher d'une surprenante solidité pour Castelvieil. Domenech a une influence similaire dans le Verdon où il ouvre une dizaine de voies, dont deux avec Guillot qui sont restées célèbres : l'éperon des Bananes et l'Estemporanée, la fissure la plus difficile des Gorges.

Venant de la région parisienne pour cause d'études, Bernard s'intègre rapidement au milieu grimpeur provençal. À Aix, il partage son temps entre des études de géographie et la Sainte-Victoire, où il est actif avec Bernard Amy. Il fonde le GAGA, le Groupe Alpin des Géographes Aixois, de son propre aveu, plus un "gag" qu'un club. Suivant les traces de prédécesseurs illustres, tels Erwin Schneider, Eric Shipton et H. W. Tilman, Bernard opère un mariage heureux entre ses deux passions, ce qui lui permet de cartographier bien des massifs de la planète, tout en menant une carrière d'alpiniste d'expédition exemplaire. Groenland, Caucase, Karakoram, Garwhal, Hindou-Kouch, Pyramide de Karstenz en Nouvelle-Guinée, Maroc... Personnage d'une érudition alpine considérable, Bernard a animé pendant de nombreuses années la chronique himalayenne de *Vertical* et s'est également occupé, *des Annales du GHM.*

La décennie s'achève sur le Bidule. Je conseille aux grimpeurs curieux et peu pressés qui effectuent la classique Traversée de Castelvieil, de s'accorder une heure supplémentaire avant d'emprunter la rampe finale de la Ramond, mais le détour en vaut la peine. Qu'ils contournent donc l'angle ouest de Castelvieil, au prix d'un bref passage de troisième degré, et s'aventurent au départ de la Sans-Retour. Là, le système de vires spacieuses qu'ils avaient suivi s'interrompt, pour faire place à une immense gorge brune et surplombante barrée par un toit de quatre mètres d'avancée. La gorge ressemble au tronc évidé d'un gigantesque séquoia qui aurait été coupé dans le sens de la hauteur. C'est dans cette gorge que s'infiltre le Bidule.

Au mois d'octobre 1969, François Guillot et Maxime André relèvent le défi. Par des fissures surplombantes, ils gagnent le toit. Dans une ambiance impressionnante, François le franchit en libre, s'octroyant quelques repos, eu égard à l'exposition et à la continuité de l'effort. En octobre, les jours sont courts, Max et François s'aperçoivent que le Toit n'est pas le passage-clé, mais seulement l'un des passages-clés. Un rappel de soixante-dix mètres en fil d'araignée les plonge directement dans la barque d'un pêcheur qui les ramène à En Vau. La tentative suivante est la bonne. Côté 6b et A3, le Bidule devient la voie la plus difficile des Calanques. La seconde et la troisième sont effectuées au printemps suivant par de très forts grimpeurs : Bernard Bouscasse, Guy Héran, Petit Louis et Serge Gousseault ; puis Bruno Dineur et Jacques Desautels. Quelques jours plus tard, la première cordée tente un Bidule à l'échelle deux : la Paroi Rouge, le Verdon remplaçant la Mare Nostrum.

Au cours de l'été 1970, Guy tombe au Dru. Au mois de février 1971, malgré les efforts de son compagnon René Desmaison pour le sauver, Serge meurt d'épuisement dans le haut de l'Éperon Walker. Desmaison reste auprès de Gousseault jusqu'à son dernier souffle. Lorsque Serge s'éteint, il n'a plus la force de continuer seul. Légende vivante de l'alpinisme, René Desmaison montre là son exceptionnelle résistance physique : lorsque les sauveteurs l'arrachent à son suaire de glace, il a passé "342 heures dans les Grandes Jorasses". Le drame est cruellement ressenti à Marseille où Gousseault compte de nombreux amis.

Au moment où s'ouvre le Bidule, un événement d'une tout autre nature a lieu : la création de la Compagnie des Guides de Provence. Elle est composée uniquement de guides et aspirants guides du Club Alpin, et se réunit dans les locaux de ce dernier. Bénéficiant de l'appui de Gaston Rébuffat, elle comprend, outre ce dernier, Maxime André, Jean-Louis Bonnin, Claude Cassin, Claude Duvillier, François Guillot, Henri Joubard, Robert Romanetti, André Zeppini, puis un peu plus tard, Joël Coqueugniot.

Il y a, à cette époque, une rivalité, ô combien grotesque et quelque peu désuète aujourd'hui, entre le Club Alpin et les Excursionnistes Marseillais. Rivalité savamment entretenue par quelques vieux caciques pour de nébuleux motifs connus d'eux seuls. Passer du CAF aux Excurs ou inversement peut être considéré comme un cas d'apostasie. À défaut d'être brûlé comme hérétique - il y a quand même le risque de mettre le feu aux Calanques -

98- Claude Cassin.

on s'expose à de vertes critiques. Nous connaissions fort bien l'un de ces rares hérétiques : Claude Cassin. Il planait au-dessus de ces querelles mesquines, attaché aux vraies valeurs alpines, c'est-à-dire le plaisir simple de grimper avec des amis.

À la fin des années soixante, les Excurs sont essentiellement un club de randonneurs, doté d'une section de grimpeurs. Aux côtés de Claude Cassin, il y a là un duo redoutable : Raymond Bonnard et Roland Fustin, "Freddy" Plonjeon, et un garçon aussi discret qu'efficace, Michel Charles.

Mon aîné de deux ans, Michel a été mon tuteur à mes débuts. Une technique impressionnante et un calme olympien lui permettent de tenir sur les grattons pendant un temps incroyablement long, pour finir par tranquillement poser une assurance. Lors d'une tentative hivernale au pilier est du Pic de Bure à la Noël 1969 - nous avions voulu jouer les Desmaison un peu trop tôt - le calme et la maturité de Michel ont pesé lourd dans la balance afin que nous rejoignions le pierrier sains et saufs.

L'une des sociétaires a rencontré un jeune homme fraîchement débarqué de son Ardèche qui n'a jamais entendu parler de montagne, ni même d'escalade. C'est ainsi que les Excurs accueillent un nouvel adhérent, Marius Coquillat. Lors de sa première sortie avec le club, Marius fait la connaissance d'un compagnon, aussi peu familier que lui avec le monde de l'escalade. Il est aussi taciturne que Marius est volubile ; son nom : Bernard Bouscasse.

99- Marius Coquillat.

Ce tableau sommaire est celui que j'ai découvert, un jour de février 1968, lorsque j'ai franchi pour la première fois la porte du Club, alors situé aux Allées Gambetta. Trois ans auparavant, une fiction romanesque, avec le Cervin dans le rôle principal, a enflammé mon imagination, et déclenché un désir tel que je n'en ai jamais connu. Cette passion, qui est restée quasi intacte depuis trente-cinq ans, va donner une orientation définitive à ma vie, *toute autre occupation me semblant une déplorable perte de temps (Georges Livanos).*

Pendant ces trois années, j'accumule les apprentissages les plus divers, le plus souvent seul. Mes occasionnels compagnons de cordée, recrutés essentiellement sur les bancs du lycée, sont si terrorisés par les expériences que je leur propose, qu'ils refusent catégoriquement de participer à une seconde aventure. Navré de ne pas trouver parmi les potaches des émules d'Hermann Buhl, je m'inscris dans un club. Initiative dont je n'ai eu qu'à me féliciter.

À l'automne, un nouveau visage fait son apparition. Grand, des cheveux châtains et bouclés, un menton volontaire, et des lunettes qu'il tripote nerveusement, le "nouveau" affecte de s'intéresser aux décorations murales, mais il lorgne de manière ostentatoire vers notre groupe turbulent. Pour finir, il s'approche de nous et se présente : Michel Tanner.

- Alors tu serais le fils...

- Oui.

Curieux de vérifier le poids de l'hérédité, j'emmène Michel, dès sa première sortie, dans la voie du Quatre, voie qui, comme son nom l'indique, comporte un passage de six. Inutile de préciser qu'il a de qui tenir, et qu'il ne restera pas longtemps dans les classiques pour débutants : neuf mois plus tard, nous foulons les derniers mètres du Pilier Bonatti au Dru.

C'est ainsi que s'est constituée notre bande d'amis. Pendant cinq ans, grâce à la vieille Dina Panhard de Michel, nous avons écumé les Calanques, le Vercors, le Dévoluy, l'Oisans, le Mont-Blanc, les Dolomites, et le Verdon. Dépasser les prouesses établies par les Guillot, Cassin et autres Coqueugniot signifiait mettre la barre très haut, même si certains d'entre nous ont réussi à les égaler. C'est aussi là que j'ai appris, grâce à Michel, "latiniste distingué", que le Rubicon n'est pas un passage du Couloir Spencer à Blaitière, mais bel et bien un fleuve romain.

100- Michel Tanner.

Même si nous étions attirés par de grandes réalisations, les relations entre nous étaient dictées par l'amitié : l'émulation n'a jamais dérapé vers la compétition. Du reste, même si certains d'entre nous ont cessé de pratiquer l'escalade depuis longtemps, le groupe d'amis est resté quasiment semblable à celui qui s'était constitué voici trente ans. Dans le livre de Steve Roper, Camp IV, j'ai relevé ces lignes de Robbins qui s'apparentent fort bien à ce que nous vivions : *Non que nous ayons caché les conflits personnels. Tout simplement, il n'y en avait pas. Nous grimpions entre amis. L'escalade est stressante et, parfois, des mots vifs peuvent être échangés. Mais nous nous connaissions, nous nous respections et, en général, nous étions heureux ensemble. En fait, les ascensions étaient un amical travail d'équipe.*

Jeunes grimpeurs enthousiastes, le prosélytisme d'un Lucien Devies, appelant sans cesse à une sobriété de moyens et une pureté du style, ne nous laissait pas indifférents. Mieux, certains articles, comme celui de Messner concernant "la dévalorisation du 6e degré", résonnaient en nous comme des gospels.

Dans cet article, Messner note *qu'il y a deux sortes d'escalade : la réduction de la montagne à l'homme, et l'adaptation de l'homme à la montagne.* Et Messner de fustiger les "ferrailleurs", prenant comme exemples à suivre, ceux de Rebitsch, de Vinatzer, et plus récemment, celui de Philipp et Flamm, réussissant dans un

PREMIÈRE PARTIE

Deux solitaires

Ce que je m'apprête à écrire

Ce que je m'apprête à écrire est le récit de mes rencontres avec un philosophe anonyme, un vieux scientifique universitaire qui à ses heures libres aimait pratiquer l'escalade dont je suis aussi un amateur. Cet homme a été mon partenaire sur les escarpements de Provence à deux reprises : la première fois en 1994 sur la montagne Sainte-Victoire, dans le pays d'Aix (en Provence), puis l'année suivante, 1995, dans les gorges du Verdon.

C'est aussi l'histoire d'un changement bizarre intervenu dans le comportement de ce même vieux grimpeur entre les deux périodes de vacances ; au début de la seconde période, dans le Verdon, j'ai eu l'impression de retrouver une autre personne. Je me rappelle très bien que je n'arrivais pas à comprendre comment il avait pu changer de cette manière, et que j'étais hanté par la question de sa véritable personnalité, celle de la première période ou celle de la seconde ? J'ai obtenu par la suite une très surprenante réponse, mais c'était déjà trop tard pour lui en parler ; depuis cette révélation, je ne l'ai plus revu.

On peut dire aussi que ce récit est, d'une certaine façon, mon histoire personnelle ; celle d'un jeune homme confronté à

des idées nouvelles, tout à fait choquantes pour lui. Je n'ai jamais entièrement accepté les arguments de mon vieux partenaire d'escalade, mais j'avais du mal à les réfuter. Je me trouvais diamétralement opposé à sa façon de penser et je déclarais ouvertement que je n'avais pas succombé à sa philosophie si éloignée de la mienne et si étrangère à mon style de vie et à tout mon univers, mais j'étais incapable de trouver une faille dans ses raisonnements. De plus, mon meilleur ami Pierre, Liégeois et grimpeur lui aussi, a su discerner dans mon comportement l'attitude d'un « mordu « de cette philosophie, comme si j'en étais devenu un adepte.

J'aimerais que de ces souvenirs de mes rencontres en Provence sorte un livre de philosophie et d'escalade, et que les deux sujets y soient imbriqués, puisque pour moi ils furent complètement mélangés et amalgamés pendant ces deux périodes d'escalade.

Il peut sembler présomptueux de ma part d'entreprendre l'écriture d'un livre sur ce thème, car je n'ai aucune expérience dans ce domaine. Je n'ai jamais écrit quoi que ce soit auparavant, et je n'ai jamais étudié la philosophie dans un cadre formel. Je n'ai même pas suivi un de ces cours populaires de philosophie que certains aiment écouter de temps en temps ; ma formation est essentiellement technique. Somme toute, je suis un jeune homme très simple qui n'a jamais pensé à devenir un écrivain, mais qui a décidé malgré tout qu'il fallait absolument écrire ces souvenirs. Point à la ligne.

C'est le bon moment pour commencer ; je dispose de tout mon temps. Je me suis fracturé une cheville, je porte un plâtre, et je suis en « arrêt de travail «. Ce sont les conséquences

style impeccable le grand dièdre de la Civetta. L'escalade technique, exposée et engagée que nous pratiquions toute l'année dans les falaises calcaires des Calanques, nous permettait de réaliser ces escalades prestigieuses dans le style préconisé par Messner, poussant le zèle jusqu'à enlever les deux golots parasites du dièdre Philipp dans les Dolomites.

Dans les Calanques, peu de premières à mettre à notre actif: Marius reprend le flambeau laissé par Claudius ; Michel Tanner trace sur le Grand Pilier de Bartagne un itinéraire proche de celui de ses parents, avec Michel Charles ; en ce qui me concerne, ce n'est que trois ans plus tard, après avoir découvert les magnifiques traversées ouvertes par Jacques Kelle et ses amis à Castelvieil, que, enthousiasmé par cette forme d'aventure, j'en ouvrirai de nombreuses au raz de l'eau.

Pendant ces cinq années d'activité frénétique, notre groupe n'a pu s'empêcher de noter la présence d'un important contingent de filles aux sorties dans les Calanques comme en camp de montagne. Nos ambitions alpines nous contraignent à respecter des mœurs spartiates et c'est avec un regard soupçonneux que nous nous observons mutuellement, prêts à enrayer chez l'un d'entre nous le style de tentation qui avait coûté si cher à Adam.

Bure, le Féraud, puis les Gillardes, nous ont donné l'illusion d'avoir des Dolomites pas trop loin de chez nous ; à l'opposé, le Verdon propose un type d'escalade totalement inédit qui va à l'encontre du mythe du sommet: il faut descendre avant de commencer l'escalade. Entre 1970 et 1972, Bernard Bouscasse, Michel Charles, Marius, Henri Rigaud, Michel Tanner et moi, avons réalisé une vingtaine de premières majeures dans les deux massifs précités.

Marius et Michel Charles accompagnent Guy Héran, respectivement dans la Luna-Bong et l'Éperon Sublime. La Castapiagne Rouge est une œuvre collective, encore que Bernard et Michel Tanner en soient les principaux artisans. C'est dans le bombé d'A4 de la Castapiagne que Michel, esprit aussi audacieux qu'inventif a testé les premiers plombs. Grand amateur de pêche sous-marine, il a prélevé quelques plombs de son matériel. Les "copper-heads" étant inconnus en France, ces fameux plombs de pêche, qui font aujourd'hui partie de la panoplie de tout "artificier à la page", sont en 1972, une innovation absolue (que Guyomar se fera un plaisir de remettre au goût du jour un peu plus tard).

101- Bernard Bouscasse.

À Pâques 72, Bernard et Marius ouvrent la Ula. La Ula est au Verdon ce que le Philipp est aux Dolomites, la Directe Américaine au Mont-Blanc ou le Nose au Yosemite. La Mousson à l'Escalès, le Pic Crillon et la paroi vierge de Haute Roche aux Gillardes, ouvertes en style classique, du bas, sans pitons à expansion et sans aucune reconnaissance préalable sont les œuvres majeures de Michel et Bernard.

Chacun possède un caractère industrieux doublé d'une grande intelligence pratique. Lors de notre pèlerinage annuel à la Pierre d'Orthaz, ils récupèrent tout ce qu'ils trouvent, vieux panneaux, planches, madriers..., et transforment notre campement en une véritable résidence secondaire avec table d'hôte, bancs et fauteuils. Un été, nous avions laissé le "camp de base" deux semaines pour effectuer un raid dans les Dolomites. À notre retour, il était envahi par une bande d'anglo-saxons hirsutes qui n'avaient pu s'empêcher de profiter d'une telle aubaine.

Très doué, Michel a une carrière de grimpeur d'une durée analogue à celle de ses parents. Au bout de cinq ans, il abandonne l'escalade pour entamer un tour du monde qui se termine par un long séjour dans les îles du Pacifique sud, retournant ainsi à ses premiers amours : la pêche sous-marine. Pendant de nombreuses années, le Verdon est devenu pour Bernard un jardin secret : une quarantaine de premières réparties dans tous les secteurs des Gorges.

Ces années-là sont également synonymes de l'explosion de l'escalade solitaire, en montagne comme dans les massifs secondaires, les Calanques n'échappant pas à la règle, bien entendu. C'était une activité que Michel, Marius, Henri ou moi pratiquions couramment, comme le faisaient des grimpeurs comme François, Joël, Michel Bonnon ou Serge Gousseault. En solo, le niveau atteignait fréquemment le 6a actuel, encore que Michel l'ait dépassé aux Hommes Volants, et moi-même à la traversée de la Triperie. Lors des séjours à la Pierre d'Orthaz, nous avions fait connaissance avec des grimpeurs britanniques de renom, comme Eric Jones. Eric nous parla des mœurs de ses compatriotes, chez qui le solo était une activité populaire, tout au moins parmi les grimpeurs de haut niveau. Cependant, les discussions que nous avons eues avec eux, m'ont donné l'impression d'une recherche plus exacerbée de l'expérience limite - "on the edge" - de leur part.

Avec Henri, il nous est arrivé souvent de grimper en solo, l'un à côté de l'autre, pour le plaisir. J'ai des souvenirs de solos à En Vau, et d'une journée complète consacrée au solo à Sugiton. Nous avions gravi tous les deux une demi-douzaine de classiques avant de finir la journée par un bain. Lucien Devies a écrit du solo qu'il est la quintessence de l'alpinisme. Il est certain que peu d'activités procurent une telle jouissance : rapidité, légèreté, émotions décuplées, sentiment de liberté. Au cours de cette époque d'amitié et de convivialité extrêmes, nous avons peu pratiqué le solo en montagne. Encordé avec Michel, Bernard ou Henri, j'avais l'impression de ne former qu'un seul individu. Exceptions faites du solo d'Henri au pilier Gervasutti, et de celui de Michel au pilier sud des Écrins, Marius a souvent pratiqué cette activité dans le Vercors, à Glandasse, à Archiane et à la Pelle, et Jacques Fouques dans le Verdon, à la Demande et à la Ula (en 1974, soit seulement deux ans après la première !). Seul Joël Coqueugniot pratiquait le solo extrême en montagne de façon régulière. Hormis Messner, peu de solitaires pouvaient briguer un palmarès plus éblouissant que le sien.

Le chroniqueur de la revue Alpinisme écrivait dans le numéro de mars 1948 : *Parmi les membres du GEP, trois ou quatre d'entre eux seulement sont capables de faire les itinéraires de grande difficulté et de conduire en montagne des courses de rocher très difficiles.*

Vingt ans plus tard, cette époque est totalement révolue. Dans ces années soixante, l'éclectisme reste le maître mot, la spécialisation n'est pas encore à l'ordre du jour. Dans les Calanques, le spit est l'objet de fortes réticences (on s'efforce de *ne pas assassiner l'impossible*), et l'escalade est encore fortement liée à l'esprit de l'alpinisme classique.

102- Bernard Bouscasse.

103- Vue des Calanques, à partir du Cap Morgiou.

LA GRANDE CROISIÈRE

CHAPITRE *8*

Le Sage trouve son plaisir auprès des eaux,
le Vertueux dans les montagnes.
Harold William Tilman

CETTE CITATION DE TILMAN, puisée dans *Deux montagnes et une rivière*, illustre les sensations de plaisir, de plénitude et de sérénité, que procure l'univers bien particulier des Calanques. Cet univers est d'une simplicité exemplaire pour citer Rébuffat : la mer, le calcaire blanc et vertical des Calanques, et le ciel. Concrètement, il s'étend de la calanque de l'Œil-de-Verre à la Pointe de Castelvieil auquel il convient de rajouter le Cap Morgiou, modèle réduit du précédent.

Au début des années soixante, cet univers présente de vastes sections de parois inexplorées. Depuis l'expédition des Hurluberlus, qui avait permis à Imoucha et ses amis de rallier la calanque du Devenson par la terre, les pionniers ont réussi à établir une grande traversée qui relie cette dernière à l'angle de Castelvieil. De la plage du Devenson, la Traversée du Baron gagne tout d'abord la Tour Save, puis par un tracé fort judicieux rejoint la calanque de l'Eissadon. Maurice Ramond et Henri Joubard ont pris le relais de Save de Beaurecueil pour créer la Traversée du GEP, qui relie la calanque de l'Eissadon à celle de l'Oule. De l'Oule, la Traversée des Écureuils permet de gagner la brèche de Castelvieil, d'où démarre la traversée de Castelvieil. Après, c'est l'inconnu.

En dehors du cirque du Devenson et des piliers de l'Eissadon tout reste à explorer, car c'est bien d'exploration qu'il s'agit. Une variante de la Traversée du GEP se nomme la voie des Abbés. Si je la mentionne, ce n'est pas en raison de son intérêt historique, mais parce qu'elle me permet de présenter un personnage pour qui les Calanques ont tant représenté, et dont la vie couvre pratiquement les événements relatés dans ce livre : Charles Seinturier.

Né en 1905, Charles Seinturier découvre les Calanques dès l'âge de neuf ans. Il doit cette chance à un oncle qui l'introduit précocement dans le saint des saints. Deux ans plus tard, du haut de la Sainte-Baume, son oncle lui montre au loin une grande chaîne enneigée : le massif des Écrins. Le jeune Charles est un adolescent espiègle et dynamique. Découvrant chez ses parents une bouteille d'alcool, il la subtilise et la verse dans la mangeoire des poules. Le résultat ne se fait pas attendre : les poules éméchées, mènent un sacré tintamarre en plein Marseille et sèment l'agitation dans tout le quartier !

104- Maurice Ramond
Henri Joubard
1ère traversée
de Castelvieil 1947.

La vision entrevue du sommet de la Sainte-Baume est restée gravée en lui. C'est par le Valgaudemar, avec l'ascension des Rouies, qu'il aborde la haute montagne. Suivent un grand nombre de courses dont les Écrins, son premier 4000, et la Meije, sa montagne fétiche, qu'il gravit pour la première fois en 1936, en compagnie du curé de La Grave et de trois guides de la paroisse. Une chute à la Grande Aiguille d'En Vau interrompt ses activités alpines de manière provisoire ; il est transporté à l'hôpital Saint-Joseph. Lors de sa convalescence, il reçoit la visite de Monseigneur l'Archevêque, ainsi qu'une autre qui lui fait sans doute encore plus plaisir, celle du "pape" de l'escalade provençale : le Grec. À l'Archevêque qui le sermonne à propos de ses "enfantillages", l'abbé Seinturier répond, en montrant une photo de la Meije : *je serai guéri quand je serai à nouveau là-haut.*

La Meije est sa montagne favorite : il la gravit sept fois. Conciliant son sacerdoce et son attachement à cette cime, il y monte trois fois pour participer à l'installation de la statue de la Vierge, au sommet du Grand Pic. Cet amour qu'il porte au Haut-Dauphiné est partagé par le Valais : il affectionne le Cervin, qu'il traverse dans le sens Lion-Hörnli, en 1945. Il y retourne vingt ans plus tard avec des jeunes à qui il fait découvrir la montagne. Cela fait également partie de sa mission : combien de jeunes du Club Alpin ont découvert la montagne grâce à lui. C'est ainsi que nous nous sommes connus. Nous avions installé notre bivouac, ma femme, un ami et moi, dans le petit abri, hélas disparu, du Col de la Temple. Il est arrivé, guidant un groupe d'adolescents. L'exiguïté des lieux, nous avait fait choisir de bivouaquer dehors. Il avait aimé ce geste qui était pour lui l'émanation d'un certain esprit montagnard.

Pendant plus d'un demi-siècle, il assure la vice-présidence de la section de Provence du Club Alpin. L'âge ne semble pas avoir de prise sur lui : à près de 80 ans, il organise des excursions au clair de lune dans les Calanques, qu'il fait découvrir ainsi à un autre passionné : le Cardinal Etchegaray. Le terme de charismatique me semble bien choisi pour évoquer la riche personnalité de Charles Seinturier.

Au début des années soixante, Maurice Ramond, conduit une équipe de grimpeurs dans la traversée qu'il a ouverte, quinze ans auparavant, avec Henri Joubard. Après avoir dépassé l'étonnant monument écologique qu'est l'arbre fossilisé de Mathusalem, le groupe parvient à l'angle Ouest de Castelvieil. À l'équipe de jeunes grimpeurs, affamés de découverte, Ramond déclare : *C'est là que ça s'arrête. Après, il y a un sacré problème !* Rien de tel pour stimuler davantage des appétits déjà bien aiguisés. Parmi ces jeunes grimpeurs passionnés, il y a Jacques et Philippe Kelle, et Vincent Bourges ; nous les connaissons depuis les Futurs Croulants. Jacques est l'aîné de deux ans de son frère, il a dix-huit ans.

Un samedi soir, au printemps 1963, Jacques et Vincent quittent Marseille lourdement chargés : matériel de bivouac, pitons, mousquetons, coins de bois, duvets et beaucoup d'eau. Leur moyen de transport : le vélo. Le "promène-couillon" et la "dépose" à En Vau, ce sera pour bien plus tard, ce sera aussi pour une autre race de grimpeurs... Leur jeunesse va de pair avec des moyens financiers réduits, aussi ont-ils emprunté le rappel de soixante mètres au CAF.

105- Ivan Vaucher. Sortie de la Traversée Ramond.

Après un bivouac au refuge du Piolet, c'est le départ, matinal car une course plus qu'une voie des Calanques les attend. Après l'Angle de Castelvieil, ils entament la série de rappels sans commettre la moindre erreur d'itinéraire. De nombreux successeurs ont raté le dernier rappel pour se retrouver coincés dix mètres au-dessus de la mer, souvent turbulente à cet endroit. Il ne faut pas oublier d'emporter un anneau de corde assez long en prévision du petit exercice de lasso qui vous guette en fin de rappel.

À trois heures de l'après-midi, les voici au Fjord. Ils sont trop bas et ne trouvent pas la Traversée. Un rappel en fil d'araignée dans le Fjord les conduit directement dans la barque d'un pêcheur. Retour à En Vau, puis à coups de pédale, à Marseille. Le samedi suivant, Jacques et sa sœur louent un pédalo à Port-Pin, décidés de jeter un coup d'œil par la mer. Port-Pin - En Vau en pédalo, ce n'est pas une sinécure ; lorsqu'ils arrivent en vue du Fjord, Jacques se rend immédiatement compte que la course est loin d'être finie. La sortie en particulier promet d'être problématique. La tentative suivante les voit pédaler en direction du Piolet munis de deux cents mètres de corde ! Cette fois-ci, on laissera les rappels équipés, "des fois que ça barderait" et qu'on ne franchisse pas le Fjord.

Pour l'heure, le Fjord est "l'os n° 1". Le pilier qui le délimite au nord, est percé d'une esthétique lucarne qui assure un spectacle à la fois visuel et sonore. Le Fjord se présente sous la forme d'une gigantesque ogive dont le plafond domine les flots d'une cinquantaine de mètres. La lucarne, située aux deux tiers de la hauteur, octroie au grimpeur le privilège rare de contempler les flots à la manière d'un quidam perché accidentellement à un vitrail brisé d'une cathédrale. À un détail saugrenu près : le sol des cathédrales est rarement rempli de flots bouillonnants, comme un chaudron de sorcière.

L'heure les contraint à avancer et laissant le hublot, ils traversent en direction d'un petit dièdre vicieux et surplombant qui les conduit sur le fil de l'éperon bordant le Fjord. Une rampe, un bombement délicat, et les voici devant le problème. Tout droit, un pilier de dalles sculptées de fantastiques gouttes d'eau mais totalement dépourvu de fissures, s'élève sur plus de quatre-vingt mètres jusqu'au plateau. Hors de question : c'est là que passeront les "Dents de la mer", trente deux ans plus tard. Perché sur une petite chaire, le premier s'imprègne de la solution. Si solution il y a, elle réside en une traversée d'une vingtaine de mètres vers la droite, qui permettrait de franchir le Fjord.

La première moitié est la plus délicate : en guise de fissure, il faut se contenter de suivre une veine, rasant le haut de l'ogive, où de vagues trous daignent accepter quelques pitons courts et pointus. Il n'y a pas eu, jusqu'à présent, de plaisantin désireux d'imiter Pompanin *. À mi-chemin, une niche dont j'aurai l'occasion de reparler, leur permet de relayer et de permuter l'ordre de la cordée. Deux mètres sous le "plancher" de la niche, le sol se dérobe : c'est le sommet de l'ogive, les flots sont juste au-dessous.

*Ugo Pompanin, * après avoir fixé une petite plaque de chemin de fer, a fait dans la traversée de la Cima Ovest un vol spectaculaire...*

Le reste de la Traversée, tout aussi impressionnant, offre cependant une escalade plus classique, où le pitonnage et les protections sont meilleures. Du mixte délicat à l'ouverture, la Traversée vaut un bon 6b actuel avec clous d'époque "s'il vous plaît". Le relais de la Niche se "grille", pour peu que l'on accorde un minimum de soin au mousquetonnage des cordes. Un friend moyen apporte un peu de confort à la sortie de la Niche et permet de ne pas trop se formaliser de la quantité de rouille qui recouvre les pitons.

Le relais qui fait suite à la Traversée apparaît comme un véritable havre. Il permet d'assister, avec une relative quiétude, aux déboires du second. Quiétude plus que relative, car si celui-ci venait à dévisser, il finirait à coup sûr son vol dans le haut de l'ogive, situation on ne peut plus hasardeuse ! Le périple en pédalo les a rassurés sur un point : Jacques et Vincent savent que, le Fjord franchi, un important système de vires descendantes rejoint la mer après quelques centaines de mètres. À mi-chemin, il présente toutefois un bien curieux passage : le Ramping.

Comme son nom l'indique, il se passe en effectuant une espèce de "crawl" : avec le casque, les coinceurs ou les pitons, sans compter tout le reste, le passage du Ramping m'a souvent fait penser à certaines séquences du film d'Aldrich, MASH. C'est encore la meilleure façon de le franchir ; ne faites surtout pas comme un camarade qui avait utilisé la strate supérieure pour effectuer une "traversée sur les bras" : il en avait encore la gorge nouée lorsqu'il nous le racontait. Quittant la vire une cinquantaine de mètres avant son extrémité, nos deux lascars s'engagent dans un couloir qui entaille la première moitié de la falaise. *Dans les premières, la curiosité doit être érigée en principe.* (*Georges Livanos*).

Armés de cette philosophie et d'une bonne dose de flair, Jacques et Vincent trouvent la Lucarne, l'échappatoire qui permet de quitter le couloir avant qu'il ne surplombe ; c'est d'autant plus méritoire que cette lucarne est invisible du bas. Ils sont quand même contraints de l'agrandir au marteau afin de pouvoir passer.

Une traversée descendante, de petites vires, et la cordée arrive sous une voûte fortement surplombante, dont le sol est occupé par un spacieux matelas de sable moelleux : un emplacement de bivouac idéal lorsque tout est prévu. Mais sans eau, après avoir consacré le tour du cadran à la grimpe, pas question. Sur la droite de la "chambre à coucher", la terrasse s'amenuise ; la nature ayant bien fait les choses, le surplomb s'estompe avant que la terrasse ne disparaisse complètement, pour laisser place à un mur vertical. Il n'y a pas d'autre chemin. Quelques mètres sur des gouttes d'eau, puis il faut avoir recours à l'artif. Oh, quelques clous seulement, mais après une douzaine d'heures d'escalade, c'est un plaisir dont on se priverait bien volontiers...

Ainsi, pendant que trois vedettes du "who's who" alpin réussissent, au vu et au su de tous les grimpeurs, le pilier des Américains, deux Marseillais de dix-huit ans s'offrent, sans tambour ni trompettes, la Traversée Sans Retour. Avec plus de huit cents mètres d'escalade, des rappels dont certains pendulaires, un numéro de lasso et un autre de ramping, avec un zeste de spéléo avant la sortie, un passage-clé impressionnant, qu'il soit effectué en libre ou en artif, et une recherche complexe de l'itinéraire, la Sans Retour a la dimension d'une véritable course. Le nombre de bivouacs impromptus, le nombre d'interventions des marins-pompiers et le nombre de tentatives qui se sont terminées dans un bateau de pêche ne se comptent plus.

Répéter un tel itinéraire est une proposition fort alléchante, qui a tout pour séduire François Guillot. Le dimanche suivant, François et Serge Machard se lancent à leur tour dans l'aventure. Au passage, ils récupèrent les cordes laissées par Jacques et Vincent dans les rappels. Tous deux sont des grimpeurs rapides, mais une telle voie non équipée prend du temps, surtout sans connaissance préalable de l'itinéraire. Le jour décline, ils se trompent de couloir, ne trouvent pas la lucarne salvatrice, et inaugurent une sortie impromptue baptisée... la Nocturne. C'est la première nocturne, il y en aura pas mal d'autres.

Serge Machard, qui devait hélas trouver la mort quelques semaines plus tard après avoir ouvert son Toit à Sugiton, était un garçon attachant et original. Sans parler de ses dons d'escaladeur il avait hérité de son père un esprit inventif surprenant. Serge se déplaçait avec une voiture sans permis que son père avait fabriquée à partir d'une vieille 4L, véhicule qui fonctionnait à merveille. Jacques et François en ont tous deux bénéficié.

106- 1er rappel Sans Retour. Jacques Kelle.

C'est la veille de la Nativité. Dans les chaumières se prépare le réveillon de Noël. Enfin, presque tout le monde. En milieu de matinée (température oblige), une cordée s'engage dans la Sans Retour. Au dernier rappel, la corde de soixante mètres a obstinément refusé de coulisser. Chacun s'accorde à trouver la plaisanterie saumâtre ; malgré leurs efforts conjugués et l'emploi généreux de jurons sédatifs, elle ne bouge pas d'un pouce. La petite niche-relais située à l'aplomb du Bidule est loin de leur accorder le confort exigé par de telles manœuvres, et il est bien trop tard pour entamer une partie de prüssik ; la mort dans l'âme, ils décident de continuer avec la corde de secours.

En 1966, la distance classique d'encordement est d'une trentaine de mètres. Leur rappel abandonné, les trois amis s'encordent... à quinze mètres d'intervalle. Aucun ne connaissant l'itinéraire, ils préfèrent des longueurs courtes plutôt que grimper simultanément. Ils atteignent le Fjord en même temps que le crépuscule. Au fait, il est temps de présenter notre trio : il y a là Michel Charles, Guispa Estarellas et Roland Fustin, la jeune garde "excur". Dire que Michel possède un calme olympien relève de la litote. Les parcours de la Sans Retour sont peu nombreux et par ouï-dire, ils "savent" qu'il n'y a plus de difficultés après la Traversée. C'est dans l'espoir d'éviter le bivouac que Michel s'y engage. En bout de corde, il atteint péniblement la Niche. Roland le rejoint en même temps que la nuit, et attaque la seconde longueur de la Traversée ; un piton ayant le mauvais goût de sortir de son logement, il se retrouve suspendu au-dessus du Fjord, l'obscurité l'empêchant de goûter toute la saveur de la situation.

Regroupés dans la Niche, ils conseillent à Guispa de rester sur les étriers à l'entrée. À la perspective de réveillonner en grelottant tout seul sur son relais improvisé, Guispa s'insurge, et après force exhortations, il réussit à se faire accepter. La cohabitation ne peut se faire sans un minimum d'ordre : Michel, engoncé au fond de la Niche, a pénétré en marche arrière, laissant à Roland le soin d'occuper les quelques centimètres carrés restants. Quant à Guispa, il est directement sur le balcon, avec vue sur la mer et le bruit des vagues. Pour plus de précautions, il est directement "vaché" aux deux autres. Les Treize Desserts se réduisent à une pomme pour trois, deux figues sèches et une tranche de pain de seigle par personne. C'est un tantinet rouillé que chacun, le lendemain matin, effectue la fin de la Traversée où les attend une terrasse spacieuse.

107- Philippe Kelle.

Les vires apportent une bouffée de délivrance, chacun pouvant "gambader" à sa guise. Roland, qui est en tête, dédaigne la manière classique de négocier le Ramping, et il commet l'erreur de tenter une "traversée sur les bras". Les séquelles du bivouac se manifestent et il s'en faut d'un cheveu qu'il ne lâche prise. Étant tous d'un gabarit élancé, ils n'ont pas trop de mal à passer par la Lucarne, et ils arrivent sous le mur final pour découvrir... le comité de réception. Mortes d'inquiétude, leurs familles ont prévenu les pompiers qui, guidés par Freddy Plonjeon, sont venus à la sortie. Ce genre d'épopée s'embellit à chaque récit pour se terminer au milieu des éclats de rire, un verre à la main. L'ayant entendue maintes fois de la bouche de chacun de mes amis, j'espère l'avoir retranscrite avec le maximum de fidélité.

La Sans Retour est une de mes voies favorites, et je l'ai gravie une bonne demi-douzaine de fois. La première, c'était à Pâques 72. Nous bivouaquons, ma femme et moi, sur la plage d'En Vau, et assistons, amusés, aux attaques courroucées que subit "Tonton" (Yves Azémas) de la part du gardien de la Maison Forestière. Claude Cassin m'a rejoint ; sachant à quel point je désire connaître la Sans Retour, il me la propose. Il l'a parcourue l'année précédente avec Gaston Rébuffat, mais eu égard à sa beauté, il éprouve un grand plaisir à l'idée de la répéter. Emportant seulement quelques mousquetons, sangles, et une corde de cinquante mètres, quatre heures après avoir quitté la plage d'En Vau, nous sommes de retour à notre point de départ.

108- Dernier rappel de la Sans-Retour. Bernard Vaucher.

Faite dans ces conditions, je n'avais pu imaginer tous les pièges - la complexité de l'itinéraire surtout - de cette merveilleuse entreprise. Je suis retourné un an plus tard avec Robert Gabriel. Après une interruption de dix-sept années, Robert se remettait à l'escalade, et il était très excité à l'idée de découvrir ces itinéraires qui n'existaient pas auparavant. Nous avions inauguré notre cordée avec les Futurs Croulants. Robert était d'autant plus excité que l'un des membres du GGM surnommé "le Bandit", avait eu droit à la barque. Malgré l'admiration que je portais à Robert, j'étais quand même un peu inquiet par la traversée du Fjord, aussi lorsque "Pepsi" (Jean-Patrick Coullet) me proposa de nous suivre, j'acceptai avec enthousiasme. D'autant que sa présence garantirait humour et décontraction tout au long du parcours.

109- Le Fjord.

Venu très tôt à l'escalade, Pepsi a rapidement fait partie des figures les plus pittoresques de la scène des Calanques et du Verdon, dans les années soixante-dix. Doté d'un humour cinglant, il sait rendre son sens de la répartie encore plus explosif grâce à un léger bégaiement dont il maîtrise les effets comiques à la perfection.

À la sortie d'une voie de l'Escalès, Pepsi observe les évolutions d'un groupe de touristes. Sortie tout droit d'un dessin de Cabu, une matrone accoudée à la balustrade du parking, jette des cailloux. Patiemment, Pepsi lui explique les dangers que cela comporte pour les marcheurs sur le sentier Martel, ou les grimpeurs au sortir de la Paroi Rouge. Mécontente de cette leçon de bon sens, la matrone le couvre alors de ses imprécations vengeresses, amalgamant les cheveux (qu'il portait très longs), les "hippies" et les drogués. Avec la même douceur, Pepsi lui répond :

- Moi, mes cheveux, je peux toujours les couper, mais vous votre tête de c..., vous la garderez toute votre vie !

Un peu comme certaines classiques tracées sur des grandes montagnes, qui défient les modes et se moquent des outrages du temps, la Sans Retour reste une entreprise sérieuse qu'il faut éviter à tout prix de sous-estimer. Castelvieil est le promontoire le plus marin des Calanques. Dans la Sans Retour ou dans les traversées suivantes, le grimpeur a la sensation de ramper sur l'étrave d'un gigantesque vaisseau prenant la direction du large. Ainsi, étrangère aux phénomènes de dévaluation qui frappent les voies de "palestra", elle demeure un rêve commun à toutes les générations de grimpeurs.

Lors de son raid en pédalo, Jacques n'a pu s'empêcher d'observer la zone qui fait suite aux dernières vires de la Sans Retour. Le délai de près de trois ans qui sépare la Sans Retour de la Grande Croisière est significatif. La Grande Croisière est plus courte - elle se développe sur deux cents mètres à peine - mais elle est de loin la plus difficile. Celui qui a pu approcher Castelvieil par la mer, n'aura aucun mal à le croire. La Sans Retour a ouvert des portes : elle est la première grande traversée marine d'un tel niveau de difficulté.

Les traversées ouvertes jusqu'à présent (le GEP, la traversée du Baron et celle de Castelvieil) se situent dans le quatrième degré de difficulté, avec de rares sections frisant le petit cinq. Même si la Sans Retour n'est pas soutenue, elle présente tout de même des passages fort sévères. Cependant, la Grande Croisière est une toute autre proposition. À l'aplomb du Bidule ou du Fjord, cent quarante mètres séparent la mer du plateau.

À l'aplomb du bivouac de Castelvieil, la falaise excède de peu cent mètres. En revanche, celui qui lâche une gourde ou une chaussure du bivouac, risquerait fort de toucher un bateau, car le dévers dépasse vingt mètres. Cela rappelle la Concave, mais la paroi, au lieu d'être concave, se présente sous la forme d'un ventre énorme, noir et bedonnant. Une Convexe, en quelque sorte. Une paroi se présentant sous un jour aussi peu aimable ne peut qu'offrir des possibilités d'évasion encore plus ténues que celles de la Sans Retour. Aussi, pour éviter "le coup du Fjord", version marine du syndrome d'Hinterstoïsser *, tous les membres de l'équipe s'accordent pour laisser quelques cordes fixes au départ. Un kilomètre de natation au mois de novembre, certes ce n'est pas la Manche, mais même sans le matériel d'escalade, cela risque de se terminer sous l'eau.

** L'un des passages-clés de la célèbre face N de l'Eiger.*

La Grande Croisière est une histoire de famille. Outre Vincent Bourges, il y a Philippe et Jacques Kelle, et Mireille Ramond. Mireille (qui deviendra un peu plus tard Madame Jacques Kelle) est une des meilleures grimpeuses provençales. Enfin, la dernière recrue est "Claudius", Claude Duvillier. Présence fort appréciable en cas d'artif particulièrement vicieux. Un magnifique pin marque l'extrémité méridionale de la dernière terrasse de la Sans Retour. Après, c'est l'inconnu.

Tout d'abord, en vue des péripéties à venir, il s'agit de fixer un ancrage béton. Un rappel de quarante-cinq mètres plonge le grimpeur dans un monde unique où il est suspendu, sans toucher le rocher, à plusieurs dizaines de mètres de la mer. La Mer : elle peut être bleue, calme, scintillante de tous les reflets du soleil méridional. Mais elle peut être grise, violente, tourmentée, d'une couleur de plomb à l'unisson avec le ciel. Elle n'est jamais pareille, tout comme les parois, elle varie suivant les éclairages. Mais elle ne laisse jamais indifférent.

Un petit nid accueille provisoirement les grimpeurs, avant qu'ils ne se translatent, au moyen d'une traversée "à la Bavaroise", quelques mètres sur sa droite. À cet endroit, un minuscule pupitre, dominé par un mur incliné à 100°, sert de relais. Le mur leur réserve un artif classique et conduit à une niche. Une seconde longueur sur un pilier de calcaire "caramélisé" permet à toute l'équipe de se regrouper sur une vire suspendue à mi-hauteur de la paroi. À cet endroit, tout n'est que ventres et surplombs. Pitonner les soixante mètres qui séparent du plateau prendrait des jours… et un nombre astronomique de pitons à expansion. Une fois de plus, la solution est le rappel. Mais quel rappel ! Ce rappel est le plus délicat des Calanques, celui de la Coryphène étant deux fois plus long certes, mais la manœuvre finale est moins complexe.

110- Mireille Ramond. Traversée Tabarly.

Le grimpeur touche le rocher sur un mètre, puis il décolle immédiatement pour se retrouver en fil d'araignée pendant quarante mètres. La paroi étant concave à cet endroit, il se trouve à six ou sept mètres du rocher, en milieu de rappel. À trois mètres de l'eau, il est temps de se souvenir que le nœud de prüssik ne sert pas seulement à tendre les cordes d'un violon. Il s'agit d'effectuer un lancer sur des aspérités situées à trois mètres de distance : la manœuvre est bien plus délicate que celle de la Sans Retour.

Ironiquement, c'est lors de mon premier parcours de la Grande Croisière, avec Michel Charles, que j'ai eu le moins de mal à effectuer ce lancer. Je l'ai réussi au deuxième ou au troisième essai. Lors de mes parcours ultérieurs, notamment avec Jacques, j'ai fini, au désespoir de le réussir, par me jeter à l'eau. Si le vent est défavorable, il éloigne le grimpeur du rocher, dévie la trajectoire du lasso, et la plaisanterie peut ainsi durer des heures. Il est bon de savoir qu'en descendant à la limite de l'eau, et en "palmant" - je ne plaisante pas - on peut ainsi "réduire" le lancer. C'est la variante aquatique. Il est conseillé toutefois d'observer attentivement les conditions de mer. Un système de vires discontinues entrecoupé de pas délicats, conduit à la dernière difficulté : une fissure-cheminée verticale (un bon VI) qui ne déparerait pas dans une classique du Verdon. Quelques mois plus tard, Philippe Kelle et Robert Mandin gagnent le haut de la fissure difficile ; à l'aide d'un rappel pendulaire et surplombant, nécessitant le mousquetonnage de plusieurs pitons d'ancrage, ils réussissent à opérer la jonction avec l'Arche. Cette arche est une curiosité naturelle du plus grand intérêt. D'une taille respectable, elle perce le plateau de Castelvieil sur une longueur de trente à quarante mètres, et le plafond se trouve à une quinzaine de mètres du plancher.

L'équipe de la Grande Croisière avait, comme celle de la Sans Retour, choisi de laisser les premiers rappels équipés en cordes fixes, pour éviter un secours par la mer, le seul possible dans une telle paroi. Un de leurs amis, Jacques Mambré, Tarente, se propose de récupérer leurs cordes. Tarente, qui a beaucoup pratiqué la spéléologie, fixe une statique à l'aplomb du bivouac de Castelvieil. Parvenu à quelques mètres des flots, il découvre avec stupeur que les cordes n'y sont plus. Elles ont été dérobées par l'équipage d'un bateau, qui a également arraché les ancrages auxquels elles étaient fixées. Navré pour ses amis, sa déception se trouve tempérée sur un point. Au bas du rappel, Tarente se trouvait à plus de vingt mètres de la paroi. Même si les cordes avaient été en place, il n'aurait jamais pu les atteindre.

111- Bernard Domenech.

Désormais, il est clair que la grande traversée de Castelvieil doit s'achever à la Pointe de Castelvieil, l'extrémité méridionale du Cap. C'est le dernier volet du triptyque. Ainsi, du Trou du Canon jusqu'à la Pointe de Castelvieil, c'est quinze cents mètres d'une escalade prodigieusement variée, dans un cadre magique, qui attendent le grimpeur.

Hommage au Desmaison de la mer, la Tabarly est ouverte le 25 février 1968 par deux cordées : Philippe Kelle et Robert Mandin, suivis de Jean Roque et Biju-Duval. Six mois auparavant, Philippe et Robert ont découvert le cheminement astucieux permettant de contourner le pilier ventru qui masque l'Arche de Castelvieil. Cette sortie de la Grande Croisière est plus esthétique. Ils forment une cordée entreprenante et équilibrée - l'été précédent, ils ont gravi ensemble l'éperon Bonatti au Dru - régénérant le vivier bien garni de la section de Provence du Club Alpin.

Le mois de février 1969 reste une bien triste date dans la mémoire des grimpeurs marseillais. Un an après la Tabarly, Philippe et trois camarades rentrent d'un raid à skis de fond dans le Vercors. Victime de quelques instants d'inattention, le chauffeur perd le contrôle du véhicule ; c'est l'accident : Philippe et Jean Roque perdent la vie. Avec Philippe, le milieu grimpeur marseillais est privé de l'un de ses espoirs et de l'une de ses figures les plus attachantes.

Il me serait bien difficile de choisir entre ces traversées pour déterminer la plus belle : elles sont toutes aussi belles, et pourtant si différentes. À partir de l'Arche, le plateau de Castelvieil perd brutalement de la hauteur, et l'ambiance dans la Tabarly diffère notablement de celle des autres traversées. Dépourvue des numéros de trapèze de la Grande Croisière - sauf à la fin - elle est beaucoup plus libre. De l'Arche, un rappel dépose le grimpeur dans un berceau de vires, où l'attendent quatre cents mètres d'une splendide escalade dans le V/V+. À l'approche du Cap, un pas assez fin conduit à un perchoir aérien d'où un rappel, avec les astuces habituelles, permet de ne pas oublier que l'on est encore pour quelques mètres à Castelvieil.

Si l'on prend la précaution d'emporter une corde pour le rappel final, la Tabarly s'effectue assez bien en solitaire. Ce n'est pas de cette manière qu'elle m'a procuré les sensations les plus fortes. Il y a une vingtaine d'années, possédant un canoë, nous avions décidé, ma femme Jacqueline et moi, de traverser les Calanques. Un autre équipage constitué de deux amies, Cathy et Gisou Aubron, complétait la flottille. À l'aplomb de l'Arche, je détaillais à loisir la Tabarly, lorsqu'un cri étranglé de ma femme me fit sursauter. Son doigt, pointé en direction du large, indiquait à une quarantaine de mètres de notre frêle esquif, un "Objet Nageant Non Identifié". Une nageoire dorsale caractéristique indiquait la présence d'un squale, et sa taille - plus d'un mètre - confirmée par l'énormité de la masse visible sous l'eau, indiquait qu'il s'agissait d'un squale de grande taille (environ six mètres). La seule parole, idiote, que je réussis à articuler fut : "Rame vers la côte." Les seuls squales de cette taille fréquentant les côtes provençales sont les requins pèlerins. Ils passent pour être parfaitement inoffensifs, mais de là à aller les voir de trop près...

Enchaîner ces traversées, était pour les protagonistes de ces superbes aventures, une tentation légitime. Aussi n'est-il pas étonnant d'y retrouver Mireille Ramond accompagnés de Jacques Kelle, Joël Coqueugniot et J. P. Lechêne. Du 21 au 23 octobre 1966, le quatuor réalise le premier enchaînement de toutes les traversées ouvertes entre le Devenson et Castelvieil (la Tabarly n'existe pas encore). Ayant pris la précaution de faire des dépôts en eau, vivres et couchage, ils partent de la plage du Devenson pour atteindre l'Arche de Castelvieil. En trois jours, ils ont réalisé les traversées suivantes : Baron, GEP, Écureuils, Ramond, Sans Retour et Grande Croisière. La traversée complète jusqu'au Cap de Castelvieil revient au tandem Claudius-Marc Chabert, deux ans plus tard ; elle sera reprise par Claude Cassin.

Les Futurs Croulants, le Linceul, le pilier du Hoggar, la Sans Retour, la Grande Croisière, la Kaboulite sont les plus beaux fleurons de la cordée Kelle-Bourges. Ces itinéraires sont une synthèse, de ce que l'on peut trouver dans une grande course. Il n'était pas nécessaire d'être une "ballerine du rocher" pour les ouvrir, mais un grimpeur complet, bon en libre et à l'aise en artif, et de posséder de l'astuce, de l'intuition et un solide moral. Leur cordée est souvent complétée par Philippe et par Mireille Ramond. La Grande Croisière est un triomphe collectif.

La même année, Mireille les accompagne au Badile. Des itinéraires tels le Badile ou l'arête sud de la Noire de Peuterey, que Mireille accomplit avec Jacques, sont encore rarement parcourus par des femmes.

Les qualités qui ont fait de Jacques l'un des grimpeurs les plus complets, les plus aventureux de sa génération, ne pouvaient que s'épanouir en montagne. De taille moyenne, les cheveux courts, discret, Jacques est l'antithèse de la "star". Son palmarès d'alpiniste est éloquent. À l'âge de vingt ans - il a déjà quelques belles saisons alpines derrière lui, des camps du CAF encadrés par Maurice Ramond, Marc Roussel et l'abbé Seinturier - il aborde la montagne avec l'esprit qui l'anime dans les Calanques : celui d'un pionnier. Pionnier, il l'est en Oisans où il ouvre avec son frère Philippe et Vincent Bourges de très beaux itinéraires aux Bans, au Pelvoux à la Meije.

Il dirige avec François Guillot l'expédition française au pilier Est du Fitz Roy *. Sa grosse résistance physique est un atout considérable en expédition, domaine où il excelle. En 1971, ils sont parmi les premiers avec Vincent à reprendre l'Arête Nord de l'Alpamayo. La Cordillère des Andes le fascine : avec Mireille, il accomplit plusieurs périples au Pérou, en Bolivie, en Équateur. En 1974, Jacques participe avec Tarente à une expédition organisée par le GUMS et patronnée par la FFM dans l'Hindou Kouch. Il en profite pour gravir l'un des derniers 7 000 vierges du massif, le Tirich Mir Ouest III, ascension délicate que les protagonistes comparent à l'Innominata au Mont Blanc.

** Sommet le plus extrême de Patagonie.*

De 1984 à 1991, Jacques Kelle assure la présidence de la section de Provence du Club Alpin, s'investissant de manière active tant dans la gestion du club que dans la protection des Calanques. Symétrie amusante à noter, le CAF connaît un âge d'or qui n'est pas sans rappeler l'époque où Maurice Ramond était président. Avec vingt ans d'écart, la génération des frères Fine, des frères Potié, des frères Bergasse, d'Yves Martine et de ses sœurs, n'est pas sans rappeler celle de Jacques Kelle. Sans doute, le fait d'avoir à sa tête un alpiniste actif et compétent est pour le Club Alpin un atout de taille.

Ayant repris un grand nombre des itinéraires les plus difficiles des Calanques dès le début des années soixante-dix, j'avais la sensation très nette d'avoir atteint un plafond. J'avais parcouru la Traversée Ramond avec ma femme, mais c'est en découvrant la Sans Retour avec Claude, que j'ai eu la révélation d'un nouvel univers. Pour un jeune grimpeur avide de sensations nouvelles dans une activité qui représente pour lui beaucoup plus qu'un sport, il n'y a pas trente six directions : il y a la difficulté pure, et il y a la découverte (les deux ne sont pas incompatibles, loin s'en faut). Mon ami Michel Charles suit une évolution parallèle, et le programme du printemps 1973 est le suivant : répéter les traversées majeures des Calanques que nous ne connaissons pas. Nous reprenons le rêve là où nous l'avons laissé, à la dernière terrasse de la Sans Retour. La Tabarly nous enchante, la Grande Croisière nous comble.

112- Sortie de la Grande Croisière.

113- Michel Tanner.

Au Cap Morgiou, il y a une seule traversée : celle de la Triperie ouverte par Claude Cassin et Philippe Kelle, cinq ans auparavant. Depuis, elle n'a pas été répétée. Hormis un passage délicat au départ, le topo n'indique pas de difficultés particulières. En somme, une version réduite de la Tabarly. Forts de notre entraînement et de notre aisance dans ce type de terrain, nous pensons in petto, après avoir jeté un coup d'œil au topo, que l'affaire est dans le sac. Une cheminée raide où il vaut mieux ne pas se "louper" si l'on ne pose pas de rappel, une rampe descendante qui prend des allures de boulevard, et nous y voilà : le départ est là, dans cette conque sinistre, battue par les vagues. Un énorme bloc de forme grossièrement tabulaire - sans doute un pan de la voûte qui nous domine - forme un perchoir idéal, un peu à la manière des "Tree Tops" africains. Après dix minutes d'observation, nous sommes toujours aussi perplexes : nul doute, c'est bien le pas de VI ; il y a bien une vague fissure au-dessus du pupitre initial, mais elle disparaît deux mètres plus haut sous un mur lisse, vertical et deux fois plus haut. En haut de ce mur, une niche spacieuse, mais comment y parvenir ?

114- Triperie.
3e ascension.
Le passage-clé.

Une heure et quatre essais plus tard, retour à la case zéro : le bloc tabulaire. Après avoir placé un Universel court le plus haut possible, nous avons tenté notre chance à tour de rôle, mais sans autre résultat qu'un morceau de chair arraché au cours d'une brève chute. L'assurance est symbolique et la chute très risquée, à cause de la vire et des blocs qui affleurent. Ni Michel, ni moi, n'osons tenter le rétablissement dans la niche. Nous avons gagné quatre mètres, et l'ombre de la défaite remplace l'euphorie un tantinet arrogante qui nous animait auparavant. C'est trop bête : encore un dernier essai. Une position de crucifié, les pieds à un mètre du piton. Je tente de me relaxer et de contrôler les battements désordonnés de mon cœur. La main droite crispée sur une petite réglette, monter le pied gauche sur une bossette et charger, puis y croire... la main gauche qui va chercher très haut le rebord de la niche. Le reste de la traversée est un pur enchantement dénué d'aussi puissantes décharges d'adrénaline.

115- Triperie.

Aujourd'hui, il existe une variante spitée à gauche, le passage original n'a, heureusement pas été défiguré et, cela n'empêche pas de l'emprunter. Ce passage est le reflet du grimpeur génial et discret qui l'a ouvert. Le grimpeur qui le tente doit avoir à l'esprit qu'il se lance dans du 6b en solo, avec une chute fort dangereuse, ce qui est assez rare au ras de l'eau. Cette traversée m'a tellement plu, que j'y suis retourné une quinzaine de fois, la plupart du temps en solo, convaincu que le risque au départ était identique, avec ou sans corde.

Évoquant *un monde qui n'est pas le nôtre*, Robert Tèzenas du Montcel écrit : Il *est sur terre des lieux privilégiés où la subtile harmonie des lignes, de la lumière et de l'espace, force l'âme à s'éployer, et lui inspire, à son insu même, le sens du sacré. Ils satisfont les aspirations informulées de l'esprit humain et, en même temps, fournissent un tremplin à son envol. Tout comme l'Acropole, la place Saint-Marc, les temples d'Angkor, pour n'en citer que quelques uns, le sommet de la Meije est un haut lieu de l'esprit.*

C'est dans cette catégorie que se rangent le Cap Morgiou, où la grotte Cosquer a été découverte, et le plateau de Castelvieil, que Kelle perçoit comme un sanctuaire. Haut-lieu d'une civilisation datant de plus de vingt mille ans, le Cap Morgiou apparaît sous la forme d'un plan incliné dont l'extrémité bifide présente une étrange similitude avec le nez d'un requin marteau. Sur le versant Morgiou, les falaises se suivent sans discontinuer sur sept cents mètres de l'anse du Renard jusqu'au Cap Oriental. Dans la deuxième partie, elles forment un rempart régulier légèrement évidé, fortement surplombant, qui domine la mer d'une hauteur moyenne de quarante mètres. Entre les deux caps, la falaise, moins haute, adopte une orientation sud-est.

Là est le talon d'Achille. Perpendiculairement à la falaise méridionale, un thalweg dessine l'axe de symétrie du Cap. C'est le seul endroit où il présente un aspect aimable et le seul accès aisé à la mer. Au Cap Occidental, débute l'Anse de la Triperie. Véritable curiosité géométrique, elle se présente sous la forme d'une demi-lune parfaite ; en son milieu elle surplombe d'une dizaine de mètres, là où les falaises sont les plus hautes : cinquante mètres. À l'autre extrémité du croissant, un petit thalweg marque le changement d'orientation de la falaise : c'est à cet endroit, en octobre 1991, qu'Henri Cosquer a découvert la splendide grotte ornée qui porte désormais son nom. Pingouins, phoques, bouquetins, bisons, cervidés, tel l'impressionnant cerf mégacéros, empreintes de mains, toutes ces peintures datent de dix-huit mille ans. À présent, la falaise change de nom pour porter celui de Falaise de la Voile qui se fond dans l'Anse du Figuier.

À Pâques 1973, lorsque je découvre le Cap Morgiou, il n'y a qu'un seul itinéraire. Très rapidement, ces lieux magiques m'envoûtent. Au bout du Cap, il y a plusieurs bosquets de pins parasols. Subissant de plein fouet toute la violence du mistral et du vent marin, ils ont une tendance très nette à s'étaler plutôt que s'élever, et forment ainsi des bivouacs confortables. Au matin d'un de ces bivouacs, je m'accorde un bain-détente. Quelques brasses plus loin, ce n'est pas seulement le principe d'Archimède que je vérifie, mais le fait que la falaise en face de moi est vierge et parfaitement grimpable.

Deux heures plus tard, la Face au Large est née. Michel et moi émergeons à la pointe du Cap, sous le regard éberlué de deux grimpeurs toulonnais. L'un d'entre eux nous avoue piteusement qu'il avait repéré cette voie depuis trois mois. Qu'à cela ne tienne, ils l'effectueront dans l'autre sens. Moins austère et moins engagée que les autres traversées que j'ai ouvertes - sans parler de celles de Castelvieil - son excellent rocher et les situations esthétiques qu'elle offre l'ont rapidement rendue classique. On est rarement à plus de dix mètres de la mer, la falaise se prolonge sous l'eau, ce sont les conditions idéales pour pratiquer le solo de manière ludique, dégagé de toute forme de "stress". Gaston Rébuffat a fort bien saisi le parfum dégagé par cette forme d'escalade * :

La falaise du Cap Morgiou se prête à de forts belles traversées. Certes, l'habitude est de faire des escalades à la montée ; à la descente, cela se pratique rarement, et c'est dommage car non seulement c'est une façon de renouveler ce sport, mais également de perfectionner sa technique et de mieux percevoir les équilibres. Les traversées sont une variante intéressante de l'escalade, nonobstant le plaisir de s'engager - ce qui est particulièrement le cas ici - entre la ligne horizontale des crêtes et la ligne horizontale de la mer, en cherchant sa voie et en progressant le long d'une falaise verticale qui n'exclut pas certaines manœuvres comme les rappels parfois pendulaires et les traversées à la corde.

* *Gaston Rébuffat.*

Désormais, notre enthousiasme pour ce mélange escalade-aventure ne connaît plus de bornes ; c'est un regard tout neuf que nous jetons sur les Calanques. Un cap est, suivant le Larousse, la partie d'une côte, souvent élevée, qui s'avance vers la mer. Définition qui, dans le cas du Cap Morgiou, est lourde d'un symbolisme confus d'aventure, d'évasion et de rupture ; recherche d'un îlot paradisiaque où nous avons passé plus d'heures et de jours que dans n'importe quel autre endroit des Calanques. À cet égard, je ne peux m'empêcher d'envier mon ami Bernard Pacouil (Gigi) qui, à la fin de la Face au Large, décida de "piquer une tête". Au moment de plonger, un gigantesque remous attira son attention. Une baleine de vingt mètres doublait paisiblement le Cap et passait à quelques mètres de lui. S'il avait plongé, elle l'aurait frôlé. Bouche bée d'admiration plus que de peur, il regarda longtemps s'éloigner cette merveilleuse et paisible créature.

Du petit port de Morgiou, le Cap se montre sous l'un de ses aspects les plus austères : un rempart noir et surplombant jaillit de la mer à un angle de 100°. Ce rempart ne présente aucune faiblesse pendant trois cents mètres. Des Pierres Tombées ou de la Lecque, je l'ai observé attentivement, désespérant de trouver un cheminement. La seule possibilité semble de relier divers systèmes de strates ascendantes, qui finissent toujours par s'évanouir dans la muraille surplombante. Vraisemblablement au prix de pendules et de rappels en fil d'araignée. Les leçons apprises à Castelvieil seront fort utiles. Vers le milieu du rempart, un dièdre relie la mer au plateau sans interruption. Peut-être pourrons nous scinder nos efforts. Au mois de février, la partie la plus sombre et la plus rébarbative se laisse amadouer pour donner la Marie-Jacqueline. Témoignage de reconnaissance envers "l'équipe au sol" constituée de nos épouses, chargée, le cas échéant, de lancer un grappin à "l'équipe à la mer".

Pour la manche suivante, nous démarrons directement du Cap. Un fil d'araignée nous dépose à la pointe même. Le tracé final ressemble à une baïonnette longue de près de deux cents mètres, avec un nouveau rappel en fil d'araignée en guise de trait d'union. À la fin de la première strate, il y avait une sortie possible, mais maintenant les ponts sont coupés. Notre enthousiasme a perdu un peu de sa fraîcheur et nos muscles de leur tonus. Plusieurs pitons sont passés par le fond, les plus utiles bien entendu. Il y a une brochette de coins de bois dont j'aimerais bien me débarrasser, mais... Nous nous étions réfugiés dans l'espoir de passer en artif, en cas de fatigue, mais le choix et le nombre de pitons restants nous l'interdisent. De toute manière, nous n'avons plus le temps. Depuis le bas du rappel, le terrain est d'une navrante monotonie : une succession de murs verticaux truffés de pas de 6 sans possibilité de pitonnage, qu'il faut franchir latéralement. J'échafaude les plans les plus divers, dans le cas où nous n'atteindrions pas la base du dièdre, le moins farfelu consistant à suspendre tout notre matériel à un piton, et à rentrer à la nage. Le dièdre atteint, la sortie est une formalité. La semaine précédente, nous avons reçu une carte postale de Michel Tanner provenant de Polynésie : notre traversée s'appellera la Bora-Bora.

116- 1ère Face au large.
117- Sortie Face au large. Jacqueline Plauchud.

Changeant de versant, nous investissons l'Anse du Figuier pour créer la Traversée du 8 mai. En l'occurrence, nous sommes deux cordées : Michel grimpe avec Bernard Bouscasse ; la présence de Jean-Louis Eyraud transforme toute aventure, même celles qui tentent de déraper vers le tragique, en une désopilante partie de rire. Le 8 mai est la dernière contribution de Michel au Cap Morgiou ; il émigre en Corse peu après. Je me retrouve seul avec mon rêve d'accomplir le tour du Cap par la mer. Un camarade des Excurs, Jean-Louis Fenouil, se laisse facilement gagner au projet, et cela devient la Traversée Ivan. Après le sévère passage de libre initial, nous avions abondamment emprunté un système de vires évident, ce qui avait permis de rester dans une optique "le plus libre possible". Nouvel adepte de cette activité grimpo-balnéaire, Jean-Louis imagine plus tard la "directissime" de la Traversée Ivan et la baptise Super Trempe.

118- "POS Pourri" - Envers de Morgiou.

L'année 1978 voit l'entrée en scène d'une nouvelle génération de grimpeurs marseillais. Deux groupes distincts opèrent au Cap. Partant du thalweg de la Face au Large, les Excurs ouvrent la traversée symétrique : la Pen Duick, nouvelle référence à Eric Tabarly. Il y a là Robert Balestra, Michel Fauquet, Marc Guiot et Gérard Pailheret. Le passage-clé comporte plusieurs mouvements sur crochets à gouttes, le tout à quelques décimètres de l'eau. En cas de mer agitée, mieux vaut porter une combinaison de plongée. Quelques semaines plus tard, le marteau résonne dans l'Anse de la Triperie.

La Demi-Lune m'avait fait fantasmer depuis longtemps, mais je m'étais limité à une timide tentative, histoire d'aller voir. Alternant le libre et l'artif de haut niveau, Thierry Betton, Pierre Farges et Gilles Gauthier ouvrent le Mégalomane Paranoïaque. Plusieurs jours, l'emploi de nombreux golots et l'usage d'un bateau leur sera nécessaire. Auteur de solos de très haut niveau comme le Voyage de la Mandarine dans le Verdon ou la face sud du Fou, Pierre Farges est devenu l'un des meilleurs grimpeurs français des années quatre-vingt, avant de disparaître au Cerro Torre. Gilles Gauthier a été l'une des figures les plus décontractées de la scène verdonesque ; quant à Thierry Betton, il a troqué les EB contre les palmes et les bouteilles, pour accompagner l'équipe du scientifique Jean Courtin dans la Grotte Cosquer.

Si Castelvieil et le Cap Morgiou offrent les traversées les plus belles et les plus impressionnantes, ce ne sont néanmoins pas les seuls endroits des Calanques où l'on peut en trouver. À la Noël 1976, nous avons opéré, Marc Chevallier et moi, la jonction entre les deux "camps de nudistes" : les Pierres Tombées et la Lecque. Pour la Traversée de la Commune, les nudistes ne nous ont pas beaucoup gênés. Plus facile et très belle est la Traversée du Vieux Phoque. Démarrant de la calanque de l'Œil de Verre, elle rejoint celle du Devenson au bout de cinq cents mètres d'escalade. Elle se déroule sous les Corniches Paretti à un niveau sensiblement supérieur à celui de la Traversée Ramond.

Enfin, comment ne pas évoquer la Traversée du Magilou ! Les grimpeurs qui apprécient la classique Voie du Levant savent-ils qu'il existe, à l'étage au dessous, une traversée beaucoup plus difficile qui contourne l'impressionnante Porte de Rome ? Au bout d'une dizaine de longueurs, toutes difficiles, agrémentées de pendules et autres bottes secrètes qui font le charme des traversées marines, le grimpeur rejoint le Levant, au pied de sa section verticale. Au pied du rappel du Levant, on revient vers le nord pour trouver le rappel de 50 mètres. Et quel rappel ! Comme dans le cas de ses sœurs de Castelvieil, il donne accès au temple, dans le cas présent la très secrète (et inaccessible autrement) calanque du Cancéou. Le Magilou, c'est un voilier, celui de Pierrot Gras. Baptiser ainsi cette belle croisière est un hommage que lui ont rendu son fils Jean-François, Marc Guiot et Jean-François Lignan.

Dans les traversées, au plaisir de l'escalade s'ajoute la présence intense de la mer. Si je n'ai pas eu la chance de voir une baleine, j'ai pu apercevoir des thons, des dauphins et un requin pèlerin, ainsi que divers oiseaux de mer, des rapaces comme des faucons crécerelles ou l'Aigle de Bonelli.

De plus les traversées au ras de l'eau se prêtent à la perfection à la pratique du solo. Dégagé de l'angoisse de la chute et débarrassé de toutes contraintes, le grimpeur peut laisser libre cours à son plaisir, des heures durant. Ainsi, au mois de septembre 1985, j'ai pu réaliser un projet qui me tenait à cœur depuis longtemps : l'enchaînement des traversées que j'avais ouvertes au Cap Morgiou, pour finir par la Traversée de la Triperie. Parvenir au Cap me demanda un peu plus de deux heures, bien que j'ai dû "nager" les derniers mètres de la Bora-Bora. Après consultation de mes carnets, je réalisai qu'il m'en avait fallu vingt-sept pour les ouvrir.

Au mois de juin 1998, Henri-Michel Vincens a effectué, tantôt encordé avec un compagnon, tantôt en solitaire, une grande traversée des Calanques. Cela représente quelques kilomètres d'escalade. Cette réalisation emprunte des itinéraires connus mais aussi des sections nouvelles. La traversée complète lui a demandé quinze jours : on ne peut qu'admirer sa persévérance et sa résistance physique. Cette version "aqualand" des traversées n'est pas neuve. Dès 1967, on retrouve trois des protagonistes du sauvetage des Drus, Guillot, Hemming et Lothar, auxquels s'est joint Jean-Max Bourgeois, s'escrimer en P. A. et maillot de bain sur la rive droite de la calanque d'En Vau. Le résultat, baptisé la Gary Hemming, est une belle traversée avec des pas très difficiles, les pieds au ras de l'eau. Dans le passage-clé sous les Américains - aujourd'hui copieusement "patiné" - le bain est quasi assuré.

Aussi séduisantes que soient ces croisières, elles ne sont pas exemptes de danger. Il ne faut pas oublier que par forte mer, les vagues peuvent atteindre vingt à trente mètres de hauteur. Il y a quelques années, une cordée s'engage dans la Bora-Bora. Après le rappel, la retraite est coupée. Sans doute fauché par une vague, le leader tombe à la mer. Son compagnon essaie de le hisser, mais les cordes mouillées ne peuvent pas coulisser dans les mousquetons, et la manœuvre est impossible. Sa seule chance est de se débarrasser de son baudrier et de tout le matériel qui l'alourdit, puis de s'écarter de la paroi pour nager vers un endroit où la sortie est possible sans être broyé contre le rocher. Il faut faire très vite. Bientôt c'est trop tard, le grimpeur, maintenu par la corde et régulièrement projeté contre la paroi, perd connaissance et se noie. Il s'agit du seul accident mortel que je connaisse, mais il illustre hélas les dangers de ce genre d'entreprise.

Sans connaître cette issue tragique, beaucoup d'incidents ont eu pour cause une estimation trop optimiste de l'état de la mer. Une connaissance des lieux sur le bout des doigts ne protège pas d'un excès de confiance malvenu.

En répétant la Traversée Ivan, je ne devais pas tarder à m'en rendre compte. J'avais pourtant noté que la mer avait une nette tendance à chahuter. Au passage-clé, j'observai attentivement la fréquence des vagues qui s'engouffraient dans la conque que j'avais franchie en artif lors de la première. En libre, il fallait suivre la lèvre du toit, pendu par les mains pendant six mètres, la deuxième moitié du passage permettant de reprendre contact avec le rocher.

119- Bora Bora. 1ère ascension.

Parvenue à l'intérieur de la conque, l'eau était éjectée, mue sous l'influence d'un gigantesque piston. Le rocher de la traversée étant sec, j'imaginais seulement me mouiller les chaussons. J'étais suspendu par les mains, une vague d'une violence supérieure aux précédentes me happa. L'instant suivant, je me retrouvais dans un tourbillon salé, drossé, roulé comme dans une machine à laver colossale ; j'émergeais à une vingtaine de mètres du rocher, ayant bu une bonne tasse d'eau salée, mais intact. En nageant quelques dizaines de mètres, je pus reprendre contact avec le rocher. L'eau étant chaude, l'incident se résuma à une alerte bienvenue à l'égard de mon excès de confiance, mais il vaut mieux éviter de rééditer fréquemment ce genre "d'exploit" …

Beaucoup d'accidents et de bivouacs imprévus ont pu être évités grâce aux pêcheurs. Aussi me semble-t-il injuste de clore ce chapitre sans évoquer la personnalité de l'un d'entre eux, pêcheur à Morgiou. Lors d'une tentative à la Traversée Ivan - nous étions trois, une camarade s'étant jointe à nous - l'obscurité nous surprit avant d'atteindre le dièdre de sortie. Ce dièdre est bien visible de la calanque. Mais cinquante mètres de traversée délicate dans la nuit, une dizaine d'heures d'escalade et une mer qui poussait le mauvais goût jusqu'à se mettre à chahuter, tout cela respirait le bivouac à plein nez. C'est alors que d'un pointu, une voix au fort accent suisse-allemand mâtiné d'intonations provençales, nous parvint et nous demanda "si l'on rentrait à Morgiou".

C'est ainsi que j'ai fait connaissance avec Paul Bringold. Natif de Bâle, de taille moyenne, bien charpenté, le crâne aussi lisse qu'une boule de pétanque, Paul s'est arrêté à Marseille après avoir pas mal bourlingué. Un de ses amis plongeur à Morgiou lui fait connaître la calanque. Pour Paul, c'est un véritable coup de foudre. Néanmoins, il repart pour quelques mois en Australie. À son retour, au début de l'année 1969, une bien triste nouvelle l'attend : son ami n'est pas remonté d'une plongée à plus de cent mètres, au large de Planier. Paul s'installe à Morgiou pour ne plus en repartir.

120- Bora Bora. 1ère ascension.

Son amour pour la mer l'a progressivement conduit à la carrière de pêcheur professionnel. Il s'établit patron-pêcheur en 1981. Depuis trente ans, il est devenu l'une des figures les plus populaires de la calanque, popularité répandue dans le milieu des grimpeurs et des canoéistes qui ont eu, à un moment ou à un autre, recours à ses services et à celui de Félix, son bateau. Lors du grand incendie de l'été 1979, Paul et ses compagnons pêcheurs ont évacué par la mer un grand nombre de plaisanciers bloqués dans la calanque. Pour Paul, le Cap Morgiou, qu'il voit de sa fenêtre, est le pivot de son existence. Presque tous les jours, il le contourne pour aller poser ses filets, puis les relever. Simplement en le regardant de son balcon, il sait comment sera la mer, et s'il sera possible ou pas de dépasser son nez de requin-marteau.

121- En Vau.

CHRISTIAN, NATE, VINCENT ET LES AUTRES ...

CHAPITRE *9*

DURANT LES ANNÉES SOIXANTE-DIX, les Calanques ont un rôle "en retrait" dans le développement de l'histoire de l'escalade. L'évolution se déroule non loin d'elles, dans le triptyque Sainte-Victoire, Buoux et le Verdon. Dans tous les cas, les grimpeurs marseillais jouent un rôle de premier plan. Mais auparavant, un phénomène assez nouveau se dessine à Marseille : le rapide développement des sites d'escalade urbains ou périurbains. La falaise des Baumettes qui domine la pizzeria "Chez Zé" ou la colline de Lun, avaient vu s'ouvrir quelques itinéraires "après-banquet", mais la première falaise-école en site urbain est le Roy d'Espagne. L'origine du nom est intéressante. Dans le petit topo du Roy d'Espagne, André Remacle nous apprend ceci :

En 1808, Napoléon se lança dans l'expédition espagnole, fit abdiquer le roi et le remplaça par son fils. Il convoqua à Bayonne Charles IV, la Reine, leur fils nouvellement couronné et Godoy sorti de la prison où le peuple l'avait jeté. L'entrevue de Bayonne se termina sur une scène grotesque et méprisable. Le 18 octobre 1808, le Roi, la Reine, l'Infant et Godoy furent transférés à Marseille avec une partie de leur cour. Ils logèrent au château de Saint-Joseph, puis on leur donna le château Bastide qui, par leur présence, devint le château du Roy d'Espagne. Charles IV resta quatre ans à Marseille. Il avait peu d'instruction, mais jouait si bien au billard qu'il ne trouvait pas d'adversaire à sa taille. Il se promenait à pied dans les rues de la ville, ou en voiture de Saint-Joseph au-delà de Bonneveine.

122- Entraînement au Roy d'Espagne.

Cent soixante-deux ans plus tard, le Roy d'Espagne reçoit la visite de trois mousquetaires d'un genre particulier. Très grands, élancés, ils portent à leur baudrier un fourreau dans lequel ils rangent un marteau d'escalade. Leur tenue n'est pas sans rappeler celle des Pink Floyd ou autres groupes "Flower Power" de la musique Rock. Les Gorgeon - c'est ainsi qu'on les nommait en 1968, lorsque je les ai connus - appartiennent au troisième groupe d'influence du milieu grimpeur marseillais : le Club Mutuelle Sports.

Leur trio est composé des deux frères Gorgeon, Bernard et Daniel, et de Jacques Nosley (" Ness" ou "Lon Nol" suivant les époques). Très jeunes, ils découvrent la montagne et l'escalade, grâce à leur père, membre actif du club. Leur apprentissage de grimpeurs se poursuit dans les Calanques, mais aussi à Buoux. Leurs mentors s'appellent Pierrot Coquillon, Raymond Coulon, Jean-Pierre Fédèle, Jean Gay et Pierrot Gras.

123- Tenue Flower Power.

Fédèle est aussi actif dans les Calanques. À la Paroi des Toits on lui doit Lock-Ness avec les Gorgeon, et les Futurs Nouveaux-Nés avec Jean-Max Bourgeois. Dans l'Oisans, il a une influence aussi importante que celle de Jacques Kelle. Mais c'est dans l'alpinisme d'expédition qu'il donne toute sa mesure : Caucase, Karakoram, mais surtout les Andes que Jean-Pierre parcourt depuis plus de vingt ans, en amateur comme en professionnel.

Barbe rousse et ironie mordante, Pierrot Coquillon a délaissé Buoux trop envahi pour les Falaises Soubeyrannes (les plus hautes de France) où il ouvre depuis trente ans des voies d'une rare beauté. La variété des styles est surprenante et comblera le grimpeur le plus blasé. Dans l'Ombre du Néant, le grimpeur évolue dans un grès semblable à de la pâte sablée, qui devient progressivement d'une solidité étonnante ; une expérience qui n'est pas sans rappeler celle éprouvée dans les Tours du Désert de Moab. Le Grand Poufou s'infiltre dans le versant concave du Bec de l'Aigle en zigzaguant d'un galet à l'autre, version réduite de la Carnavalada aux Riglos. Mais des Riglos avec la mer à ses pieds et les Calanques en toile de fond. Itinéraires insolites, nantis d'un cachet particulier, qui portent la griffe de Pierrot et de ses amis ciotadins.

Pierrot Gras est un sacré personnage. Une tignasse noire, des yeux bleus, taillé comme une armoire bretonne, c'est un géant d'amitié. Ouvert et généreux, il aime rire et faire la fête. Pionnier de Buoux (le Pilier des Fourmis, le Pubis, la Chambre d'Amour, le Rut…), il aime la dérision, comme ses créations l'indiquent. Avec son complice Jean Gay, ils réalisent la première hivernale du couloir Pélas Verney en Oisans, en compagnie du chien du refuge ! Assagis, ils sont invités au Pamir et sont les premiers Français à gravir le Pic Lénine (7 130 m). En rocher, les élèves dépassent le maître, et Pierrot se trouve mêlé à l'ouverture du Naziaque, alors l'une des dernières horreurs du Verdon.

124- Bernard Gorgeon dans la Triperie.

De ses fenêtres, Ness a une vue directe sur les falaises du Roy d'Espagne, et n'a aucun mal à persuader les frères Gorgeon d'aller jeter un coup d'œil. À l'aplomb d'un grand pin, la paroi atteint sa hauteur maximale, soit près de cinquante mètres ; entre 1970 et 1971, les Gorgeon dotent la falaise d'une demi-douzaine de futures classiques dont le Crâne, le Bac, Porquerolles et surtout la Dentissime. Dans cette dernière, la dalle de la deuxième longueur, du V+/6a soutenu, donne un avant-goût du "style Gorgeon" : de l'escalade exposée, en finesse, où celui qui ne sait pas se servir de ses pieds s'expose à des déboires certains. Le Roy ne connaît pas une popularité immédiate : il faut attendre l'émergence à la fin des années soixante-dix d'une nouvelle génération et une certaine acceptation du spit pour que la falaise connaisse un véritable essor. Cette vision de l'escalade "de cinq à sept", après le lycée ou le travail, est la première marche de la "philosophie Gorgeon" : une escalade esthétique et engagée, mais résolument tournée vers le plaisir.

Un grimpeur du Club Alpin, Michel Frager, a découvert à une heure de Marseille, une combe située dans le Luberon. Cette combe recèle de splendides parois dont la hauteur atteint cent mètres par endroits. Pour l'heure, c'est encore un lieu convivial et idyllique, connu seulement d'une poignée d'initiés : Buoux. Les grands du Club Mutuelle Sports ont ouvert les voies les plus hautes et les plus impressionnantes en 1965, on n'a pas encore découvert la "couenne". Raymond Coulomb, "le Forgeron", forge les pitons pour toute l'équipe. Les jeunes Gorgeon font leur apprentissage dans ce climat, baigné de mœurs rabelaisiennes. Ils volent rapidement de leurs propres ailes et, grâce aux pitons du Forgeron, Buoux porte bientôt la griffe Gorgeon : la Christofer, l'Emoro, le Goître et surtout la Gougousse (dédiée à Serge Gousseault) sont leurs premières voies majeures. Suivront le PGF et Pepsicomane, encore plus délicates. À Pâques 71, étant seul à Buoux. Bernard, Daniel et Ness m'ont invité à goûter leurs dernières créations, j'ai pu apprécier leur niveau en dalle…

125- **Daniel Gorgeon.**

De façon concomitante, ils découvrent les Deux Aiguilles. La Montagne Sainte-Victoire est connue depuis longtemps des grimpeurs, mais les dalles grises et compactes des Deux Aiguilles les ont longtemps intimidés. Depuis le Grand Parcours, que l'on doit à la cordée de Bernard Amy et la Pimprenelle de Domenech et Ratti, seuls les Aixois Bouquier et Cretton osent s'aventurer dans le Grand Mur (les Chas, les Fagots). Dans les années 72-73, Bernard, Daniel et Ness, auxquels se joignent deux sœurs qui grimpent fort bien, Martine et Nanouk Broche, tracent des voies superbes, d'une exposition qui sera pour les décennies à venir, la référence des lieux. Laissons Bernard évoquer ce que sont pour lui les Deux Aiguilles : *

Lédeuzègue pour moi, c'est l'adhérence, les océans de dalles. Odeuzègue la tête était bien plus lourde que le porte-matériel. Il y avait si peu à mousquetonner que la corde restait lovée dans les circonvolutions cérébrales. Odeuzègue plus qu'ailleurs, il ne fallait pas tomber… Lédeuzègue, une seule faiblesse, un spit "ingliche", dans douyou. Mais après, quelle envolée ! Odeuzègue, les premiers chaussons trop petits pour profiter au mieux des pieds. Pourquoi s'assurer s'il y a des prises et si, ici, adhérer veut dire coller…

* *Bernard Gorgeon Escalade au pays d'Aix.*

Dans des voies telles que la Lequer, les Gousses d'Aulx ou le Cafard-Né-Homme, il vaut mieux ne pas tomber. Parfois, c'est suggéré dans le nom comme à la Kaspate. Au cours de l'été 73, Bernard et Nanouk se rendent au Yosemite. Ils gravissent la Steck-Salathé à Sentinel Rock et ramènent un joli lot de coinceurs. À une époque où les grimpeurs, même audacieux, préfèrent un bon piton, Bernard innove en testant ce type de protection dans les dalles compactes. Aux Deux Aiguilles comme au Verdon, l'équipe Gorgeon, bientôt renforcée par l'arrivée de Jacques Keller, n'hésite pas à placer des stoppeurs dans des gouttes d'eau (Barbapoupon, Mangoustine Scatophage au Verdon).

La convivialité reste la philosophie. Belden décrit Bernard comme un *bon vivant d'un naturel peu porté aux controverses éthiques.* Le style de leurs escalades combinant élégance, esthétisme et bon rocher, s'impose pendant de longues années comme le style classique. L'un des aficionados de la Sainte, Jean-Louis Martinez, le résume assez bien : *Sans vouloir sombrer dans le "blues" ni l'ancien-combattant-tartarineur, quand j'entends râler un gazier dans la Bertine, j'ai envie de lui dire "eh mec, tu vois l'universel de Dénéa Depeuf? Les quatre spits dessous, on les a rajoutés pour toi... ", mais je préfère la fermer, d'abord il le prendrait mal, et puis... ce n'est pas tout à fait le même sport.*

Dans les Calanques, un autre personnage majeur entre en scène : Christian Guyomar. Originaire de la région parisienne, Christian Guyomar émigre en Provence ; il se fixe à Aix en 1973 ; la Sainte-Victoire exerce sur lui un attrait magnétique. Les belles dalles grises et sculptées le fascinent Au cours de l'automne 1982, David Belden * conçoit une interview sur le thème "L'escalade extrême", et Christian évoque son cheminement : *Mes débuts sont liés à une époque où tout ce qui avait trait à l'aventure m'intéressait beaucoup. J'étais très marqué par les bouquins d'Henri de Monfreid sur la mer et ses aventures en Somalie. Un jour, j'ai vu une émission à la télé où des types se promenaient dans d'invraisemblables surplombs ; ça m'avait sidéré et je me suis dit qu'à la première occasion j'essaierai d'en faire autant. Occasion qui est venue très tard puisque j'ai débuté à vingt-trois ans, lors de la fondation d'une nouvelle section du Club Alpin à Versailles, avec qui j'ai débuté, pour m'en séparer très rapidement.*

*David Belden * Verdon sans frontières.*

Avec sa femme Martine et son ami Christian Hautcœur, il s'investit dans la découverte des Deux Aiguilles, le terrain de jeu du clan Gorgeon. D'emblée, ils adoptent la même approche, ouverture du bas et sobriété des moyens, et la poussent encore plus loin dans la difficulté. À son propos, Daniel Gorgeon écrit : *Le personnage marquant reste malgré tout Christian Guyomar qui repousse toujours plus loin les limites de l'ouverture du bas en libre, innovant dans le domaine de la protection naturelle (crochets lestés, plombs tabassés, fils de fer, fer à béton...) car se refusant presque totalement à l'usage des pitons à expansion. C'est un des tous premiers à banaliser le vol jusqu'alors interdit par l'éthique.*

L'éthique n'est sans doute pas l'unique raison pour laquelle le vol n'a jamais été banalisé : il y aussi l'instinct de conservation. Dès le départ, il frappe fort : la Martine, la Gassi-Touil et l'Inflation, toutes réalisées avec sa femme Martine. L'année suivante, avec Martine et Christian Hautcœur, ils ouvrent la Reposante, l'Antirabique, le Médius, le Super et l'Hyper Médius, la Lévitation, l'OVNI, etc. Dans l'OVNI, le passage-clé en 6c est protégé par un plomb - Christian reprend là le procédé inauguré par Michel Tanner à la Castapiagne - lequel s'arrachera bien des années plus tard sous le poids d'un second ! En quatre ans, ils n'ouvrent pas moins de quarante voies.

L'idée de les répéter engendre un véritable sentiment d'inquiétude, même chez les forts grimpeurs des Calanques. S'il y a une continuité entre Guillot et Guyomar, les voies ouvertes par ce dernier et Hautcœur se situent à un niveau inconnu alors en France. Dans la dalle du Médius, les ouvertures (du bas bien sûr) se situent dans le 6c obligatoire et exposé : le "cachet Guyomar" ! Un niveau atteint par Livesey et Fawcett en Angleterre, Bernd Arnold en Suisse Saxonne et les grimpeurs américains. L'impact de Guyomar est considérable et se répercute bien au-delà des Deux Aiguilles et des Calanques. David Belden donne une image très exacte de lui dans *Verdon sans frontières :*

D'une extraordinaire discrétion, Christian Guyomar, grimpeur hors clan et hors pair, mais soucieux de maintenir en escalade certaines approches de l'alpinisme classique, est sans doute le grimpeur le plus marquant au niveau du nombre et de la variété des itinéraires parcourus (dans le Verdon), *de la dimension des terrains fréquentés et de la démarche. Il a poussé l'escalade libre à la Sainte-Victoire à un rare degré de difficulté - les itinéraires qu'il y a créés ont été ouverts et équipés du bas, parfois au prix de nombreuses chutes - et a révélé une technique remarquable de la protection tant en libre qu'en artificielle. Rares sont les grimpeurs actuels qui excellent à la fois dans ces deux disciplines. Les itinéraires les plus audacieux de Guyomar sont assurément dans le secteur de la Paroi Rouge et de la Castapiagne Rouge (Mescalito, Interlope, Tecto-Flip et le Dièdre de la Terreur). Guyomar, s'il n'est pas comme certains grimpeurs et alpinistes actuels, un clown médiatisé, est un de ceux qui ont, ces dix dernières années, atteint, en escalade, à la dimension de l'alpinisme. Son influence, discrète mais certaine, connue sinon toujours reconnue, au Verdon et à Sainte-Victoire, a été et reste grande.*

Cette influence ne se limite pas au style et à la qualité des voies ouvertes par le couple Guyomar et Hautcœur. De Neuvière à Guyomar, en passant par Tanner, Livanos et Guillot, chaque époque a connu des grimpeurs qui ont dépassé la limite fixée par leurs prédécesseurs. Les cotations de Christian ont toujours eu la réputation d'être notoirement sévères : Gassi-Touil ou Tamanrasset par exemple, évaluées en VIe à l'origine, sont à l'heure actuelle cotées en 6c. Mais Christian est lui-même "prisonnier" d'une situation que David Belden analyse fort bien :

Depuis la fin des années soixante, l'alpinisme sous toutes ses formes connaît une grave crise ainsi que l'échelle de cotation de Welzenbach : il y a une confusion dans la notion de valeur et donc la fonction discriminante de la cotation sur les réalisations est perturbée. L'échelle étant bloquée au VI- degré, il faut sans cesse décoter les passages et, de plus, on ne sait comment coter les passages gravis "en jaune" selon la pratique du bloc (travail et chutes). Pour beaucoup de grimpeurs, la cotation est la seule objectivité de leur relation avec le rocher et les autres grimpeurs. La cotation est le stimulant matériel et symbolique de l'alpinisme. L'échelle Welzenbach ne remplissait plus, pour l'escalade rocheuse, ces fonctions.

Le problème de la cotation en rocher est résolu dès l'adoption d'une ouverture vers le haut de l'échelle Welzenbach. En France, avec la reconnaissance du VIIe degré par les institutions internationales d'alpinisme en 1978, les voies Guyomar-Hautcœur à la Sainte-Victoire sont, sans contestation, les premières à mériter une telle cotation et le premier topo-guide français à l'inaugurer est celui des Deux Aiguilles.

Pourtant, dès 1973, avait paru un livre intitulé le *7e degré*. L'auteur est le jeune Tyrolien du sud Reinhold Messner. Si sa carrière d'himalayiste est bien connue, il est peut-être utile de rappeler ses solos express à la face nord des Droites et au Dièdre Philipp, alors les courses les plus redoutées des Alpes ; ainsi qu'un certain passage obligatoire, ouvert avec son frère Günther, à la Croda de Santa Croce (1968), passage coté 6c, soit VII+ dans l'échelle Welzenbach.

Messner écrit : *Si le sixième degré a été admis, il y a bientôt cinquante ans, comme la limite infranchissable des possibilités humaines, cela ne signifie pas que cette limite ne puisse être dépassée.*

Analysant l'impact de Messner, Belden conclut : *En cette période de crise, l'homme providentiel sera Messner. Il introduira d'abord, de façon très allégorique, le VIIe degré pour désigner, plus qu'une conception nouvelle de l'alpinisme, un vécu qui ne pouvait se distinguer dans la cotation traditionnelle. La grande force de Messner était de fusionner un VIIe degré sportif, technique et un VIIe degré philosophique.*

126- Christian Guyomar dans la GGA.

La crise des valeurs évoquée débouche sur une mutation du milieu grimpeur. Mutation qui, stimulée par certains enjeux économiques, engendre une professionnalisation des grimpeurs de pointe. Dans leur livre *Verdon sans frontières*, le meilleur ouvrage traitant de l'escalade au Verdon, Belden et de Colombel apportent l'analyse suivante :

Une période se clôt avec la première moitié des années soixante-dix. Presque tous les grimpeurs de pointe de cette époque font également de la montagne, en France ou en expédition, à un très haut niveau, même si c'est à dominante rocheuse. La plupart sont d'origine bourgeoise ou petite-bourgeoise ayant fait des études supérieures, grimpant le plus souvent possible, mais pas encore à plein temps pour la majorité. Si la plupart sont guides de haute montagne, beaucoup n'exercent qu'épisodiquement cette profession.

Les auteurs ont choisi la scène du Verdon pour situer leur propos, mais celui-ci s'exporte d'autant plus facilement dans les Calanques que les acteurs sont les mêmes. Les représentants les plus brillants de la génération précédant la mienne, ont presque tous obtenu le diplôme de guide. Souvent avec brio, en sortant dans les premières places, comme Cassin, Coqueugniot, Domenech, Guillot ou Kelle. Mais aucun n'a vécu de son diplôme, même s'il a épisodiquement exercé cette profession. Si Agresti et Guillot ont, pendant un temps exercé la charge de professeur à l'ENSA, seuls Claudius et Robert Mandin ont réellement vécu du métier de guide. Au sein de notre génération, c'est encore plus simple : aucun d'entre nous n'a passé le concours. Les premiers à modifier cet état de fait sont Abert, Fouque et Bernard Gorgeon, sorti major du stage d'aspirant-guide.

Reprenons l'analyse des auteurs de *Verdon sans frontières* :

À la fin des années soixante-dix, la marginalisation du milieu de l'escalade s'affirme nettement. Elle prend des aspects non plus seulement culturels mais également économiques. Nombre de jeunes grimpeurs de cette époque sont d'une origine sociale plus modeste, ont fait plutôt moins d'études que leurs prédécesseurs, sont généralement guides, travaillent peu… et grimpent beaucoup, pratiquement à plein temps pour certains.

127- Vincent Fine au Socle de la Candelle.

Dans ce climat, naît une nouvelle génération de grimpeurs marseillais, une génération-pivot : c'est la dernière à illustrer la tradition marseillaise qui, de Rébuffat et Livanos à Guillot, Coqueugniot et Kelle, a fait des Calanques un creuset de grimpeurs capables de briller dans tous les types de terrain et sur toutes les montagnes du monde. Bref, cette génération est la dernière à appliquer la polyvalence au plus haut niveau.

À la fin des années soixante-dix, des jeunes grimpeurs, certains issus du Club Alpin, d'autres des Excursionnistes Marseillais ou du Club Mutuelle Sport, se rencontrent régulièrement dans les falaises qui ceinturent la ville ou à l'Alpinodrome, le seul endroit où faire du bloc à Marseille. Depuis la Dentissime ou les autres voies Gorgeon, le Roy d'Espagne n'a pas beaucoup changé. Mais de 1977 à 1980 une trentaine de nouveautés s'ouvrent. Le niveau passe rapidement du 6a d'Azathot ou de Frankarine à Nymphodalle, le premier 7c de France, équipé par Bruno Potié en 78, et réalisé en 79 par Patrick Edlinger. Comme on peut s'attendre de la part de jeunes grimpeurs doués, entraînés et désargentés, l'équipement des voies est "aéré" !

Du Club Alpin, viennent Fred et Bruno Potié, David Williamson, Yves Martine, Etienne et Vincent Fine. Comme Ness quelques années auparavant, les frères Potié, ainsi que David Williamson et Denis Mottin, sont des "indigènes du Roy d'Es". C'est en quelque sorte leur jardin, car ils habitent dans sa proximité immédiate. Un autre indigène émergera un peu plus tard sur la scène "Roy d'Es", Hervé Gugliarelli. Leurs collègues des Excurs ont pour noms Robert Balestra, Marc Guiot, Michel Fauquet, Vincent Giacomo, Gérard Pailheret, Roger Pédini et Thierry Volpiatto.

128- Michel Fauquet Les Mille et une Peurs.
129- Marc Guiot à la Candelle.

Denis Mottin est une figure à part. Tout d'abord dans le sillage de Thierry Volpiatto, Denis trouve sa propre voie en réalisant la majorité des Grands Murs du Verdon, ainsi que des solos de classe, comme le Pilier Gousseault à l'Escalès ou, dans un autre style, Clito au Crêt Saint-Michel. Dans les Calanques, sa plus belle création reste Fadal à la Mounine, qui, avec ses cinq splendides longueurs en 6a/6b, est en quelque sorte la directe de la voie de l'Écaille. Pour ses dix-sept ans, nous avons gravi le Nose ensemble. D'une jeunesse difficile, il avait gardé un regard souvent triste, qui pour une fois, avait disparu au profit d'une joie profonde. Cette sérénité que je lui avais connue lors des bivouacs californiens, je souhaitais qu'elle l'habite longtemps encore. Promis à un brillant avenir, Denis a disparu du milieu de l'escalade avec la même discrétion que lorsqu'il y était entré.

La plupart de ces grimpeurs a choisi un métier de la montagne et a quitté Marseille assez rapidement. Toutefois, ils ont côtoyé, dans le Verdon en particulier, des grimpeurs comme Patrick Bérhault et Patrick Edlinger, fers de lance de la nouvelle grimpe, et ont apporté aux Calanques le sang neuf dont elles avaient besoin. Si certains comme Bruno Potié ou Thierry Volpiatto préfèrent le libre extrême, d'autres comme Vincent Fine ou les "Excurs" sont plus éclectiques. Tout en donnant un nouvel essor à des falaises comme celle des Cabanons à Morgiou, ils répètent les tests d'artif et en ajoutent d'autres.

Les Goudes inspirent toujours autant les amateurs d'artif dur: ainsi Trucs-Muches au Rocher des Goudes (Balestra-Fauquet-Guiot-Pailheret), la Vinchou dans la Paroi Jaune (Balestra-Giacomo) ou la Baume du Toit de la Mounine (Farges-Vincent Fine). La Paroi des Toits à Sugiton suit de près avec une dizaine de nouveautés: la jeune garde Excur laisse sa griffe avec Catastroumf, Phase IV ou les Aigles Fins. Avec une avancée de huit mètres, le Toit du Grand Alléluia est une des toutes plus belles voies d'artif de Provence; une merveille due à Michel Suhubiette et Henri-Michel Vincens. Suhubiette est guide également: il est responsable du centre UCPA à la Palud sur Verdon.

Et puis, il y a Oxygène. Oxygène c'est une longueur de corde. Trente mètres qui ont nécessité dix heures d'un pitonnage patient, un travail d'horloger. Oxygène n'a jamais été répétée, du moins dans son état original, car par la suite elle a été équipée afin de devenir un test de libre dur. Oxygène franchit directement la conque de la Grotte de Saint-Michel, là où le dévers est le plus marqué. Même si le surplomb n'est pas aussi important que celui de l'Ermite, l'endroit, toujours à l'ombre, est plus austère. Réalisée sur deux jours, les 28 et 29 octobre 1978, Oxygène est la seule voie des Calanques à mériter une cotation d'A4/A5. Les auteurs, qui ont répété la plupart des horreurs des Calanques (Quatorze, Directissime de l'Ermite...), et qui en ont ouvert dans le Verdon, estiment que c'est ce qu'ils ont fait de plus dur.

Oxygène c'est d'abord Vincent Giacomo, Vinchou, qui a assuré le travail de joaillier. Par sa petite taille, ses goûts marqués pour l'artif extrême et les fissures "off-width" dans le style des Barjots ou de la Fissure Brown, Vinchou rappelle Claudius. Un visage rond éclairé par des yeux bleus candides, Vinchou est le reflet de la joie de vivre. Cheminot à Marseille, il sautera sur l'occasion lorsqu'un poste se libère, et exerce à Chamonix.

Oxygène c'est aussi Robert Balestra, Petit Robert. Partageant la même passion pour la montagne que son ami Vinchou, il devient CRS de montagne à Briançon. Une brillante carrière d'amateur lui en facilite l'accès, et avec ses collègues, il écume les grandes courses du massif et les cascades du Briançonnais. C'est aussi Gérard Pailheret, surnommé "Hermann" ou "Buhl" à cause de sa passion. Gérard exerce à la Compagnie des Guides de l'Oisans. Chaque hiver, il organise le rassemblement des glaciairistes au Fournel et à l'Argentière, événement dont le succès international ne tarit pas.

Le quatrième larron est Marc Guiot. Il a connu l'escalade au berceau, son père Gilles, étant l'un des piliers du GGM, la fine fleur de la grimpe marseillaise des années cinquante. Inscrit dans une troupe de scouts, Marc rencontre deux adolescents qui, comme lui, sont attirés par des jeux autres que le béret ou le ballon prisonnier: Michel Fauquet ("Tchouky") et Gérard Pailheret. C'est le début d'une longue amitié. Une complicité sans faille et un goût prononcé pour les "voyages en paroi" sont l'estampille de la cordée Fauquet-Guiot. Les Calanques les conduisent très vite au Verdon, où ils reprennent le rôle de pionnier laissé par Guyomar: le Voyage de la Mandarine, les Secrets de la Mer Rouge, l'Aventure c'est l'Aventure, Métallic KO, les Chants du Soleil, pour ne citer que les plus marquantes. Un an après le Voyage de la Mandarine, ils se rendent au Yosemite où ils gravissent El Capitan par trois voies différentes, dont Zodiac. Après avoir obtenu son diplôme de guide, Tchouky s'installe à Chamonix, mais il est d'abord partie prenante de la nouvelle vague qui "légalise" le VIIe degré dans les Calanques.

Vers le milieu des années soixante-dix, l'émergence d'un nouveau degré de difficulté est une affaire imminente. Mais avancer une cotation en VIIe degré revient à briser un tabou, tout en ne sachant pas si elle se justifie ou non. Les voyages des grimpeurs de pointe dans divers pôles de la grimpe (Colorado, Yosemite, Angleterre...) les ont renseignés sur un fait: le VIIe degré existe, ils l'ont rencontré.

Jean-Marc Troussier *, Marco, analyse cette évolution: *Il est tout naturel que l'histoire de la difficulté s'inscrive du Nord au Sud, du Saussois à Buoux par exemple. Ce sont deux Everest de l'escalade et, à ce titre, incontournables. Il y a bien sûr quelques satellites autour de ces colosses et ils ont eux aussi leur importance. En 77, Droyer gravit l'Echelle au Saussois, voie cotée 7a. Il marque ainsi la naissance de ce chiffre qui n'est un symbole que sur notre territoire. C'est un passage assez facile par rapport à ce qui se faisait déjà en bloc.*

À ce même moment dans le Sud, aux Deux Aiguilles, Christian Guyomar et Christian Hautcœur découvrent un site aux dalles incroyables. La méthode employée est particulièrement austère: depuis le bas, sans reconnaissance et le piton entre les dents.

Pour les ouvertures aux Deux Aiguilles réalisées par les deux Christian, Marco parle de 6b obligatoire et engagé. Je pense que ce niveau avait déjà été porté à maturation par la génération précédente, celle de Guillot, Cassin et Gousseault. Aux Deux Aiguilles, les deux Christian introduisent le 6c obligatoire et engagé. Marco souligne les différences entre les deux pratiques:

Au Nord, on grimpe avec des scellements en place, mais au Sud l'escalade est plus engagée car la chute y est plus dangereuse. Les deux Christian se sont entraînés à chuter, prévoyant qu'il faudrait dépasser ce blocage. Les deux Christian avaient déjà équipé des itinéraires qui seront plus tard enchaînés entièrement en libre, et cotés plus de 7b. Ces événements prouvent que les deux courants ont donc bien existé. Ils ont nourri deux écoles qui ont finalement fusionné.

* *Pour la revue Vertical.*

Dans certains articles de l'époque fleurissent des formules péremptoires annonçant "l'émergence de l'escalade libre" définie comme "un nouveau jeu" ? Est-ce dû à l'existence d'un nouveau prophète ? Peut-être eut-il mieux valu être plus nuancé ? Que faisaient donc Preuss, Dülfer, Andrich ou Detassis ? Et plus près de nous Guillot ou Cassin ? Quant à l'escalade artificielle dont on annonce le déclin irrémédiable, il semble qu'elle ne se porte pas si mal que ça aujourd'hui : les Murs du Yosemite et ceux, plus modestes, du Verdon, font toujours paroi comble. Cet engouement inconditionnel pour le libre, sans doute déclenché par la découverte des méthodes anglo-saxonnes, ne doit pas faire oublier que les pionniers du "All-Free" n'ont jamais renié l'artif. Parallèlement à l'évolution du libre, Bridwell et Porter constellent le Capitan de chefs d'œuvre. En Provence, l'action de Guyomar aux Deux Aiguilles ne gène en rien son investissement à l'Escalès.

130- Robert Balestra.

Les grimpeurs les plus actifs sont aussi ceux qui poussent la polyvalence le plus loin. Ce sont Michel Fauquet, Étienne et Vincent Fine, Yves Martine, Pierre Farges, Fred et Bruno Potié, Thierry Volpiatto. Suivant une tradition qui n'est pas neuve, mais qui veut que la valeur n'attende pas le nombre des années, ils gravissent avec célérité les itinéraires les plus sérieux des Alpes françaises, parfois encordés, souvent en solitaire ou/et en hiver.

Il faut dire que depuis quelque temps, un nom circule sur les lèvres des aficionados des Calanques ou du Verdon : Patrick Bérhault. Sa discrétion est telle que, de prime abord, ses exploits tiennent du mythe ou de la chanson de geste. Au cours de l'été 79, Bérhault laisse une empreinte semblable à celle que Messner avait laissé dix ans plus tôt. Dans les Gorges du Verdon, déjà secouées par la visite de Livesey et Fawcett en 77, Bérhault introduit le 7a, puis passe assez vite au 7c avec le Bombé de Pichenibule. Pour les grimpeurs cités, et pour bien d'autres, Bérhault et Edlinger représentent l'exemple à suivre. De 80 à 82 ils symbolisent le stade ultime de la polyvalence (l'himalayisme exclu). Le niveau qu'ils atteignent en rocher et les directions qu'ils impriment nécessitent un entraînement spécifique qui induit la spécialisation, et par là même, fixe les limites de cette polyvalence. Ces tendances se répercutent naturellement dans le milieu marseillais.

L'année 1982 est, en quelque sorte, la croisée des chemins. Certains comme Thierry Volpiatto et Bruno Potié, semblent plus attirés par le chemin choisi par Edlinger. Soloïste audacieux (le Fréney, la Devies-Gervasutti à l'Ailefroide), Thierry compte parmi les meilleurs grimpeurs de l'hexagone des années quatre-vingt. Il fréquente "le Blond" et le 8b. Dans leurs jeunes années, Thierry et Bruno se sont fait les doigts au Roy d'Espagne dans des voies comme Nymphodalle (7c) ou Claquegaloche (8a). Devenu guide, Bruno Potié s'installe à la Palud sur Verdon et reporte sa soif créatrice sur l'Escalès. Il est l'auteur d'un étonnant solo dans Surveiller et Punir (7a+).

131- Thierry Volpiatto. Nymphodalle (7c) au Roy d'Espagne.

Parmi ceux qui ne se contentent pas de la pratique exclusive de la falaise, deux noms sont à retenir : Michel Fauquet et Vincent Fine. Tous deux pratiquent le libre à un haut niveau, mais ce n'est qu'une partie de leurs qualités. Chacun évolue au sein de son groupe d'amis - Tchouky grimpe avec les Excurs, Marc Guiot, Robert Balestra ou "Buhl" ; Vincent grimpe avec son frère Étienne, avec Yves Martine, avec Pierre Farges, et avec son complice de toujours, Fred Potié - mais lorsqu'il s'encorde avec Tchouky, ils forment alors une cordée de classe internationale. Leurs aptitudes alpines et leur aisance dans les Grandes Parois sont équivalentes, des itinéraires comme la face nord des Droites ou l'Intégrale de Peuterey cessent d'être pour eux des voies exceptionnelles.

L'Himalaya leur fournit un terrain à la mesure de leurs rêves et de leurs ambitions. L'été 83 les voit, en compagnie de Pailheret, dans le Karakoram : leur sirène s'appelle le pilier sud de l'Ogre (7 285 m). Il a été tenté en 77 par l'équipe Bonington. C'est ici qu'a lieu l'une des odyssées les plus incroyables de l'histoire de l'alpinisme, l'épopée de Doug Scott qui se brise les jambes sous le sommet... En style parfait, Vincent et Tchouky réussissent ce pilier haut de mille mètres (6b et A3). En 1985, on les retrouve au Népal ; Marie-Odile, la femme de Vincent, et Fred Potié les accompagnent. Leur objectif est la muraille que Messner a baptisée "paroi de l'an 2000", la face sud du Lotshe (8 511 m). En style alpin, Vincent et Tchouky gravissent en deux jours près des 2/3 de l'immense paroi (3 500 m de haut). Les chutes de pierre et la mort d'un alpiniste polonais les conduisent à la retraite.

132- Gérard Merlin. Aiguille de Sugiton.

Cette face a envoûté Vincent ; il doit y retourner à l'automne. Le destin en a décidé autrement. Le 19 juillet 1988 est un jour sombre entre tous : Vincent tombe en solitaire à l'Éperon Walker. Sa mort bouleverse les cercles de grimpeurs marseillais et bien au delà. Vincent rayonnait de générosité, de simplicité et de joie de vivre. Son fils Renaud n'avait qu'un mois et demi lorsqu'il est mort. Une intégrité totale, un charisme communicatif l'assimilaient aux personnages de l'hagiographie alpine, aux "chevaliers de la montagne" chers à Tita Piaz.

C'est à son ami et beau-frère, Yves Martine, qu'il échoit d'aller recueillir les restes de Vincent dans la rimaye des Jorasses. Compagnon de course à la mesure de Vincent, Yves est un grimpeur d'une discrétion et d'une classe à part. Avant d'opter pour la carrière de gendarme de montagne au PGHM de Chamonix, puis à celui de Briançon, Yves a ouvert la Diva, l'un des premiers 7a des Calanques, en compagnie de David Williamson.

Tchouky poursuit avec le même éclectisme sa carrière d'alpiniste exceptionnel, alternant voies extrêmes au Capitan (Native Son) avec des objectifs himalayens fort ambitieux. Au Lotshe, Vincent et lui avaient eu droit au "coup de chapeau" de Robert Paragot. Épargné par le "syndrome de collectionneur de 8 000", Tchouky consacre son énergie à des objectifs de grande classe, les deux plus beaux étant un pilier magique à la Tour de Trango (6 250), dont il redescend en parapente, et le pilier sud du Nuptse (7 800 m) où il atteint, avec Christophe Moulin, l'altitude de 7 500 mètres.

Avec Vincent Fine, Michel Fauquet, Yves Martine, se clôt un demi-siècle de tradition marseillaise illustrée par la polyvalence au plus haut niveau. Les événements qui se produisent dans le monde de l'escalade, et que l'on peut baptiser de façon schématique le "phénomène Edlinger", bouleversent cette tradition et imposent une mutation profonde. Ces grimpeurs, sans véritablement délaisser les Calanques, avaient choisi les Alpes dans un premier temps, puis les massifs extra-européens pour exprimer leur talent. À la même époque, un autre marseillais commence à laisser son empreinte dans les Calanques : Gérard Merlin. Mais, appelez-le "Nate".

Initialement, rien ne dispose Nate à occuper un rôle de premier plan sur la scène des Calanques. Des vacances familiales dans les Alpes Cottiennes lui donnent le goût de la montagne, mais des études techniques le conduisent directement à un bureau d'études. Lors d'une promenade dans le Vallon des Aiguilles, il observe une cordée en action. C'est le coup de foudre, il a vingt-deux ans. Sa première corde est une corde de bateau et déjà il bricole son matériel. L'année suivante, en 1975, il s'inscrit au CAF. Dès la première sortie, à l'Aiguille de Sugiton, le moniteur du CAF bute sur un passage. Sans trop se poser de question, Nate se retrouve en tête, et il passe. Cette période initiatique lui vaut de connaître les complices de ses plus belles réalisations : Paul Bastiani, Didier Bitoun, Yves Place, Yves Reynier, puis Jean-Marie Picard-Deyme, le célèbre "Picou".

Son esprit inventif, son sens inné du bricolage, de la matière, transforment rapidement le débutant en un pionnier original. Sa première création s'appelle Triple Direct aux Goudes (il rentre du Yosemite où, avec Pichoux et un tout jeune Patrick Edlinger, ils ont rendu une visite de courtoisie au Capitan) ; elle démarre par la Bouffigue (rappelez-vous le vol de Terray) et finit par le S. Manquant de références, Nate cote le passage-clé VI+. Il est répété par Vincent Fine, qui le cote 7a, puis par Eddy Bouchet qui confirme cette cotation "à vue". Nate est devenu un grimpeur à plein temps : six jours de grimpe par semaine, le dimanche c'est fait pour se reposer. Dans ces années 80-82, il grimpe beaucoup avec Edlinger.

Il se lie d'amitié avec un grimpeur qui l'impressionne autant que "le Blond" et dont la modestie n'a d'égale que le talent : Eddy Bouchet. Dans cette première moitié des années quatre-vingt, Eddy est l'un des cinq ou six meilleurs grimpeurs français et certainement le plus discret. Il fait partie des très rares élus du 8° degré, et même des créateurs (Périphérique Ouest à la Loubière). Bien intégré dans le milieu marseillais, Eddy grimpe avec de nombreux locaux comme Georges Paul ou Kern, avec qui il libère le Toit de Garrigou direct (7b+). Dans le Verdon, il est le premier à gravir El Topo en une seule traite (avec Michel Bertrand).

C'est le "boom" du libre, et la fréquentation de tels grimpeurs permet à Nate de s'épanouir. Son sens de la précision et du bricolage en artif lui ont déjà valu de la part de Vincent Fine, le surnom de "Charlie Porter de l'escalade marseillaise". Au cours d'un séjour parisien, Nate découvre Fontainebleau. L'art du geste et de l'utilisation du micro-gratton lui permettent de s'assurer, devant un parterre de "bleausards" médusés, la première répétition d'un bloc particulièrement coriace, le 12bis à l'Isatis.

De retour à Marseille, il évite de tomber dans la grande mode qui installe Buoux au sommet du hit-parade des falaises les plus cotées "in the world" et s'investit à fond dans de nouvelles ouvertures. Écoutons les auteurs du topo FFME des Calanques:

Début des années quatre-vingt. Le libre est à la Une. À Marseille on en rêve. Pendant ce temps, Gérard Merlin équipe au tamponnoir des lignes magiques sur des dalles superbes; c'est le coup de foudre. Nate éclaire d'un jour nouveau des secteurs hyper-classiques connus de tous. Le niveau général monte avec le plaisir du geste et la sécurité des nouveaux spits.

Daniel Gorgeon et ses amis ne sont pas les seuls à souligner la contribution de Nate à la grimpe marseillaise. Vincent écrit. *

Plus haut, je vous causais d'un regain d'intérêt. En effet, depuis un an environ, toute une série de voies nouvelles ont été ouvertes par l'irremplaçable Gérard Merlin. Il faut connaître Nate pour savoir ce que cela veut dire: des voies au tracé toujours esthétique, toujours parfaitement équipées, sans cette recherche de l'exposition à tout prix qui caractérise les voies modernes, des pitons toujours bien placés et en général inarrachables; bref, un vrai régal! Pour clore cet aperçu, il faut dire que le niveau des voies descend rarement en dessous du V+, et va taquiner le VII pour les plus dures.

* *Montagne Magazine.*

La recherche esthétique sans l'exposition à tout prix: c'est ce qui différencie essentiellement les voies de Nate de celles de Guyomar. La liste de ses plus belles créations est tellement longue qu'une sélection ne peut être que le reflet d'un choix personnel. Essayons tout de même. En face sud des Goudes, je vous conseille Poubelle Époque, Garantie Pièces et Main d'Œuvre, et surtout Mobby Dick. De passage à Sugiton, faites un crochet par la Métro Goldwyn Meyer, puis n'hésitez pas à être Doux, Dur et Dingue. Si la Paroi Noire vous attire, faites un voyage dans la Zi puis, si une Drôle d'Idée vous passe par la tête, égarez vous dans l'Impasse des Intimes. Et pour vous finir les avant-bras, allez donc au Socle de la Candelle. Vous aurez besoin de votre VO2 max... et de tous vos doigts pour pianoter dans Finger Slab. Enfin, vous serez digne du Huitième Art.

Pour équiper autant de belles voies - le financement n'existe pas encore - Nate a besoin d'une grande quantité de spits et de pitons. Il bénéficie d'un coup de main des copains, et de celui de... son médecin de famille! Il faut dire qu'il partage avec ce dernier ses deux violons d'Ingres: l'amour de la mécanique et celui de l'escalade, car son médecin n'est autre que le docteur Albert! Se prenant de sympathie pour son jeune client, Albert lui offre sa collection de pitons (près de trois cents), grâce auxquels Nate peut poursuivre son œuvre de bienfaiteur. On s'en souvient, Georges Albert forgeait ses propres pitons et mousquetons.

L'atelier de Nate est aussi propre que le séjour de la plus maniaque des ménagères, à tel point qu'il a mérité le surnom de "Clinique Merlin". Car la passion de la mécanique a induit chez Nate celle de la course automobile. Le soin et la méticulosité qui l'ont conduit à transformer l'escalade en Huitième Art, se retrouvent sur les circuits. Au cours de la même période, Nate acquiert la réputation, dans le milieu des courses de côtes automobiles, d'être non seulement un excellent pilote, mais aussi celle d'un magicien hors pair lorsqu'il s'agit de régler les moteurs de compétition. Lui-même court sur une Simca Rallye 2 réglée par ses soins, et remporte des courses de côte comme celle de Saint Antonin. Lors de la course de côte du Coudon en 90, Nate est victime d'un grave accident. Le bilan est lourd : bassin en miettes, il est contraint à plusieurs mois d'hospitalisation.

Lentement, après une longue rééducation, Nate se remet à l'escalade, signe d'une passion qui n'a pas pris une seule ride. Un autre volet de sa passion est la façon dont il vous parle d'une voie. En la décrivant, il la revit, mouvement par mouvement, avec force gestes, et si vous êtes à ses côtés à ce moment-là, votre bras, telle une prise, remplacera tôt ou tard l'inversée du "crux", surtout s'il s'aperçoit que votre attention fléchit. En 97, à l'âge de 45 ans, il exauce un souhait que Vincent Fine lui avait prodigué : il réalise son premier 8a, la Course des Nuages.

Nate laisse dans les Calanques une œuvre considérable. Ses voies ne souffrent pas de l'exposition Guyomar, et elles ne sont pas non plus réservées au super-athlète nourri avec un yaourt par jour et du jus de carotte. Parallèlement au développement de l'escalade de très haut niveau qui privilégie toits et dévers, le style Nate continue à faire des adeptes qui profitent des "blancs" que cet insatiable pionnier a bien voulu laisser dans les splendides murs à gouttes d'eau des Calanques.

Pour clore ce chapitre, j'aimerais évoquer ceux qui assument une tâche délicate dans les Calanques, celle du sauvetage en paroi. Il s'agit des membres du Bataillon de Marins Pompiers de Marseille, le BMP. Lorsqu'un massif possède des parois dont la hauteur avoisine (et parfois dépasse) les deux cents mètres, venir en aide à un grimpeur blessé s'apparente fort à un exercice de secours en montagne. L'idée n'est pas nouvelle ; elle avait fait son chemin dans l'esprit d'un grimpeur actif dans les années quarante, Henri Joubard. Écoutons son ami et son compagnon de cordée, Maurice Ramond : *

*Maurice Ramond * Bulletin du Club Alpin Français Section de Provence 3e Trimestre 1987.*

Henri Joubard, guide de haute montagne, pionnier de l'escalade dans nos calanques, est décédé le 20 février 1987. Avec lui disparaît l'un des meilleurs spécialistes du secours en montagne de notre département.

C'est en 1936 qu'il commença à pratiquer l'escalade dans nos calanques. En 1944, il fut le premier instructeur bénévole d'alpinisme, breveté de la Fédération Française de la Montagne. En 1950, il obtint le titre envié de Guide de Haute Montagne. Conseiller technique, pendant plus de trente ans, de la Direction Départementale, puis Régionale de la Jeunesse et des Sports, il occupa pendant plusieurs années les fonctions de Délégué Départemental de la FFM et fut membre du Comité Directeur de la Section de Provence du Club Alpin. Il assurait, en outre, depuis 1950, l'entraînement des équipes de Secours en Montagne du Bataillon de Marins Pompiers de Marseille.

De fait, la carrière de guide de Joubard se confond, dès l'obtention de son diplôme (1950), avec celle du Bataillon de Marins Pompiers de Marseille. La création du Bataillon fait suite à l'incendie des Nouvelles Galeries, en 1939. Le Bataillon de Marins Pompiers de Marseille est une exception car ce type de corps est réservé aux villes abritant des Arsenaux Militaires, comme Brest, Cherbourg ou Toulon. En 1946, un avion s'écrase dans le massif de Marseilleveyre. À la suite de cet accident, il est décidé de créer au sein du Bataillon, une section spécialisée dans les secours scabreux. Joubard propose de développer une forme de secours en montagne adaptée aux massifs de Sainte-Baume, Sainte-Victoire et des Calanques :

Je préfère m'étendre sur ce que fut sa véritable vocation, l'œuvre essentielle de sa vie pour laquelle il fut prêt à tout sacrifier ; la création d'une équipe moderne, spécifique et efficace de secours en montagne dans les Calanques.

Aujourd'hui, nul ne s'étonne de voir des marins dont la vocation naturelle est évidemment la mer, grimper sur les rochers pour secourir les blessés ou simplement les personnes en difficulté. Ces jeunes garçons et filles qui parcourent les voies d'escalade des calanques savent-ils seulement que ceux qui se tiennent prêts à leur venir en aide, sont des marins ? J'en doute !

Initialement, le matériel employé est le même que celui des grimpeurs. Dans les années soixante, l'encordement à la taille est courant, la ceinture Frendo un luxe. De plus, l'entraînement n'a lieu qu'un vendredi par mois. En 1966, un jeune grimpeur arrive au Bataillon, Georges Paul. Très vite passionné par l'activité Secours du Bataillon, Georges devient pour Joubard un collaborateur sur lequel compter. Avec l'arrivée de deux "excurs", Alain Fonters et Robert Terret, puis un peu plus tard de Pascal Reinette, le Bataillon reçoit un sang neuf. Baignant dans un milieu de grimpeurs actifs et entreprenants, ils "importent" l'usage du baudrier. En 1973, le Rébuffat est le modèle courant, pour être remplacé par le Whillans trois ans plus tard.

Dès 1975, il existe au sein du Bataillon, un noyau motivé d'une vingtaine de Pompiers. À partir de 1980, le Bataillon offre aux plus passionnés des stages de perfectionnement encadrés par le PGHM de Chamonix, la formation devenant commune aux Marins et aux Sapeurs Pompiers. Pour Georges, c'est l'occasion de connaître son alter-ego chez les Sapeurs, Jean-Claude Grand. Ce dernier lui suggère d'organiser un stage de Secours dans le Verdon. Après avoir initié les stagiaires pendant la journée, les deux compères terminent la soirée par une voie dans les Gorges. À la même époque, Joubard demande à Nate et à Christian Guyomar d'encadrer un stage au profit de la Jeunesse et des Sports. Georges, qui encadre le stage avec eux, fait connaissance des "mythes" de la grimpe provençale et apprend beaucoup à leur contact. Tous ces stages de formation donneront naissance au GRIMP, le Groupe Rapide d'Intervention en Milieu Périlleux.

Ayant côtoyé et apprécié Henri Joubard pendant vingt ans, Georges Paul tient à lui rendre un autre hommage : celui d'avoir été un partisan précoce de l'emploi de l'hélicoptère. Dès 1983, Joubard insiste auprès du Bataillon pour obtenir des entraînements communs avec la Protection Civile, ce qui permet aux Pompiers de se familiariser avec l'usage de l'Alouette II, puis de l'Alouette III. Ces sauvetages sont également le moyen d'apprécier l'altruisme et l'audace des pilotes de la Sécurité Civile.

Lors d'un sauvetage récent à la Sans Retour, où le "leader" s'est écrasé sur le relais précédant la traversée du Fjord, Georges et son équipe sont déposés sur le plateau de Castelvieil. Après avoir porté les premiers secours au blessé, les Pompiers le descendent sur une vire au bord de l'eau, le sauvetage par les airs étant impossible.

À la nuit tombante, éclairé par les phares de la Bonne Mère (la vedette des secours), le pilote de l'Alouette réussit le secours in-extremis, en posant un seul patin sur la paroi.

En adaptant les techniques issues de l'escalade et de la spéléologie, le Bataillon de Marins Pompiers a mis au point des méthodes efficaces pour intervenir dans les plus brefs délais, en site naturel comme en milieu urbain. *La création de l'équipe de secours en montagne du Bataillon des Marins Pompiers de Marseille n'est pas due, certes, à la seule volonté d'Henri Joubard, mais il en a été un des promoteurs et surtout son indiscutable cheville ouvrière. Il a eu le mérite d'y croire dès le début alors que toutes les instances de la FFM de l'époque exprimaient leur désaccord et nous proposaient en échange, un système lourd et inadapté à nos massifs.*

133- Vincent Fine.
L'enfant des étoiles.

Grâce à Henri Joubard, qui a fait du Secours une œuvre prioritaire tout au long de sa vie, grâce à des intervenants de la valeur de Georges Paul, grimpeur dans l'âme autant que secouriste, le Secours en paroi dans les Calanques a atteint un degré d'efficacité impressionnant. Efficacité que bien des grimpeurs et randonneurs ont pu apprécier à sa juste valeur.

134 - L'île de Riou vue de la Bougie.

Les calanques aujourd'hui

CHAPITRE *10*

135- Nanette Raybaud.

Depuis les débuts de l'escalade, le sport a bien changé. L'évolution du matériel est de loin la plus importante, mais la tenue vestimentaire s'est aussi beaucoup transformée. Une tradition bien établie voulait que le grimpeur emploie des vêtements usagés, voire rapiécés. Cette tradition a vu son apogée dans les années 60/70, où pull-overs et pantalons sont décorés de pièces en tissu à fleurs, aux endroits usés. La "doudoune" suit souvent la même mode, le sparadrap remplaçant le tissu à fleurs, la nonchalance allant de pair avec la tenue du grimpeur. Enfin, le bandeau, multicolore de préférence, remplace le casque ; certes c'est plus agréable, mais moins efficace contre les chutes de pierre…

136- Changement de "look".

Précisons que jusqu'alors, l'escalade a constitué pour certains un mode de vie très fort et qu'elle a toujours su éviter de pénétrer dans le circuit de l'argent. Ce mode de vie s'enrichit au travers du voyage, voyage à la découverte de sites nouveaux, vers de nouveaux mythes, voyage à la rencontre des autres. Des USA nous parvient un phénomène, celui des "climbing bums", les vagabonds grimpeurs, qui vivent pour grimper et se satisfont pleinement de ce mode de vie. L'habit, dans ce cas, reflète fidèlement le rejet de la société de consommation, l'escalade constitue un langage commun. Au début des années quatre-vingt, le "look" du grimpeur change. Dans la revue *Vertical*, Troussier essaie d'analyser ce changement :

Depuis les origines, les grimpeurs n'ont cessé de se singulariser des montagnards, exprimant par leurs vêtements une différence qui déjà sautait aux yeux des observateurs les moins avertis. Pourtant, plutôt que de montrer la différence, le vêtement a voulu se rapprocher d'une fonction de plaisir liée à l'activité elle-même. Il y a quand même quelques évidences incontournables : on ne peut lever correctement la jambe avec un knicker.

Le bandeau (très nette influence américaine) a bénéficié de la mode des cheveux longs dans les années soixante-dix. En plus de sa fonction ornementale ou emblématique, il avait une caractéristique évidente : contenir les longues boucles. Le pantalon blanc n'a pas été l'uniforme obligatoire que certains ont voulu moquer. Le survêtement de l'armée eut quelques adeptes mais faisait irrémédiablement penser à un autre uniforme. Le "survêt" tout simple a rapidement envahi le marché. Le short de football n'a jamais fait de percée... on ne se mélange pas !

Le collant a rapidement acquis droit de cité. Léger, fonctionnel, varié, il permet toutes les excentricités, car les modèles disponibles sont innombrables et permettent à chacun de vraiment se singulariser. Il a cette "touche" qui évoque la légèreté et même la danse ; on abandonne le clan des rustiques montagnards pour enfin rejoindre la secte des porteurs de ballerines.

On l'abandonne d'autant plus volontiers que le divorce se consomme entre les deux activités, jadis inséparables. Néanmoins Troussier est loin de réduire ce changement à un simple effet de mode. Il voit dans cette métamorphose un phénomène de société :

Contrairement à ce que colportent certains, le milieu de l'escalade n'est pas "branché". C'est une erreur de jugement qui ne prend en compte l'aspect purement sportif de l'activité, pour ne voir que l'aspect loisir/mode. Il ne faut pas se méprendre ; il y a là peu de place pour l'artifice et le futile, que l'on peut rencontrer dans "l'après-ski" ou sur les bords de plage. Toutefois on ne peut dire que la mode est étrangère à ce milieu. Elle y prend des formes plus subtiles et plus difficiles à analyser.

Sans s'attarder davantage sur un phénomène qui, sans être totalement superficiel, est périphérique par rapport à l'essence même de l'activité, passons maintenant aux chaussons. Dès le milieu des années soixante-dix, les chaussures rigides, même les bons vieux Terray-Saussois si appréciables sur les grattons, ont complètement disparu au profit de la PA, la fameuse Pierre Allain rouge et noire, rapidement remplacée par la EB. Ce chausson bleu marine et blanc restera pendant dix ans le chausson universel. Précis et léger, il ne tarde pas à devenir le chausson indispensable à tout bon grimpeur qui, dès la première trace d'usure latérale, colle et coud des pièces de cuir pour le renforcer. La EB assiste non seulement à la naissance du 7e degré, mais aussi à celle du 8e. Dès 1978, le premier 8a est gravi au Yosemite : Phoenix par Ray Jardine, qui en profite pour tester son invention-miracle, le "Friend" ; le second 8a (ou 8a+) suit un an plus tard : Grand Illusion de Tony Yaniro. La EB ne sera détrônée en France et en Italie qu'à partir des années 82-83 après dix, voire quinze années de bons et loyaux services.

Dans les Calanques, on s'aperçoit rapidement que les murs raides à grattons et à gouttes d'eau se gravissent aussi bien, sinon mieux avec des chaussons souples qu'avec des rigides. De plus, les chaussons souples permettent d'exploiter une gamme de prises infiniment plus variée qu'auparavant.

Grimpeur conservateur, j'ai oscillé pendant près de dix ans entre rigides et souples, sans arriver à choisir, jusqu'à ce que Bernard Gorgeon me suggère, avec une gentillesse teintée d'ironie, d'acheter une paire de EB. Ce que j'ai fait sur le champ, pour m'apercevoir que j'avais commis un acte irréversible.

Jusqu'au début des années quatre-vingt, le cinéma de montagne est un phénomène réservé à un public d'initiés. Une émission de télévision rencontre un certain succès, grâce à la sobriété avec laquelle elle traite le sujet: *les Carnets de l'Aventure*. L'un des cinéastes, Jean-Paul Janssen, met en scène un jeune grimpeur blond, à l'aisance et au talent prodigieux, Patrick Edlinger. Dans *La Vie au bout des doigts*, Patrick "danse" en solo intégral dans des voies dures de Buoux. Le souffle coupé, les téléspectateurs découvrent l'existence d'un sport jusque-là confidentiel. Le succès, immédiat et considérable, dépasse largement le milieu, et vaut à Patrick un cortège de rancœurs et d'horions. Le film de Janssen propulse Edlinger au rang de star. Loin de s'éteindre comme un feu de paille, l'effet médiatique persiste et s'amplifie. La période de crise et de mutation, dont les années soixante-dix ont été le théâtre, est terminée.

Toulonnais d'adoption, Patrick est accueilli par un groupe actif et entreprenant qui lui fait découvrir le Verdon. Deux mois après ses débuts, un ami, Christian Crespo, lui propose, en guise de rite initiatique... la Paroi Rouge! L'escalade devenue sa raison d'être, Patrick grimpe les échelons à une vitesse foudroyante, et sa trajectoire croise celle d'un garçon de trois ans son aîné, qui a choisi le même chemin que lui, Patrick Bérhault. Tous deux se soumettent à un entraînement intensif et quasi scientifique. Chacun transforme son "spot" - Bérhault à la Loubière, Edlinger au Baou des 4 Ouro - en un laboratoire où il développe ses conceptions du haut niveau.

Le résultat ne se fait pas attendre. Depuis près de vingt ans, les anglo-saxons sont passés maîtres dans l'art d'innover (Messner étant l'exception) dans tous les domaines. En l'espace de deux ans, deux garçons bouleversent cet état de choses, et ils comblent la décennie de retard qui sépare la grimpe française de ses voisines d'outre-Manche et d'outre-Atlantique. C'est la naissance de "l'école française", qui met l'accent sur le plaisir du geste et la difficulté pure. Raillée dans un premier temps, cette forme d'escalade ne tarde pas à fasciner et à attirer les grimpeurs du monde entier. Pendant toutes les années soixante-dix, le mythe est essentiellement américain, et d'abord californien. Au cours des années quatre-vingt, le mouvement s'inverse et les mythes s'installent en France, dans le sud surtout, Buoux et le Verdon venant en tête de liste.

Une autre question se pose, celle des cotations. Les bouleversements ont été si soudains qu'on ne peut s'empêcher de constater une joyeuse panique. Si les Calanques, à l'histoire ancienne et traditionnelle, ont pu échapper à certains excès, il n'en est pas de même pour la Sainte-Victoire ou le Verdon par exemple. Le comble est atteint avec la fameuse Rampe de Pichenibule annoncée en V/V+ (6c+ en vérité!). En cotant en 7a la Super Echelle, Droyer a un mérite, celui d'ouvrir l'échelle (celle des cotations) vers le haut, ainsi que celui d'établir une correspondance avec les cotations en vigueur aux USA ou en Grande Bretagne. Dans ce contexte, Tanner et Livanos avaient introduit le 6e degré, Guyomar et Hautcoeur le 7e. Bérhault et Edlinger introduisent le 8e degré. Précisons qu'il y a symétrie entre le Nord et le Sud.

Que le lecteur veuille me pardonner de m'être écarté des Calanques, mais l'impact de Guyomar dans les années soixante-dix, celui d'Edlinger dans les années quatre-vingt, sont incontournables. À son corps défendant, Patrick est celui qui a drainé sur la scène sociale un sport de marginaux. L'image qu'il véhicule à travers ses films a décuplé le nombre de vocations au sein d'une pratique où l'apologie du corps est devenue la préoccupation principale de cette nouvelle forme d'escalade. Ce n'était pas le postulat initial. *La Vie au bout des doigts* est un moyen d'exprimer la violence de sa passion et, si message il y a, de montrer (à travers le solo notamment) que l'escalade comme mode de vie peut conduire à un engagement aussi fort que l'alpinisme.

Cela étant, les Calanques ont une histoire propre. L'orientation tracée par Nate lui vaut de fervents émules. Divers groupes d'influence, séduits par la beauté de ses lignes, se lancent à la découverte des belles dalles de calcaire lumineux, vierges de tout itinéraire. Nous retrouverons les acteurs de ce renouveau dix ans plus tard, car une grande partie des voies qu'ils ont ouvertes sont devenues des "nouvelles classiques", et, à ce titre, ont été incluses dans le plan de rééquipement organisé par la FFME.

Accepté de manière ponctuelle et exceptionnelle, le spit ou l'expansion n'a jamais été réellement admis jusqu'à la fin des années soixante-dix. Toléré dans une section d'artif impitonnable ou dans des laboratoires d'escalade comme le Roy d'Espagne, il est considéré ailleurs comme un acte anti-sportif ou un "péché". Même si ce dernier terme peut prêter à sourire, n'oublions pas que le passé de l'escalade est lié à celui de l'alpinisme, et que les "croisades" fustigeant les "assassins de l'impossible" sont encore toutes fraîches dans les mémoires. À la fin des années soixante-dix, la pénurie de rocher vierge ne laisse plus d'alternative autre que celle qui consiste à tourner son regard vers les dalles et les murs compacts.

Au début des années quatre-vingt, il semble difficile en partant du bas, de dépasser le niveau atteint par Guyomar et Hautcœur aux Deux Aiguilles, puis celui d'Edlinger au Baou des 4 Ouro. Du reste, lorsqu'on considère l'évolution actuelle de l'escalade sportive, force nous est de constater que ce n'est pas la trajectoire empruntée par Guyomar qui est la plus populaire, en France tout au moins, Dominique Jugy constituant une exception notoire. L'usage du spit restant parcimonieux, et celui-ci placé à bon escient, un grand nombre de voies superbes, impossibles à protéger autrement, voit le jour. Cette ère du spit ouvre des possibilités, non point illimitées, mais en tout cas bienvenues dans un terrain où la pratique de l'escalade s'apprête à fêter ses cent bougies.

Le Crêt Saint-Michel est une belle paroi de cent mètres, surnommée localement la Paroi Noire, qui présente un choix de voies difficiles, jamais extrêmes. Nate a donné le ton avec la ZI qui remonte la belle conque de dalles blanches à droite de la Bavaroise. Le Crêt est l'un des lieux d'entraînement privilégié de l'UEREPS, basée à la faculté de Luminy. Le responsable de l'option escalade est un des grimpeurs les plus fins des "sixties", Michel Bonnon. Beaucoup d'étudiants voient en l'escalade, activité non "normalisée", un moyen de gagner facilement des points pour le professorat d'Éducation Physique.

Tel n'est pas le cas d'un étudiant peu ordinaire : Jean-François Lignan. Plus connu sous le pseudonyme de "Poil", il profite de son séjour à Luminy pour ouvrir deux petites merveilles à la Paroi Noire, destinées à tenir compagnie à celles de Nate : Clito et Andromède. Clito est une directe de l'Éperon de Droite, là où le rocher est le plus compact, et donc le meilleur ; le nombre de spits est minimal et elle nécessite un certain engagement. Aussi jolie que Clito et ouverte du bas, Andromède quitte assez vite la Bavaroise pour sortir directement. Très actif à l'Escalès et dans les Gorges, Poil est l'auteur avec Bernard Gorgeon du topo du Verdon. Sa passion pour le dessin l'a conduit à se charger des schémas d'escalade.

Dans la partie gauche de la paroi, l'Hymne à la Vie constitue la directe du Grand Dièdre. Quatre splendides longueurs de 6b, avec un pas de 6c au départ, pour lesquelles on peut remercier Jean-Louis Fenouil. Actif depuis plus de vingt ans, Fenouil fait preuve d'éclectisme. Après avoir ouvert la Traversée Ivan en ma compagnie, il trace une "directe" au raz des flots qu'il baptise Super-Trempe. Avec Alain Dupaquis, Pierre Guiraud, Alain Jamin, Claude Terrière et Philippe Matthews, il ouvre une vingtaine de voies du même cachet à Sugiton et à la Paroi des Toits. Au début des années quatre-vingt-dix, Fenouil s'investit au Socle de la Candelle et à la Paroi des Toits, profitant, là aussi, de la place que Nate a laissée. Avec Gilles Crespi (le "chantier lumineux" c'est lui) et le tandem Clarac-Allinne, ils ouvrent du bas, les voies de "la troisième génération", comme Noirs Désirs, Songes Obscurs ou Sing-Sing Blues. Nous retrouverons Fenouil et Crespi dans un défi d'une autre nature situé non loin du Socle : la Paroi Concave.

Tantôt de concert avec Fenouil et Crespi, tantôt séparément, Jean-Luc Allinne et Pierre Clarac sont responsables d'une douzaine de voies au Socle, de Grimpanoïdes Associés qui proposent trois longueurs dans le 7a/7b à Nuovo Matino et Velvet Underground. Leur repaire reste malgré tout, le Vallon des Aiguilles. Habitant au pied de Marseilleveyre, ils dotent le Vallon d'une quarantaine de créations, certaines de quatre longueurs. Ma favorite reste Passion de Féla qui remonte, en trois superbes longueurs de 6b, l'éperon bordant la Mitre sur sa droite. Cette dernière, chef-d'œuvre de la cordée Livanos-Rébuffat, a été rééquipée par leurs soins.

Retournons aux Goudes. Alors que Nate se déchaîne en face sud du Rocher Saint-Michel, deux adolescents découvrent timidement les dalles bleutées de lichen de la face nord : Gilles Bernard et Hervé Gugliarelli. Ils se sont connus sur les bancs du

Lycée Marseilleveyre. Parmi tous les lycées de Marseille, celui-ci occupe une place à part: il est à la frontière des Calanques. Pastré et le Roy d'Espagne sont à portée de rêve de son enceinte. À l'âge de quinze ans, Gilles découvre l'escalade avec son frère aîné André. Sa première voie est la Révolution à En Vau, la seconde le Pilier des Américains et la troisième le Triomphe d'Éros dans le Verdon! L'été suivant, André emmène le "petit frère" dans la Directe Américaine au Dru, histoire de l'initier à la montagne. Gilles et Hervé appartiennent sans doute à la dernière génération qui répète les tests d'artif des Goudes (cela jouera un rôle) et en ouvrent d'autres. Pendant des années, les grottes de l'Ermite et de Saint-Michel leur servent de résidence secondaire. En 1987, Vincent Fine rééquipe Oxygène et le Quatorze. Cet événement, précédé d'une chute au sol de Gilles dans la première longueur du Quatorze, les conduit à réfléchir sur leur pratique. Au début des années quatre-vingt-dix, ils tourneront une nouvelle page de l'histoire des Calanques.

Après avoir laissé sa griffe aux Deux Aiguilles et au Verdon, Christian Guyomar est devenu marseillais. Curieusement, il retourne assez peu sur les lieux de ses premières amours, consacrant aux Calanques dix années de son infatigable esprit de découverte. Guide, Christian travaille quelques saisons à l'UCPA, basée à Sormiou. C'est l'occasion de redécouvrir Sormiou, et de reprendre l'ouverture là où le Grec, puis Guillot l'avaient laissée. Sa curiosité lui permet de dénicher des secteurs inexplorés, secteurs fort prisés à l'heure actuelle: l'Arche Perdue, le col du Luï d'Aï, les belles dalles blanches du Rompe Cul, et surtout Tiragne. C'est d'abord avec Martine, puis avec Patrick Bestagno et Michel Suhubiette, moniteurs à l'UCPA, qu'il trace les quelques vingt-cinq voies de la falaise, la seule existante étant le Pilier de Riou, de Mireille et Jacques Kelle. Patrick Bestagno - "Petit Patrick"- est un grimpeur d'une classe à part. Pionnier de la Sainte-Victoire et du Verdon, il est l'un des premiers à reprendre les itinéraires les plus redoutés des deux Christian aux Deux Aiguilles, comme le Médius.

Dans le domaine de la haute difficulté, c'est la Paroi des Cabanons à Morgiou, qui l'attire. Cette paroi, devenue un "spot à l'ombre pour grimpeurs chauds", est alors peu visitée. Les premiers itinéraires datent des années soixante-dix et sont l'œuvre du "Breton" (Robert Lebatard) et de la cordée Bonnard-Fustin (les Cabanons). Puis la jeune garde excur laisse sa marque: Turlututu de Robert Balestra et Barbibule signée Denis Mottin et Thierry Volpiatto. Au moment où Christian s'investit dans les Cabanons, un autre grimpeur jette son dévolu sur la paroi:
Les années quatre-vingt portent l'empreinte de deux équipeurs de style très différent: Loïc Denante et Christian Guyomar. Le premier équipe les lignes les plus logiques et rééquipe les classiques avec des spits. Le deuxième apporte son éthique d'engagement qui, associée au niveau élevé des voies, produit quelques beaux challenges à relever.

Les itinéraires les plus longs et les plus beaux ont pour théâtre le Bec de Sormiou. Sur cette splendide étrave, Bernard Domenech et Christian Guyomar tracent une demi-douzaine de voies. Christian précise que les cotations sont "assez sévères…" il ne reste plus qu'à se tamponner le front avec un mouchoir. Leurs créations sont rassemblées dans un petit topo où ils proposent un nouveau système de cotation. Ce système, affecté d'une double cotation avec un facteur de continuité indiqué par la lettre C, n'est pas sans rappeler le système britannique. Dans une échelle qui va de E1 à E9, à laquelle on ajoute une cotation numérique précisant la difficulté pure, les britanniques évaluent ainsi l'engagement. Vous avez sans doute remarqué qu'un pas dur au niveau d'un "ring" et le même à six mètres au-dessus d'un coinceur ne produisent pas le même effet sur votre système nerveux. Dans un article paru dans Vertical, Domenech * explique la différence qui existe entre les deux systèmes de cotation :

L'équipement est réduit, mais jamais un vol n'est dangereux : les points d'assurance sont solides et placés de telle sorte qu'une chute au sol soit improbable. Cette notation (par exemple 6b/C3) *est une tentative pour isoler l'aspect technique d'un passage des autres composantes de sa difficulté : exposition, engagement et continuité.*

Cette cotation particulière n'a rien à voir avec la façon dont les anglais définissent le "sérieux" (seriousness) de leurs voies : les notations de E1 à E6 (E9 aujourd'hui) *indiquent ce que justement l'équipement des voies françaises a fait disparaître, l'engagement-exposition. Ils placent en effet leurs assurances (aucune n'est in situ), les coinceurs sont seuls admis, et dans les voies difficiles, la protection est précaire, bien souvent illusoire…*

Les deux systèmes de cotation se retrouvent dans le fait que le chiffre qui suit les E1… C1… essaie de traduire la difficulté du passage sans référence à l'exposition pour l'un, à la continuité pour l'autre.

* *Vertical n° 9, art. Bernard Domenech et Christian Guyomar.*

Poursuivant leurs investigations aux alentours de Sormiou, Bernard et Christian se rendent à la Bougie où ils créent une dizaine d'itinéraires qui se situent presque tous dans le 7e degré.

Deux années auparavant ce lieu m'a envoûté, et pendant huit ans la Bougie est devenue mon deuxième domicile : * *Il y a des lieux qui regorgent de voies, toutes plus belles les unes que les autres : les Goudes par exemple. Au contraire, certains ne doivent leur attrait qu'à une voie mythique : ainsi le Mur à la Bougie, l'Écaille à la Mounine ou les Futurs Croulants. L'idée de redécouvrir le Mur que nous gravissions classiquement avec des étriers dix ans auparavant, nous amène à la Bougie un beau jour de mistral, à la fin de l'automne 86. Un vol arrêté par le dernier clou - le plus sinistre - nous engage à jouer rapidement du tamponnoir.*

C'est ainsi que démarre une histoire d'amour avec la Bougie, qui durera plus de trois ans, pendant laquelle, tantôt avec Riri, le plus souvent seul, pendu à mes jümars, j'alternerai les coups de marteau avec de longues périodes de rêverie et d'extase, à me délecter du jeu des nuages avec la mer et les îles, de la richesse des éclairages et des couchers de soleil sur Riou.

* *Bernard Vaucher Topo FFME : Les Calanques.*

J'ai aimé la Bougie par tous les temps. Lors de l'ouverture de la Symphonie Pastorale, le brouillard m'octroyait une visibilité des plus réduites. C'est ce jour-là que je l'ai vu pour la première fois : l'aigle de Bonelli. D'abord une ombre, puis une silhouette que l'on ne peut confondre avec celle d'un gabian. Et en grimpant dans le Grand Bleu, j'ai pu l'approcher à quelques mètres... et assister à son envol.

En vérité, avant mon coup de foudre, un autre vieux renard avait été attiré par les dalles blanches et grises de calcaire parfait : Daniel Gorgeon a tracé "Candat" ; la Bougie m'offre pendant trois ans mes plus belles sensations de grimpe. Les complices : Jacky, ma femme, et Riri (Henri Rigaud).

Au delà des contraintes - bardé de cordes et de métal, l'ouvreur/équipeur est souvent transformé en "sherpa"- l'ouverture est un privilège. Laissons de côté les chatouillis de l'ego, mais on n'ouvre pas n'importe où : il faut céder à certaines sirènes. Il y a la beauté des lieux et celle des lignes que l'on a repérées. On en rêve, tout cela mature, puis un jour, on passe à l'acte ; il y a aussi le plaisir de nommer une voie. Toutes les sources d'inspiration y passent : l'ésotérisme, l'admiration (Monsieur Buhl, Il était une fois le Grec), les goûts musicaux (la Symphonie Pastorale), l'amitié, l'actualité, la grivoiserie et la dérision (Blanches Fesses et les sept Mains, Lèvres en Feu...).

137- Henri Rigaud.
La Bougie
Les Narcisses Épanouis.

Somme toute, lorsque le résultat est là, il efface toute la partie laborieuse de l'ouverture et de l'équipement. Seuls demeurent les souvenirs esthétiques, les sensations de grimpe au soleil sur un calcaire parfait.

Jusque vers le milieu des années quatre-vingt, l'équipement des parois des Calanques est une donnée variable. Les itinéraires classiques, difficiles ou pas, sont en général pourvus du nombre de pitons nécessaires à la progression. Lorsque la quantité de rouille qui enrobe le piton tourne à l'indécence, ce dernier est remplacé par un piton neuf, souvent sous l'effet d'une urgente nécessité. Un modus vivendi, fruit de l'expérience et du bon sens de nombreux grimpeurs, évite le dépitonnage outrancier et assure à ces classiques un équipement raisonnable et suffisant. Quant aux voies qui ne le sont pas, le grimpeur sait à quoi s'en tenir ; c'est en général pour cette raison qu'il les recherche.

Assurer un équipement fiable à un certain nombre de voies préalablement choisies sur des critères bien déterminés, et d'une manière générale, gérer l'équipement des falaises, sera le rôle du comité départemental de la FFME. Jusqu'en 1983, le délégué départemental n'est autre qu'Henri Joubard. Joubard est concerné à divers titres, il est aussi membre du comité directeur de la section de Provence du Club Alpin. En dirigeant la formation des équipes de secours du Bataillon des Marins Pompiers, il a pu toucher du doigt la célérité avec laquelle les pitons rouillent et deviennent inutilisables.

À partir de 1984, Daniel Gorgeon assure la succession de Joubard à la tête du CD 13. Grimpeur passionné, Daniel a vingt-cinq ans d'expérience derrière lui! Vingt-cinq années, et des centaines d'itinéraires nouveaux répartis entre les Calanques, le Verdon, Buoux et la Sainte-Victoire. Avec Bernard, son frère cadet, Daniel a été pendant plus de deux décennies un pionnier infatigable, et "les Gorgeon" ont imposé un style nouveau dans les falaises du Sud. Le CD 13 bénéficie du fruit de cette vaste expérience. Pendant une période de cinq ans, Daniel est seul à assumer la responsabilité de concevoir et de réaliser le rééquipement dans les Calanques et les autres sites du département.

Jacques Kelle est élu président de la section de Provence du Club Alpin, et Jean-Louis Denisot occupe un rôle prépondérant au sein des Excursionnistes Marseillais. Tous sont gens de terrain, rien ne s'oppose à ce qu'une dynamique efficace soit mise en place *: *Alors que, depuis plus d'un siècle, les stades et les gymnases sont financés par l'état, les équipements des falaises françaises ont été intégralement payés de la poche des équipeurs bénévoles ou des clubs locaux, jusqu'au début des années 1980.*

La situation a commencé à changer vers 1983, date où le COSIROC (Comité de Défense des Sites et Rochers d'escalade) suivi de la FFME (qui regroupe pratiquement toutes les associations de grimpeurs et de montagnards de France) décidèrent d'affecter un peu d'argent à l'équipement ou au rééquipement de sites d'escalade moderne.

Actuellement, un certain nombre de Conseils Généraux et de Conseils Régionaux ont compris l'intérêt économique et sportif de l'escalade, et ont attribué des subventions - notamment dans le sud-est de la France - pour l'équipement des sites d'escalade.

* *Topo FFME des Calanques.*

138- **Bernard Vaucher. La Bougie.**

Sur un plan pratique, le rééquipement est effectué à base de spits de 10 mm et de double-expansions dans un premier temps, puis, à partir des années quatre-vingt-dix, les "fastes" du Plan PACA autorisent l'emploi de rings galvanisés qui deviennent la norme d'équipement. Ces rings, ainsi que les goujons inox réservés au "terrain d'aventure partiel", présentent, outre leur solidité, une résistance dans le temps à la corrosion marine, problème majeur de l'équipement dans les Calanques. Par ailleurs, leur diversité entraîne l'obligation d'établir une classification des sites. Jacques Kelle * fait le constat suivant: *Le fossé entre l'escalade et l'alpinisme se creuse... Afin que l'escalade gymnique ne tue pas l'alpinisme, il y a nécessité de créer un partage des terrains de jeux. Conscient de ce problème, et ayant la responsabilité de la gestion des subventions, le Comité Départemental de la FFME a établi un zonage des sites d'escalade.*

* *Jacques Kelle, Les sites d'escalade : terrains d'aventure ou stade sportif? Bulletin CAF, Calanques et Montagne, 2e trim. 1991.*

Ainsi, le CD 13 partage les sites d'escalade des Calanques en trois catégories. Dans la première, figurent les sites sportifs ou à caractère école d'escalade. L'équipement en place est solide, le grimpeur n'a besoin d'aucun matériel spécifique. La deuxième catégorie rassemble les sites classiques tels les Goudes, la Paroi Noire ou la Candelle. Les voies se déroulent sur plusieurs longueurs, les anneaux et les coinceurs peuvent être utiles en complément, l'espacement entre les points étant plus important. Enfin, la dernière catégorie rassemble les itinéraires les plus sauvages des Calanques, ceux qui ne comportent aucun équipement en place. Il s'agit du terrain d'aventure représenté surtout par les falaises du Devenson et de Castelvieil. La diversité et l'étendue du terrain de jeux obligent le CD à solliciter un certain nombre d'équipeurs qui ont en commun une grande expérience des Calanques. Le but est de donner aux classiques un équipement durable et fiable, mais la dynamique étant lancée, le rééquipement se double rapidement d'ouvertures. Phénomène d'autant plus sympathique que les Calanques, école centenaire, assistent à un rajeunissement que lui envieraient bien des consœurs plus jeunes.

Daniel Gorgeon et Philippe Légier rééquipent la Candelle et l'Aiguille de Sugiton, Bernard Privat et André Duvin se chargent du Crêt Saint-Michel, alors que Sormiou reste "chasse gardée" de l'UCPA. Pierre Clarac et Jean-Luc Allinne restent fidèles au Socle, en reprenant l'équipement en rings de leurs propres créations, ainsi que celles de Fenouil et Crespi. D'autre part, ils équipent en goujons inox les classiques de six à sept longueurs telles la Civa, le Temple ou les Hommes Volants. Enfin, ils se chargent du rééquipement d'En Vau, du Vallon des Aiguilles, leur propre fief, et de la Bougie (assistés par Claude Cassin et moi-même). Objecteur de conscience employé par le Club Alpin, Daniel Simon se charge des classiques des Goudes, aidé par Georges Paul, puis il épaule Guy Abert au Roy d'Espagne.

Étant l'un des rares guides à Marseille, pour ne pas dire le seul, à vivre entièrement de l'escalade, Guy a une trajectoire atypique. Presque tous les guides marseillais, de Frendo à Tchouky, en passant par Rébuffat et Claudius, ont quitté la cité phocéenne pour s'établir en montagne. Natif du Dévoluy, Guy se fixe à Marseille et commence à grimper avec les Excurs Marseillais au début des années soixante-dix. Ses cicérones ont pour nom Marius Coquillat et Bernard Bouscasse, les auteurs de la Ula. Devenu guide en 1975, Guy alterne expéditions en amateur (Fleur de Lotus, 1er au Fitz Roy) avec les voyages en professionnel. Dans le Verdon, il participe à de belles premières comme celles des Caquous et de Mescalito, avec Guyomar. Son activité dans les Calanques, ouverture et équipement confondus, s'étend à des endroits aussi divers que le Roy d'Espagne et la Paroi des Toits, Castelvieil et le Devenson. État d'Urgence au Devenson est un bel itinéraire de six longueurs que Guy et Lionel Catsoyannis ont ouvert près de la directe du Baou rouge.

En ce qui concerne les secteurs restants, il me semble utile de préciser que le rééquipement se mêle harmonieusement à l'ouverture, et s'applique au haut niveau.

La première vague de rééquipement prévue par le CD 13 démarre au cours de l'année 1987. Aux Goudes, les double-expansions remplacent les pitons rouillés.

Dans la foulée, trois tests d'artif sont équipés : le Quatorze, Oxygène et Les Étoiles. Oxygène qui n'a jamais été reprise, passe pour la seule longueur d'A4/A5 des Calanques (on ne saura donc jamais sa cotation "new wave"). Trois voies qui symbolisent trois époques, celle de Garrigou et Raybaud, celle de Giacomo et Guiot, celle de Bernard et Gugliarelli. À divers titres, c'est un événement. Tout d'abord à cause de l'ouvreur. À vingt-cinq ans, Vincent Fine est une légende vivante. Il est non seulement l'un des grimpeurs et des alpinistes les plus respectés, mais aussi les plus aimés, grâce à son charisme et ses qualités humaines. De plus, il a été élevé dans la plus stricte tradition alpine, et si quelqu'un incarne la rigueur et l'honnêteté dans son approche, c'est bien lui. Gilles Bernard et Hervé Gugliarelli, ses disciples, n'hésitent pas à souligner l'attitude visionnaire de Vincent.

En 1987, lorsqu'il rééquipe ces trois voies, Vincent part du constat suivant : les voies d'artif extrême comptent un nombre rarissime d'adeptes. Lui-même, ainsi que les grimpeurs de sa génération (Tchouky, Pailheret, Guiot, Giacomo, Balestra...) ont gravi ces voies, et ils ont, pour la plupart, quitté Marseille depuis longtemps. La seule cordée qui les répète, et qui ouvre dans le même style, est celle de Gilles et Hervé. Un épuisement des possibilités, une chute au sol de Gilles au départ du Quatorze, conduisent ces derniers à repenser leur activité. Vincent sait fort bien que les grimpeurs de haut niveau ne trouvent plus leur bonheur dans les Calanques. C'est Buoux et le Cimaï, où le 8 foisonne, qui attirent leurs suffrages. Alors "sacrifier" quelques itinéraires d'artif qui ne sont quasiment pas refaits pour redynamiser le libre de pointe dans les Calanques ? Pourquoi pas ? L'escalade n'est pas une activité figée, le jeu en vaut la chandelle. D'autre part, les déplacements au Cimaï et à Buoux n'engendrent plus chez eux le plaisir escompté, mais plutôt une certaine insatisfaction. Ainsi, trente ans après Garrigou, Pontet et Raybaud, la grotte de l'Ermite et la Paroi des Toits reviennent au premier plan de l'actualité, le chant de la perceuse remplaçant celui du marteau.

1990 est une année-charnière, les acteurs sont les mêmes aux Goudes et à Sugiton. Autour du duo initial Bernard-Gugliarelli, s'articule un groupe enthousiaste : Michel Dinard "Renato", Paulo Dewilde, Bernard Privat et Jérôme Rochelle. Ces grimpeurs sont responsables de la majeure partie des ouvertures de haut niveau des Calanques dans les années quatre-vingt-dix. L'enthousiasme et la convivialité restent les maîtres mots. Gilles * évoque cette période de sa vie de grimpeur :

29 mars 1989. Avec quelques copains, on monte à la Grotte pour essayer de nouvelles voies rééquipées par Vincent Fine... Ce jour-là, on peut dire que l'on a redécouvert la falaise, avec des lignes toutes plus délirantes les unes que les autres. Ce qui nous a bien aidés, c'étaient nos souvenirs de pitonnage dans certaines voies. Là où l'on place un coin de bois, on doit pouvoir mettre deux ou trois doigts...

C'était donc décidé, avec Hervé, on commencerait à rééquiper : La Directe, l'Ermite, Batida Nossa... Un an plus tard, vingt voies étaient équipées à la Grotte. C'est à ce moment que j'ai réellement prolongé ma passion pour ce sport. Mes voies, je les découvre, prise après prise, couleur après couleur...

* *Vertical mars 1992, L. Belluard "Goudes morning Marseille".*

Un rien provocateur, "Renato" nous donne un aperçu de l'ambiance irrévérencieuse et décontractée qui règne à la Grotte : *Quant aux féroces dinosaures qui bavent et n'ont jamais équipé une seule voie, j'ai envie de leur coller un cabinet *, juste au dessus de leur tête… un beau Jacob et Delafon. Non, je blague (on en a brûlé pour moins que ça !). J'ai juste envie de leur rappeler qu'il y a des choses plus sérieuses que les querelles de castes, de leur dire qu'on les invite à se mettre à la gymnastique, que tout le monde est le bienvenu.*

*Pronostic * ô combien prophétique !*

À celui qui souhaite l'imaginer dans ses œuvres, je conseille d'ouvrir le topo des Calanques à la rubrique Paroi des Toits. Il verra un grimpeur pendu par les pieds comme une pipistrelle, trouvant le moyen de faire le pitre dans un 7c, *avec vue sur la mer* ! Dans le milieu souvent austère, voire figé et nombriliste du haut niveau, Renato constitue une exception. Lorsqu'il n'a pas les mains dans la magnésie, il s'occupe des cordes. Cordes d'assurance, certes, mais aussi cordes de sa guitare qui l'accompagne dans tous ses déplacements, montagne et Verdon inclus. Délaissant l'escalade de haut niveau, Renato est revenu à ses premières amours, les chansons, qu'il écrit, compose et interprète. Moins prolifique que Gilles en terme de quantité, il a soigné la qualité, léguant à la postérité grimpante des perles telles que le Cimetière des éléphants, la Traversée du désert et surtout l'Amour bafoué, résultat d'une douloureuse blessure sentimentale. La ballade pour Vincent est un mémorial dédié à Vincent Fine, l'enfant des étoiles.

139- Michel Dinard dit Renato dans la course des Nuages.

Sans doute Gilles et ses amis ignorent-ils que, un siècle avant les accents de la guitare "du troubadour des Calanques", une société musicale de Marseille avait donné un concert dans la grande salle de la grotte de Saint-Michel d'Eau Douce, baptisée alors grotte de la Cathédrale ou encore Baume Sourne. Le concert s'était déroulé à la lumière des torches le lundi de Pentecôte 1885. L'orchestre avait joué *Robert le diable* de Meyerbeer.

Dans un sympathique court métrage intitulé *De prises en prises*, tourné par Fred Ripert dans les "spots chauds" des Calanques, la faune de la Grotte défile au grand complet. Outre les équipeurs, on reconnaît Karine Maze, la femme d'Hervé Gugliarelli, qui le suit dans toutes ses créations, des Calanques au Verdon (allez donc essayer Kallisté "la plus belle" une merveille de dix longueurs qui remonte la Paroi Rouge à l'Escalès !). On reconnaît également Nanette Raybaud, la première Championne du monde d'escalade en 1989.

Nanette et son frère Philippe débutent avec leur père Jacques, et surtout leur oncle François Régis, qui appartiennent au noyau actif du CAF des années soixante. Leur apprentissage se poursuit au Club Alpin avec les Garrigou, Kelle, Roussel… Nanette et Philippe ne tardent pas à adhérer à la nouvelle vague du CAF, les Bergasse, Fine, Potié, Williamson. Philippe participe à l'ouverture de "Fadal" à la Mounine, avec Denis Mottin et David Williamson. La rencontre avec Kern est décisive ; il la "coache" et lui permet de développer son potentiel en compétition. Ce rôle est repris par Olivier Guidi. Pendant cinq ans, de 89 à 94, Nanette "truste" les podiums, de la 1ère Coupe du Monde qu'elle remporte, jusqu'au Tour Mondial des Masters (1991). Mais Nanette ne se contente pas de prises résinées : lorsqu'elle enchaîne le Quatorze (7c, autrefois A4), elle ne fait, somme toute, que "marcher sur les traces" de son oncle François-Régis, qui ouvrait ce superbe itinéraire, trente ans plus tôt.

Rapidement l'Ermite connaît le succès et reçoit la visite des meilleurs : Patrick Edlinger, Ron Kauk, Lynn Hill… Précisons que Lynn Hill est la plus "française" des grimpeuses étrangères, encore que ce terme soit passablement impropre, car elle a vécu de nombreuses années dans le Sud de la France où elle s'est offert une orgie de voies de haut niveau. Et la blonde californienne n'est-elle pas le seul être humain à avoir gravi le Nose au Capitan en libre, du 8a+ à 800 mètres du sol ! Commentaire de Jim Bridwell, le "pape du Yosemite" : *Si on m'avait dit que Dieu était une femme !*

Côté performance, le 8 cesse d'être un événement fortuit : les Goudes, les Toits de Sugiton et la Grotte de l'Ours le monopolisent. La redoutable Directissime de l'Ermite (ex A4), où Claudius et Marius avaient jugé nécessaire de confectionner un matelas de thym et de romarin en guise de tapis de fortune, est devenue l'un des tests les plus prisés. Elle est rebaptisée la Course des Nuages et sa cotation estimée à 8a+. Sa beauté lui vaut de nombreux prétendants. Robert Cortijo, l'étonnant grimpeur de Volx, la gravit à vue, à une époque où de forts grimpeurs marquent des "buts". Exploit renouvelé par le multiple champion du monde, François Legrand.

À Marseille, l'un des premiers à effectuer la Course est Paul Dewilde. Paul a découvert l'escalade tout jeune, ses parents étant de fervents amoureux des Calanques. À l'adolescence, Paul s'inscrit au CAF où, à l'initiative de Jacques Kelle, un groupe de compétition a été mis en place sous la direction de Christophe Kern. Après avoir marqué par son dynamisme les années quatre-vingt, notamment sur le plan des ouvertures en compagnie de Guyomar, Kern s'investit dans la formation des jeunes. Ses qualités pédagogiques sont indéniables, et selon les propres termes de Paul, son mentor le conduit du 7a au 8a. En 1989, il entre à l'UEREPS, à Luminy. L'activité escalade, créée et animée par Michel Bonnon, a connu des beaux jours à l'époque de Jean-François Lignan "Poil", mais "Poil" s'apparentait plus aux climbing bums des sixties qu'à l'étudiant discipliné préparant sagement ses examens. Depuis dix ans, le niveau a sérieusement monté, et la Paroi Noire ne répond plus aux critères d'entraînement. La falaise de l'Ours, à peine plus éloignée de la Fac, va la remplacer. Hormis un toit fissuré ouvert par Vincent Fine, tout reste à créer. À cet égard, l'Ours s'avère le laboratoire idéal pour les étudiants d'EPS.

140- Jérôme Rochelle à l'Ermite.
141- Gilles Bernard à l'Ermite.

Lorsqu'il arrive à Luminy, Paul est déjà au "top" des grimpeurs marseillais ; il vient d'équiper, sur les conseils de Kern, son premier 8a+, Apocalypse, qu'il réalise un an plus tard. Selon Bonnon, les années quatre-vingt-dix sont des millésimes exceptionnels. Dans la même promotion, on retrouve Olivier Fourbet, Jean-Luc Jeunet, Fred Rouhling et Laurent Simoni. Ces cinq grimpeurs, sont précédés d'une année par un grimpeur aussi complet que prolifique, Paul Robach.

Avec la mort de Vincent Fine, le départ des éléments les plus talentueux comme Thierry Volpiatto, et le vieillissement d'autres, l'activité de pointe dans les Calanques a pris une allure de croisière. Et voici que deux groupes distincts revendiquent le premier rôle : les Marseillais que nous connaissons, et les Uerepsiens comme Rochelle les surnomme. Entre 90 et 92, les Uerepsiens dotent l'Ours d'une dizaine de voies de 8. La cohabitation ne semble pas particulièrement harmonieuse*, la rivalité entre Rochelle et Rouhling paraît même assez vive. Question d'ego ou de territoire ? Faut-il rappeler que les grimpeurs ne sont pas des saints mais simplement des êtres humains ? Trente ans auparavant, dans les dévers encore plus impressionnants de la Cima Ovest, les relations entre les Écureuils et l'équipe suisse n'étaient pas des plus cordiales... avant de se terminer (heureusement) autour d'une table bien garnie de bouteilles de Chianti !

Revue Vertical n° 62. *

Venus d'horizons divers (Fourbet est pyrénéen, Jeunet grenoblois, Rouhling vient d'Angoulême ; seuls Dewilde et Simoni sont marseillais), ces grimpeurs ont plusieurs points en commun : leur ambition et leur passion pour les Calanques ; en conséquence, ils font exploser le haut niveau (auquel seul Rochelle pouvait prétendre à ce moment-là). En 89, lorsqu'ils découvrent la paroi de l'Ours, il n'y a que deux 8 (ceux de Rochelle) ; trois ans plus tard, il y en a douze. Par affinité, Paul Dewilde s'intègre au groupe des Marseillais. Parallèlement à son activité de falaisiste, il a mené ces dernières années une brillante carrière en compétition, en se classant régulièrement parmi les meilleurs grimpeurs mondiaux.

Très souvent un milieu qui peut sembler hermétique, s'enrichit par un apport extérieur. À de nombreuses reprises, ce phénomène a pu être observé dans les Calanques. Serge Gousseault ou Guy Héran, s'ils n'avaient pas trouvé la mort à quelques mois d'intervalle, respectivement aux Drus et aux Jorasses, auraient pu jouer un rôle encore plus important. Gousseault était originaire de Tours, et Guy de Paris. Autre "immigré de la région parisienne", Christian Guyomar, qui insuffle dans les années soixante dix/quatre vingt, une dynamique explosive dans le Sud. Vers le milieu des années quatre-vingt, un grimpeur toulousain s'établit à Marseille, Jérôme Rochelle. Même si son nom, de 1986 à 1994, est associé à l'escalade de haut niveau, il serait injuste de ne pas souligner l'attachement de Rochelle aux Calanques. Lorsqu'il arrive à Marseille, la "Buouxmania" bat son plein, personne ne mise un kopeck sur les Calanques.

Dans l'un des endroits les plus romantiques, plus connu des nudistes que des grimpeurs, Rochelle équipe, puis réalise le premier 8a des Calanques, Une Nuit d'amour sans soleil. Quittant les Pierres Tombées pour "l'étage au dessus", Rochelle rend visite à la Grotte de l'Ours où la seule voie existante est le Bilboquet.

Avant "l'invasion uerepsienne", Rochelle ajoute une demi-douzaine de voies, dont Parfum Sauvage (8a) et Rio de Janvier (8b). À partir des années 89-92, il s'intègre à l'équipe de Gilles Bernard et il est responsable de nombreuses créations aux Goudes et à la Paroi des Toits.

L'année 92 est consacrée à la Triperie. Demi-lune parfaite de cent cinquante mètres de diamètre, l'Anse débute à l'extrémité de la Falaise de la Voile au-dessus du boyau d'accès à la Grotte Cosquer pour finir au Cap Morgiou. Seul le Mégalomane Paranoïaque ouvert en 1978 suit la base de la demi-lune, au raz des flots. Entre 90 et 92, Rochelle équipe une quarantaine de voies. La plupart d'entre elles se déroulent dans la gigantesque conque qui donne à l'Anse son cachet. Il y a donc peu de voies accessibles au grimpeur moyen, le 7e degré est la norme. La demi-lune atteint sa hauteur et sa concavité maximales en son centre, près du pin solitaire, hélas brûlé depuis. Que celui qui désire boire la coupe jusqu'à la lie, s'offre les trois ou quatre voies de Rochelle qui partent du niveau de la mer. Chacune se développe sur 3 longueurs, dans un niveau moyen de 6c à 7a, et dans une ambiance... indescriptible. Enfin, pour ceux qui n'ont pas de 6e métatarsien, j'ai ouvert ultérieurement quatre voies "humaines" à l'extrémité nord de l'Anse, la plus belle étant l'étonnante fissure en S de Wonderbra Women (6c).

Au printemps 94, Rochelle réalise la Directissime de la Concave en libre et en solo auto-assuré. Contrairement à ce qui parfois a été écrit, il ne s'agit en aucun cas, du premier parcours solitaire de la Concave. Raymond Bonnard l'avait réalisé, vingt-cinq ans auparavant, dans le temps époustouflant de deux heures et demie. Rochelle n'est pas entièrement satisfait de sa performance, car il y retourne à deux reprises. La troisième, le 10 juin, est la bonne. Les longueurs cotées A3 deviennent 8a, 8a+, 7b, 6c. Pour ce faire, il a mis au point un système d'auto-assurance fort complexe, où un élastique permet, en cas de chute, d'absorber une grosse partie du choc, afin de ne pas trop solliciter les vieux clous. Par respect pour l'œuvre des pionniers, il s'est contenté de consolider les relais à l'aide de goujons inox sans rien ajouter dans les longueurs, ce qui en dit long sur son audace et sa détermination.

Bien avant que Rochelle ne mette les pieds à Marseille, une équipe fait parler d'elle : Bernard Privat et Maurice Migheli. Migheli choisit les coins les plus exotiques des Calanques pour laisser son empreinte. Les Pierres Tombées deviennent son jardin secret, il ouvre une quinzaine de voies dans un cadre splendide. Dans le topo des Calanques, Migheli laisse percer l'émotion que cet endroit lui a procurée: *Ce poète* (Baudelaire) *a hanté et hante toujours mes rêves d'aventures, de découvertes dans les Calanques ou ailleurs. En équipant "l'Invitation au voyage", ma première voie à la Candelle, j'avais constamment dans la tête les vers du poème. Pour moi, les Calanques resteront toujours un paradis, un lieu d'évasion par rapport au spleen des quartiers Nord de Marseille, par rapport aux études... J'ai choisi donc un poème qui s'intitule "La Vie Antérieure". Je crois qu'il colle très bizarrement aux sensations que m'inspirent les Pierres Tombées.*

Le chef d'œuvre de Migheli se situe au cœur même de la Traversée Sans Retour, les Dents de la Mer. Les deux dernières longueurs constituent un morceau d'anthologie, une escalade de rêve sur un calcaire solide, rugueux et vertical, avec le Fjord entre les jambes. À faire plusieurs fois dans sa vie!

Bernard Privat entre au CD13 à la fin des années quatre-vingt, en remplacement de Jean-Louis Denisot. Pendant vingt ans, Jean-Louis Denisot s'est occupé, avec un altruisme rare, des écoles d'escalade et des camps de montagne aux Excurs, puis il est venu prêter main-forte à Daniel Gorgeon au CD. À Pâques 70, alors que nous portions encore dans notre chair, les stigmates de notre tentative hivernale au Pilier Desmaison, c'est lui qui nous a accompagnés au Pic de Bure pour récupérer les restes de notre Bérésina, jouant à la fois le rôle d'assureur et de sherpa.

142- Hervé Gugliarelli. Rééquipement de la grotte de l'Ermite.

L'activité escalade étant florissante aux Excurs, Privat organise en 90 une compétition réservée aux membres du Club, à la Chaîne de l'Étoile. Son succès l'encourage à créer une équipe Jeunes. La dynamique est lancée, l'idée fait son chemin, le CD crée un Championnat Départemental. Les résultats de l'équipe Jeunes ne se font pas attendre (Tuscan, champion du monde minime, et Fabrice Fara, champion du monde junior, qui s'offre la Course des Nuages à 14 ans!). Privat s'est investi dans l'équipement de nombreux sites abordables tels la Colline de Lun, le Virage de Luminy ou l'Abri Côtier. Ces secteurs, qui ont connu une reconnaissance immédiate du milieu grimpeur, avaient été au préalable, le théâtre de compétitions. Au Virage de Luminy, les voies de Privat jouxtent celle d'une famille dont le nom à Marseille, est attaché à l'escalade: le "clan Tuscan"; comme je l'ai indiqué, l'un des fils, Frédéric, a été champion du monde minime en 94.

Même si l'activité des falaisistes a pris, au cours de ces dernières années, une extension considérable, la vocation "pluridisciplinaire" des Calanques ne s'est jamais estompée. Le terrain d'aventure fait toujours recette; il a ses inconditionnels comme Gilles Crespi, Jean Devaux ou François Ranisse. Certains comme Gugliarelli, Léo et Lionel Catsoyannis, alternent avec harmonie les grandes voies sportives équipées du haut avec l'ouverture du bas.

143- Lionel Catsoyannis.

C'est, bien sûr, dans le secteur Castelvieil-Devenson que l'on trouve les plus belles. Les citer toutes est quasiment impossible, aussi je voudrais porter mon attention sur une pierre milliaire de l'histoire des Calanques: la Concave. Cette paroi résume, à elle seule, un demi-siècle de l'histoire de l'escalade. Dès 1942, elle reçoit la visite de Georges Livanos. Accompagné d'Albert Ouannon, le Grec choisit un tracé à la Cassin, la Voie des Français ce sera pour plus tard. Un délai de seize ans est nécessaire pour qu'une cordée conduite par Marc Vaucher trace la Directe, à gauche de la Concave proprement dite. L'année 1966 est l'année de la Directissime, la voie *la plus au delà de la verticale des Calanques*. À cette époque, il s'agit certainement du plus grand surplomb de l'hexagone.

Ces dix dernières années, la Directissime s'est entourée de cinq voisines. Au delà de la Verticale présente l'incongruité d'être équipée sur scellements. Auteur d'innombrables premières, dans les Calanques et dans le Verdon, son auteur, Hervé Gugliarelli est issu du moule "classique". Ces dernières années, il a fait le choix de laisser certaines de ses créations équipées de manière moderne après une ouverture en style classique, ce qui n'a pas toujours été du goût des puristes les plus intransigeants, surtout lorsqu'elles se déroulent dans un sanctuaire comme la Concave ou la Paroi Rouge à l'Escalès. C'est oublier un peu vite la qualité, le nombre et le cachet des créations dont ce grimpeur posé, discret et modeste est responsable depuis près de vingt ans. Entre "Au delà de la Verticale" et la Directissime se trouve une création du tandem Fenouil-Crespi, "T'as le bonjour du Grec !". Pour nombre de grimpeurs marseillais, le Grec est l'objet d'un véritable culte, son charisme, son bon sens et son humour provoquant un éternel engouement. À droite de la Directissime, Christophe Bignon s'est offert un audacieux voyage solitaire, "Barjoland", qui vient d'être répétée de la même manière par Lionel Catsoyannis. À droite de "Barjoland", Lionel et Laurent Simoni en ont ouvert une autre récemment.

Enfin "Te penche pas", laisse mesurer les autres passe aux dires des répétiteurs pour une véritable merveille. Ouverte dans le style le plus pur, elle a déjà été reprise au moins deux fois. D'abord par Lionel Catsoyannis en solitaire, avec un bivouac à la Vire au Figuier. Lors de la première, François et Gilles avaient fouillé le Figuier dans ses moindres recoins, car la légende assurait que le "Trésor de Petit Louis" (sa collection de pitons) était caché à cet endroit. Même si cette voie avait fait partie des projets de Petit Louis, ce n'était qu'une légende ! Séduit par la qualité de l'itinéraire, Lionel y est retourné avec Laurent Simoni, un "ex-uerepsien" reconverti au terrain d'aventure. Un mot sur les auteurs, Gilles Crespi et François Ranisse. Si leur itinéraire à la Concave demeure leur chef-d'œuvre, ils ont en ouverts d'autres très beaux à Castelvieil. Dans le Verdon, ils ont créé des itinéraires d'un cachet identique comme Le pilier de la Belle-de-Mai ou Jules et le sanglier. Déployant une énergie considérable, Gilles est un personnage pour lequel l'épithète de "volcanique" confine à l'euphémisme. Volubile, généreux (ses amis l'ont surnommé Crespi XII), il est un peu une "Soufrière" éternellement en éruption de la scène des Calanques et du Verdon.

144- Bouscasse, Coqueugniot, Vaucher. Devenson 30 ans après.

À l'opposé de certains falaisistes polarisés par leur discipline, Lionel Catsoyannis symbolise la richesse de la tradition de l'escalade marseillaise. À un âge où certains font du tricycle, Lionel essaie, sous le regard vigilant de son père Léo, ses premiers pas de grimpeur. Dès l'adolescence, Lionel goûte en famille aux classiques du

Verdon : Ula, Demande, Luna-Bong, plus tard Castapiagne, Paroi Rouge, ce qui ne l'empêche pas d'être sélectionné dans l'Équipe de France Jeunes, après avoir été l'un des piliers de l'équipe départementale. Depuis des années, Lionel et Léo Catsoyannis font partie des acteurs de la régénération de l'escalade dans les Calanques. Alternant avec bonheur ouvertures du bas en style classique et lignes équipées du haut dans un rocher au delà de tout soupçon, ils ont marqué les falaises du Devenson de leur imagination créatrice.

Récemment, Léo et Lionel m'ont aidé à équiper un endroit qui m'est particulièrement cher : le Cap Morgiou. J'ai doté le Cap d'une trentaine de voies qui ne sont pas réservées aux "martiens de la grimpe", les plus belles me semblant être Ecuador ouverte avec Claude Cassin, et Jeux de Nains, Jeux de Vilains, ouverte avec Léo et Lionel ; cette dernière a été baptisée ainsi à cause de l'attirance qu'exerce la Falaise de la Voile sur les nains des Calanques.

Sous l'impulsion de Marc Guiot, Jean-François Gras, Jean-François Lignan et moi-même, le GGM, le Groupe des Grimpeurs Marseillais, fait peau neuve. Riche d'une vingtaine de membres âgés de dix-sept à soixante dix-sept ans, il a Georges Livanos comme président d'honneur. Le dénominateur commun est une vieille complicité, ainsi soulignée de manière plus formelle, et un attachement à un type traditionnel d'escalade, récemment baptisé "terrain d'aventure". C'est surtout un prétexte à des sorties communes, qui se terminent fréquemment dans une pizzeria ou au cabanon du "Breton" à Morgiou, au retour. Un côté sympathique, et non des moindres, est de voir évoluer ensemble des grimpeurs comme Le Breton, Gilles Guiot ou Marc Vaucher "Markus", qui ont tous largement dépassé la soixantaine, avec les Duduche, Marc, Pepsi, Petit Gras, Poil et autres Tchouky. Pendant son existence, le GGM a publié un bulletin comprenant des récits, les activités de ses membres, et de nombreux dessins dûs à la plume experte de Poil. Chaque exemplaire contient les premières réalisées par les membres du groupe, dans les Calanques, le Verdon, Céüze ou ailleurs. Enfin, Poil s'est chargé de la réalisation du topo des Calanques version GGM, tiré à vingt exemplaires numérotés, et personnalisés à l'attention de chaque membre. Les activités du GGM ont duré cinq années avant que le combat ne cesse, faute de combattants.

145- Banquet des survivants. Réunion annuelle du GGM.

Un lieu empreint d'autant de charme et de séduction ne pouvait laisser indifférent les cinéastes. Le premier à donner la vedette aux Calanques est bien sûr Gaston Rébuffat. Précédant l'ouvrage *Calanques*, le film du même nom sort deux ans plus tôt. Réalisé en noir et blanc, avec la complicité de Gabriel Ollive, *Calanques* est un film sympathique dont on peut voir des extraits dans la rétrospective consacrée à Rébuffat. Par la suite, les Calanques ont fourni à Rébuffat le sujet d'autres productions cinématographiques : une série d'émissions intitulées *À la rencontre du soleil*, ainsi qu'un film (et un livre), Les *Horizons Gagnés*. En compagnie de Claude Cassin, Rébuffat évolue dans des lieux magiques comme les Tours de Riou ou les Futurs Croulants.

Si l'on excepte l'usage des Calanques à des fins publicitaires, elles apparaissent dans de nombreuses fictions, la plus célèbre étant *Le salaire de la peur*. C'est sur la route de Sugiton, qu'Yves Montand conduit le camion bourré de nitroglycérine. Pendant quelques secondes, le spectateur pourra reconnaître en arrière-plan la Grande Candelle. Marseillais d'origine, Montand ne pouvait pas ignorer le parti que pouvait tirer un cinéaste averti de ce décor unique.

Dans la tradition du beau documentaire, un petit groupe de Marseillais a réalisé en 1985 un film pour les *Carnets de l'Aventure* intitulé *Entre Ciel et Mer*. Rémy Tézier, le réalisateur choisit l'île de Riou pour les prises de vue qui seront aériennes et sous-marines. Pour constituer l'équipe en paroi, il fait appel à Yves Martine et David Williamson, deux excellents grimpeurs. Le thème, le titre et la beauté des prises de vue ne sont pas sans rappeler les films que Rébuffat a réalisés en compagnie de Tairraz et Vernadet.

Berceau de générations successives de grimpeurs et de randonneurs, muses des photographes, des peintres, comme de ceux qui ont tracé des chemins dans la pierre, les Calanques ont néanmoins un talon d'Achille : leur fragilité. Le système de protection dont elles bénéficient est poreux, et il laisse un champ important aux vandales et aux marchands du temple, phénomène que je me dois d'évoquer dans les dernières pages de ce livre.

En guise de conclusion

Parmi les grimpeurs qui aiment, ou qui ont aimé (pour ceux qui ne sont plus de ce monde) les Calanques, certains méritent une place à part : ceux qui ont consacré la majeure partie de leur vie à les protéger. Bien souvent, ils n'ont pas joué un rôle de premier plan dans l'histoire de l'escalade. Certes, il y a la personnalité charismatique de Gaston Rébuffat, qui n'a jamais hésité à prendre position et user de sa renommée pour attirer l'attention sur les menaces qu'elles encouraient. En 1972, il signait dans le journal *Le Monde* un article qui a fait date. Dans son livre *Calanques, Sainte-Baume, Sainte-Victoire*, Rébuffat avait inséré une plaquette du COSINA, le Comité de défense des Sites Naturels. Cette plaquette contenait un historique des menaces qui ont pesé sur les Calanques depuis la création de la carrière Solvay, en 1913.

Dans l'article précité, Rébuffat écrit :

Ce pays a une âme. Cela tient à son aspect sauvage, désertique, escarpé, à ses couleurs, à sa végétation, à la présence du soleil et des vents, mais d'abord à la rencontre exceptionnelle des deux grandes lignes simples. C'est aussi à la rencontre et l'interpénétration de deux matières...

Ailleurs dans le monde existent de très beaux massifs calcaires et de très beaux bords de mer. Ici, exceptionnellement, les deux se rencontrent, se mesurent, sont unis. Cet ensemble est un monument exceptionnel.

Massif des Calanques. Extraordinaire création et cadeau de la Terre et du temps. Comme ses prédécesseurs, l'homme du vingtième siècle l'a reçu ; c'est un héritage à transmettre entier, intact.

Rébuffat se réjouit du classement du massif à l'inventaire des sites ; malheureusement, malgré d'autres garanties (classement du domaine maritime public sur cinq cents mètres à partir du littoral en 1976, loi littoral de janvier 1986), les menaces n'ont pas disparu.

*Jacqueline Plauchud.**
Topo FFME
des Calanques.

** Malgré ce classement, la révision du POS (Plan d'Occupation des Sols) en 91 est une grave menace. Sur tout le littoral, du Mont Rose à Port-Pin, il est prévu des aménagements de loisirs liés à la mer. Certains secteurs ouverts à l'urbanisme grignotent les Calanques : Sormiou, Escalette, Callelongue, les Goudes...*

Devant ces dangers, une association spécialisée Calanques est née en février 1992, encouragée par un raz de marée populaire s'opposant à ces projets : Union Calanques Littoral...

Le rapport de la Commission d'enquête publique ira globalement dans le même sens...

La vox populi s'exprime massivement pour un Parc National.

La protection des Calanques est une lutte de longue haleine. Parmi les fidèles qui leur ont consacré leur temps et leur énergie, Paul Rouaix occupe une place prépondérante. Rébuffat lui rend un hommage mérité, insistant sur le rôle du *président du COSINA, qui, par chance, pour les Calanques et pour nous, a déployé une magnifique activité.* Excursionniste, escaladeur et alpiniste, son charisme et son dévouement sont reconnus de tous. Compagnon de cordée de Maurice Ramond, alors président du Club Alpin, membre des Excurs Marseillais, Rouaix jouit d'une grande autorité morale au sein des Sociétés Excursionnistes.

Dans un autre registre, celui de l'ironie et de la dérision, le rôle d'Yves Azémas n'est pas moindre. Anarchiste par essence, les méthodes de "Tonton" ne pêchent certes pas par excès de légalité. Sa vieille veste d'escalade fait plutôt penser à celle que porte James Coburn dans "Il était une fois la Révolution". Il a réglé le problème des débarquements intempestifs à En Vau à sa manière : en faisant sauter le débarcadère. Aux articles déjà cités comme *À l'assaut du Candel Peak*, j'en ajouterai un synthétisant sa vision très personnelle de l'histoire des Calanques :

146- Yves Azémas.
Reboisement des Calanques.

La première escalade homologuée est la voie Mark à la Candelle, en 1879...

La première grande catastrophe est l'ouverture de la carrière de Port-Miou en 1913.

En 1931, l'Administration publie les plans d'une route en corniche passant par Marseilleveyre, Sormiou, Morgiou, la Candelle, l'Oule, En Vau, Port-Pin, Cassis... avec bretelle à Mazargues pour Sormiou et Morgiou (je tiens ce plan à la disposition des incrédules).

1940 : La Grande Arête de Cassis est vaincue, la France aussi, ce qui retarde la fameuse route dont les premiers mètres avaient été taillés.

1945 : Reprise du projet de route des Calanques. Construction d'une passerelle à En Vau en quatre jours. Elle sera détruite en moins de deux (nuits)...

Paris ayant une Tour Eiffel, on propose une tour et un téléphérique à Marseilleveyre ; finalement, on se contentera d'un "Batyscaphe" qui sombrera dans le ridicule et la Méditerranée.

Travaux à Luminy où l'asile de vieillards prévu est devenu Faculté des Sciences.

Par mercantilisme et par cupidité, rien n'aura été épargné aux Calanques : carrière Solvay, projet de carrière à En Vau (1923), construction d'un "complexe scientifique et attractif" sur le plateau de l'Homme Mort (1959), avec une tour de 350 mètres de hauteur et (bien sûr) un téléphérique pour y accéder ; nouveau projet de téléphérique aboutissant au sommet de Marseilleveyre (1968)... J'ai passé sous silence les incendies (toujours d'origine criminelle), les grignotages incessants de la zone périphérique, et le comportement de certains usagers (grimpeurs compris) qui considèrent les Calanques comme un dépotoir. Il est clair que ce petit paradis de vingt kilomètres de long sur trois et demi de large mérite une gestion qui le mette définitivement à l'abri des menaces encourues par le passé.

Trente-cinq années d'amour pour les Calanques et de pratique de l'escalade m'ont permis d'observer que la richesse et la variété d'un tel site avaient un impact fortement positif sur l'évolution de cette activité. Impact qui se matérialise par une tolérance entre les diverses branches. Certes, l'espace joue un rôle non négligeable, car il permet d'éviter une polarisation facilement induite par des milieux confinés.

Cependant, un point mérite d'être noté : jusqu'à une époque récente, les Calanques ont été le creuset d'où est sortie une élite alpine. De Frendo, Livanos et Rébuffat à Vincent Fine, en passant par Coqueugniot, Guillot et Kelle, combien d'apprentis montagnards ont fait leurs premières armes dans les Calanques avant de gravir les "derniers problèmes des Alpes"... et d'ailleurs ? Depuis une dizaine d'années, ce n'est plus le cas. Les meilleurs grimpeurs marseillais semblent plus attirés par les murs d'escalade que par les Grandes Parois. Est-ce un phénomène isolé ou une tendance générale ? Il est peut-être trop tôt pour tirer certaines conclusions qui risquent d'être hâtives, mais l'escalade est en pleine mutation et la perte du monopole de sa pratique par les deux grands clubs, Club Alpin et Excurs, clubs pétris de tradition alpine, joue certainement un rôle dans l'évolution actuelle. L'esprit change, et de sport de marginaux acceptant les risques, l'escalade peut devenir un sport de consommateurs prêts à saisir les tribunaux. Les grands clubs dont l'action est fondée sur le bénévolat, ne sont pas plus à l'abri que les professionnels de cette américanisation de notre société.

Malgré tout, les Calanques restent un endroit où la pratique de l'escalade conserve un certain éclectisme. Si certains sites comme les Goudes ou Sugiton attirent plutôt les falaisistes, d'autres réservent une grande place à la création. Même si les possibilités d'ouvertures ne sont pas éternelles, ce n'est pas si mal pour un massif qui est fréquenté régulièrement depuis un siècle ! Cet éclectisme et cette tolérance ne sont-ils pas le gage le plus éclatant de la santé de l'escalade dans les Calanques ? Ce sport est l'un des plus beaux qui soient parce qu'il est synonyme de liberté, et quel endroit pouvait, on ne peut mieux, incarner cette liberté. Dans la célèbre controverse qui l'opposait à son ami Paul Preuss, Tita Piaz, qui dans l'alpinisme même, défendait les valeurs libertaires, écrivait * : *Je ne comprends pas que l'on veuille, à tout bout de champ, imposer au grimpeur des normes, des dogmes restrictifs, restreindre sa liberté personnelle et réduire l'alpinisme à une activité codifiée. C'est pour être libre que l'on va en montagne.*

*Tita Piaz. * Le Diable des Dolomites.*

147- Le Clown.

Cette tolérance a permis de circonscrire les querelles éthiques ou de "territoire" dans des limites raisonnables, malgré des rivalités provisoires. Le canular a souvent été le moyen de régler certaines situations. Récemment, des nains de jardin ont élu domicile dans une falaise qui surplombe les flots d'une soixantaine de mètres. Apparemment, ils semblent fort bien s'entendre avec les "gabians". Après tout, l'escalade n'est qu'un jeu, et tant pis pour ceux qui réussissent *à prendre au sérieux une aussi peu sérieuse activité (Georges Livanos).*

Le grimpeur est souvent pris au dépourvu lorsqu'il est sollicité pour expliquer sa passion. Interrogé sur ses motivations, il bredouille, s'emmêle dans ses commentaires, les prestations médiatiques confortant mon point de vue. Les explications les plus convaincantes restent les plus simples, celles qui s'apparentent à la célèbre phrase de Mallory concernant l'Everest : *parce qu'il est là*. Sans doute est-ce parce que, comme l'écrit Dante, *celui qui descend de là-haut ne sait pas tout redire*. J'espère néanmoins avoir réussi à exprimer et communiquer ma passion pour les Calanques, ainsi que mon attachement envers ceux qui ont été mes amis, mes compagnons, mes modèles ou mes sources d'inspiration ; ceux avec qui, sur le rocher ou à travers les livres, j'ai établi un profond lien spirituel et partagé de merveilleuses heures dans cette version phocéenne du paradis terrestre.

Remerciements

Sans le concours d'un grand nombre de personnes ce livre n'aurait pas été réalisable. Je tiens en premier lieu à remercier mon ami Alain Guénoche, ancien compagnon d'escalade, qui, pris de pitié à la vue de mes méthodes archaïques d'écriture, m'a prêté un ordinateur et donné quelques rudiments de traitement de textes. Pour reprendre ses propres termes, il m'a permis de passer "de la plume d'oie à l'encrier au XXe siècle ! "

Avec sa gentillesse coutumière, Gabriel Ollive a mis à ma disposition sa collection unique des plus belles photos des Calanques en noir et blanc.

Je tiens à exprimer ma reconnaissance envers la Section de Provence du Club Alpin et les Excursionnistes Marseillais, à Mesdames Paulette Garnier et Régine Capitani qui m'ont donné accès aux bibliothèques respectives de ces deux grands clubs ; et bien sûr, envers leurs présidents, Marc Roussel et Maurice Bidon, qui ont fait tout ce qui était en leur pouvoir pour faciliter mes recherches. En attirant mon attention sur l'existence du livre unique de Georges Rouard, Régine Capitani m'a permis d'explorer les débuts de l'escalade en Provence.

Je tiens à exprimer ma gratitude envers Sonia et Georges Livanos que je n'ai pas hésité à déranger un nombre incalculable de fois pour vérifier l'authenticité de tel ou tel détail, que je tenais (naturellement) de leur bouche, quand ce n'était de celle de Robert Gabriel, le compagnon de leurs plus belles aventures.

Ma gratitude va également à mon beau-père, Roger Plauchud, aujourd'hui décédé, qui m'a conté maintes fois cette période peu connue précédant l'apparition de la technique moderne du pitonnage, et à son ami d'enfance, un vieux monsieur modeste du nom de... Henri Barrin, qui n'a pas hésité à me confier sa documentation personnelle concernant sa première historique.

Je tiens à remercier Robert Balestra, Gilles Bernard, Michel Bonnon, Bernard Bouscasse, Maurice Caire, Mireille et Claude Cassin, Léo et Lionel Catsoyannis, Joël Coqueugniot, André Coudray, Georges-Alain David, Paul Dewilde, Michel Dinard, Bernard Domenech, Daniel Donoghue, Robert Gabriel, Gilbert Garrigou, Daniel Gorgeon, François Guillot, Marc Guiot, Hervé Gugliarelli, Aliette Joubard, Mireille et Jacques Kelle, Jean-François Lignan, Gérard Merlin, Jean-Claude Moine, Albert Ouannon, Georges Paul, Bernard Privat, Nicole et Jean Puglesi, Maurice Ramond, Nanette Raybaud, Henri Save de Beaurecueil, Charles Seinturier, Laurent Simoni, Michel Tanner, Pierre Vidailhet.

Enfin, je tiens à remercier ma femme Jacqueline, qui m'a vivement encouragé à écrire ce livre, et qui, pendant quatre années, s'est inlassablement penchée sur mon manuscrit, afin de le corriger et de m'aider à l'améliorer. Sans sa confiance, je n'aurais peut-être pas osé entreprendre cette tâche, principalement par peur de traduire de façon terne une histoire aussi riche.

Si l'on songe à la richesse de la littérature anglo-saxonne de montagne (Mummery, Young,...) ou celle concernant le massif du Mont-Blanc, les Calanques font figure de parent pauvre de la littérature alpine : sans Livanos et Rébuffat, elles n'y figureraient pas. Si l'on excepte ces deux auteurs, une des difficultés de cet ouvrage était de se procurer des sources littéraires. Pour finir, ce handicap a ajouté du piment au défi, et le désir de retranscrire une passion qui unit des générations successives depuis plus d'un siècle, l'a emporté.

Je tiens à remercier Mireille Cassin et Jeanine Guerre pour la relecture scrupuleuse et amicale du manuscrit.

Enfin, comment ne pas manifester ma gratitude envers Laure et Sophie, mes éditrices, qui m'ont immédiatement accordé leur confiance. Peut-être n'avaient-elles aucune idée des épreuves initiatiques qu'elles auraient à subir, s'accomoder des “pédales”, des “friends” et des mœurs un peu spéciales des grimpeurs. Avec une célérité étonnante, notre collaboration s'est muée en une agréable et spirituelle complicité.

Références Bibliographiques

- AU DELÀ DE LA VERTICALE . ***Georges LIVANOS.***
(Arthaud 1958), La BIBLE... Rééditée par les Éditions Guérin (1997)

- CALANQUES . ***Gabriel OLLIVE, Gaston RÉBUFFAT.***
(Arthaud 1949 ; réédition 1957).

- HISTOIRE DES ESCALADES CLASSIQUES AUX ENVIRONS DE MARSELLE . ***Georges ROUARD.***
Exemplaire unique, propriété de la SOCIÉTÉ DES EXCURSIONNISTES MARSEILLAIS.

- CALANQUES, SAINTE-BAUME, SAINTE-VICTOIRE . ***Gaston RÉBUFFAT.***
(Denoël 1980)

- ÉTOILES ET TEMPÊTES . ***Gaston RÉBUFFAT.***
(Arthaud 1954)

- DES CALANQUES AUX FACES NORD . ***Sylvia D'ALBERTAS.***
(Ed. Attinger 1948)

- LES CONQUÉRANTS DE L'INUTILE . ***Lionel TERRAY.***
(Gallimard 1961)

- LA MONTAGNE À MAINS NUES . ***René DESMAISON.***
(Flammarion 1971)

- VERDON SANS FRONTIÈRES . ***Christine de COLOMBEL, David BELDEN.***
(Denoël 1983)

- LE DIABLE DES DOLOMITES . ***Tita PIAZ.***
(Arthaud 1963)

- SENTIERI VERTICALI . ***Alessandro GOGNA.***
(Zanichelli 1987)

- THE VERTICAL WORLD OF YOSEMITE . ***Galen ROWELL -Wilderness Press.***
(Press 1974)

- Les Guides d'Alex LUCCHESI.
(Édisud)

- La Revue ALPINISME : Numéros de septembre 1938
(articles LECONTE DE POLY et SAVE DE BEAURECUEIL),
décembre 1942 (article Édouard FRENDO), 1954 (article Georges LIVANOS).

- LA MONTAGNE & ALPINISME 3e Trimestre 1972 (articles Jacques KELLE et Paul ROUAIX)
- L'article de Christine GROSJEAN (ALPIRANDO Février 1992).

- **Divers articles publiés dans des revues actuelles, en particulier le magazine VERTICAL.**

Crédits Photographiques

• Collection Gabriel Ollive : *1 - 5 - 6 - 7 - 8 - 9 - 11-- 15 - 16 - 17 - 18 - 19 - 20 - 21 - 22 - 23 - 24 - 25 - 26 - 30 - 31 - 32 33 - 35 - 36 - 37 -38 - 41- 43 - 45 - 46 - 47 - 48 - 49 -50 - 63 - 66 - 80 - 103 - 122 -* • Collection Excursionnistes Marseillais *3 - 4*
• Collection Roger Plauchud: *12 - 13 -14 -* • Collection Henri Barrin : *27 - 28 -* • Collection Pugliesi : *10 - 146*
• Collection Save de Beaurecueil : *40 -92 -93 -* • Collection André Coudray : *42 -44*
• Collection Robert Gabriel : *- 52 - 53 - 54 - 55- 83 -109 -* • Collection Georges Livanos : *51- 56 - 57 - 58 - 59 - 61 - 62*
• Collection Bernard Vaucher : *60 - 65 - 8- 97 - 105 - 108 - 116 - 117 - 118 - 119 - 120 - 123- 126 - 131 - 132 137 -138 - 143 - 144 - 147 - 4e de couverture -*
• Collection Marc Torres : *64 -* • Collection Gilbert Garrigou : *67 - 68 - 69 - 70 - 71 - 72 - 73 - 76 - 78*
• Collection Joël Coqueugniot : *74 - 81 - 82 - 84 - 87 - 90 - 91 - 94 - 96 -98 - 107*
• Collection Michel Tanner : *75 - 77 - 85 -100 - 112 -113 -* • Croquis François-Régis Raybaud : *79*
• Collection François Guillot : *83 - 84 -* • Collection Bernard Domenech : *111 -* • Collection Claude Cassin : *photo de couverture*
• Collection Michel Charles : *95 -* • Collection Maurice Ramond : *29 - 39 - 104*
• Collection Jacques Kelle : *86 - 88 - 105 - 106 - 110 -* • Collection Bernard Bouscasse : *99 -101 -102 114 - 115 - 124*
• Collection Henri Rigaud : *122 -* • Collection Daniel Gorgeon : *121 -125 - 136 -* • Collection Vincent Fine : *127 - 133*
• Collection Marc Guiot : *128 - 129 - 131 - 134 -* • Collection Gérard Merlin : *132 -* • Collection Michel Dinard : *139*
• Collection Nanette Raybaud : *135 -* • Collection Gilles Bernard : *140 - 141 - 142 -* • Collection Robert Balestra: 130
• Collection Lebatard : *145 -* • Carte Daniel Donoghue Université de Durham : *2*

Table des matières

Photocomposition : *éditions de l'Envol*
Photogravure : *Arlequin*

Dépôt légal 2e trimestre 2001

ISBN 2-909907-74-0

© éditions de l'Envol
04 300 Forcalquier - 04 92 75 41 20

Achevé d'imprimer sur les presses
de l'Imprimerie *Hémisud*
Avril 2001